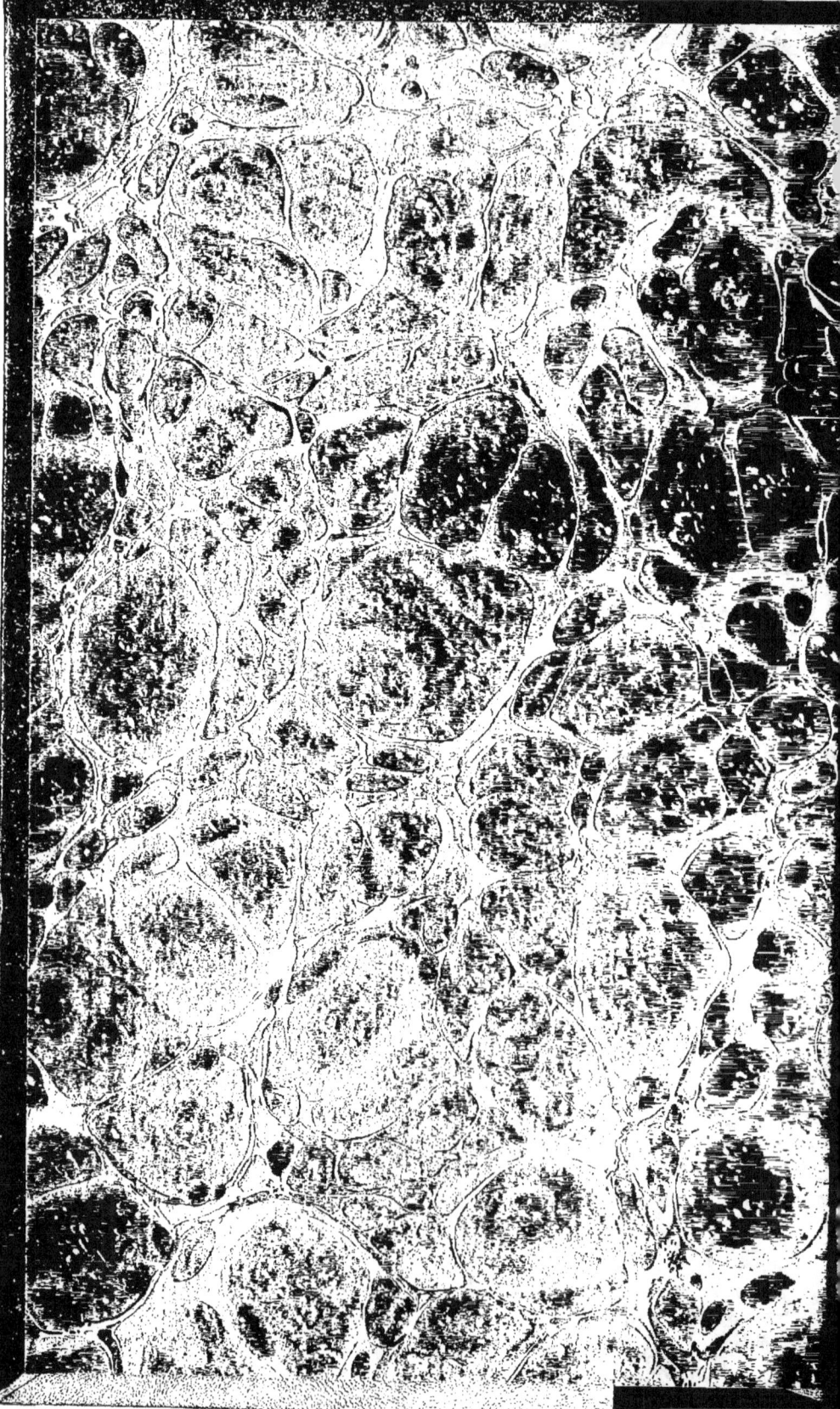

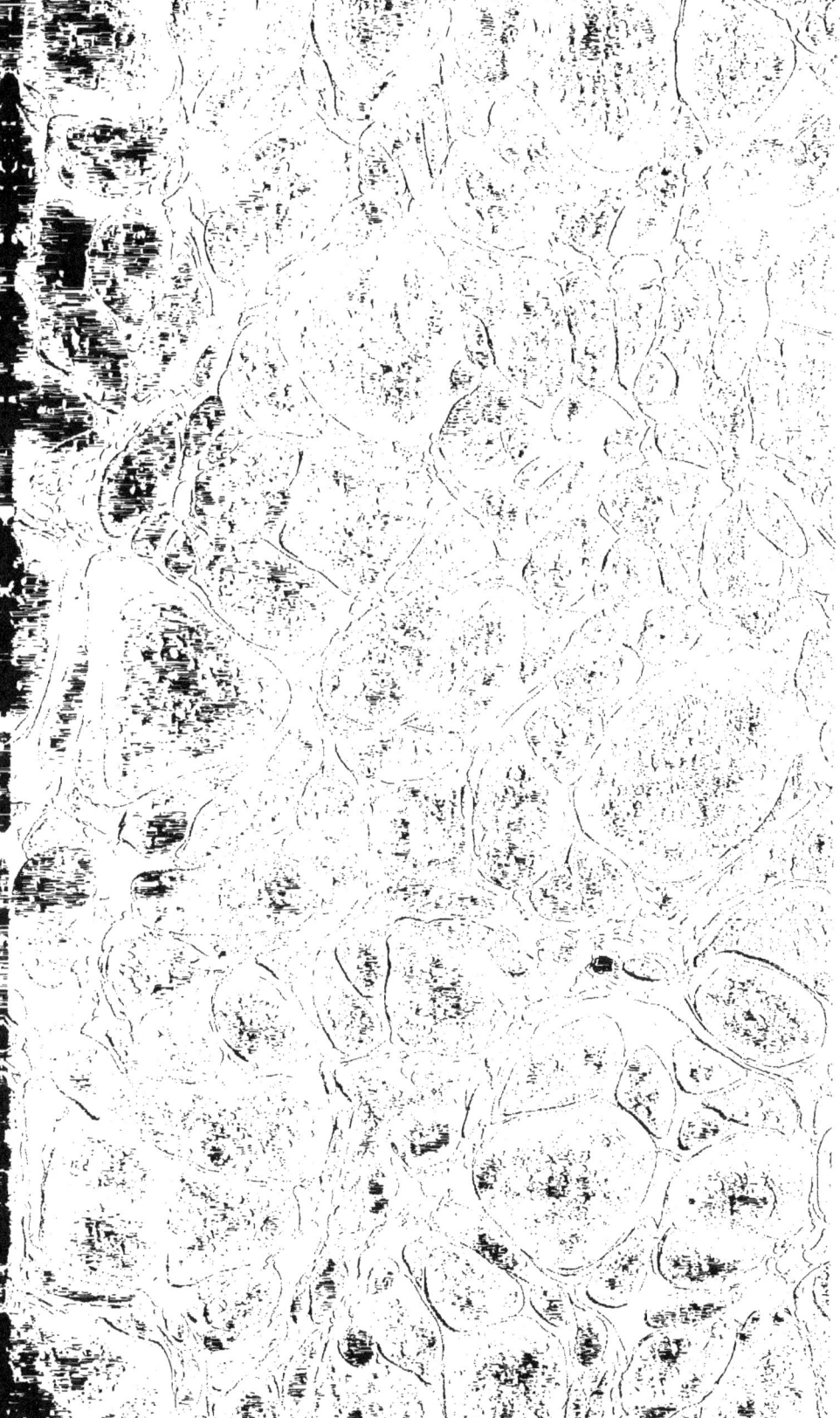

PARIS HISTORIQUE.

IMPRIMÉ CHEZ PAUL RENOUARD, RUE GARANCIÈRE, 5.

PARIS HISTORIQUE.

PROMENADE

DANS

PAR MM.

CHARLES NODIER,
De l'Académie Française,

AUG^{TE} REGNIER ET CHAMPIN.

Orné de 200 vues Lithographiées.

Avec un Résumé de l'Histoire de Paris,

PAR P. CHRISTIAN.

TOME PREMIER.

PARIS

F. G. LEVRAULT, LIBRAIRE-ÉDITEUR,

RUE DE LA HARPE, 81.

STRASBOURG, MÊME MAISON.

1838.

Avis de l'Éditeur.

La première partie de Paris historique est terminée.

Les 50 livraisons publiées forment le premier volume de cet ouvrage; 50 autres livraisons qui restent à paraître, en formeront le deuxième volume.

Pour mettre MM. les Souscripteurs à même de faire relier le premier volume, l'Éditeur leur adresse *gratuitement* un titre et faux-titre, avec une planche servant de frontispice à l'ouvrage.

Paris historique, pour satisfaire au vœu généralement exprimé, sera précédé d'un volume de 25 à 30 feuilles, formant l'introduction de l'ouvrage, et contenant un précis sur Paris, depuis son origine jusqu'à nos jours.

Ce travail, rédigé par M. P. CHRISTIAN, sera distribué *gratuitement* aux souscripteurs, en même temps que la série des 50 dernières livraisons.

La légère interruption qui a lieu entre la 50e et la 51e livraison, est motivée par la préparation du travail de M. CHRISTIAN.

Introduction.

Il y a vingt manières de voir Paris. Ses antiquités, ses monumens, son industrie, ses mœurs, ses musées, ses théâtres, exigeraient autant de livres spéciaux, et ceux de ces livres spéciaux qui n'ont pas été faits jusqu'ici, le seront un jour. Il en est un dont on ne parle point, que j'ai toujours desiré, que j'ai demandé à tout le monde, que tout le monde desire et demande comme moi, et qu'on a oublié de faire. C'est ce qui m'a décidé à m'en charger.

Nos savans sont allés voir la plaine où fut Troie; ils ont mesuré les colonnes de Thèbes-la-Grande, ils ont pesé la poudre *qui fut Memphis*. Vous trouverez des gens qui font le voyage de Rome tout exprès pour chercher l'emplacement des jardins d'Horace et de la *Villa* de Cicéron. Il n'y a personne qui ne s'émeuve en foulant les pavés antiques sur lesquels César tomba frappé de dix-sept poignards. La roche Tarpéienne n'est qu'une roche, mais elle rappelle Manlius. Ce sentiment de curiosité sympathique est propre aux esprits les moins éclairés. C'est un des instincts les plus universels du cœur humain. C'est le principe du *fétichisme*.

Les Parisiens, qui ont vu tant d'histoire vivante, ne sont pas indifférens à ces souvenirs de l'histoire morte. Il n'est bourgeois de bonne maison qui n'ait pris les petites voitures de Montmorency pour y visiter l'ermitage, et je me souviens de l'émotion que j'éprouvai moi-même en m'asseyant au café de la Régence, près de la table où Rousseau avait coutume de faire sa partie d'échecs. On s'arrêtait encore dans mon enfance avec un respect pieux, devant le dernier domicile du patriarche des philosophes, et je suppose qu'on montre toujours à Fontainebleau la plume qui signa l'abdication, ou toute autre plume qui la remplace; à cela près, vous chercheriez inutilement dans Paris quelque tradition du passé. Son histoire est cependant plus large pour les esprits cultivés. Il n'y a peut-être pas une rue, pas une place publique dans cette vieille ville qui ne rappelât un fait singulier et frappant si ses murailles s'animaient, si elles pouvaient parler, ou si seulement, une police intelligente et communicative avait daigné munir d'un écriteau toutes les maisons mémorables ! Pour ne citer qu'un exemple, quel passant, qui a traversé cent fois, insouciant et oisif, la cour de la Sainte-Chapelle, n'eût aimé à contempler un moment la fenêtre élevée derrière laquelle Jacques Gillot écrivit la *Satire Ménippée*, et Nicolas Boileau le *Lutrin ?* Elle y est cependant, et des voyageurs qui vont se donner fort loin quelques impressions du même genre, non sans frais et sans périls, ne s'en sont jamais avisé. Chose merveilleuse! il a été fort à la mode de faire le pélerinage de Ferney en mémoire du vieux Voltaire, et la maison natale de Voltaire, celle où se développa le prodigieux génie du jeune élève de Tournemine et de Porée, de l'ami de l'abbé de Châteauneuf, du légataire de Ninon de l'Enclos, de l'auteur d'*OEdipe* et de la *Henriade*, personne ne la regarde. Les étrangers sont plus sensibles que nous à ces traditions monumentales des gloires de leur pays. On ne m'a pas laissé partir d'Édimbourg sans me montrer la demeure de Milton, et je me souviens d'avoir manqué le *steam-boat* du lac Long, en allant chercher à deux lieues, avec un ami, le modeste tombeau de Smollett. Il n'y a pas jusqu'au pauvre pêcheur des bords de la Save qui n'ait marqué d'une pierre énorme le lieu fort douteux du débarquement de Jason.

C'est à cette partie importante de notre statistique urbaine que j'ai entrepris de pourvoir. Il me fallait pour cela des collaborateurs qui comprissent bien mon projet, ou qui, pour mieux dire, l'eussent conçu en même temps que moi. Je les ai trouvés dans deux amis qui auront tout l'honneur de cette œuvre sans prétention, si elle est aussi agréable au public qu'elle peut lui être utile. L'un est M. Regnier, notre habile peintre de paysages, et son nom me dispense d'insister sur un éloge qui serait d'ailleurs un peu déplacé en tête de cette publication où nous sommes fraternellement solidaires; l'autre est M. Champin, qui s'est déjà montré si heureux dans des productions brillantes et variées. Les promenades que nous allons décrire, nous les avons faites, étudiant, dessinant et racontant tour-à-tour. Ce livre impromptu dont la composition n'était d'abord pour nous qu'un plaisir intime, s'est achevé comme de lui-même, et nous avons jugé, témérairement peut-être, que d'autres y prendraient plaisir comme nous. Voilà la question.

Parisiens désœuvrés, qui mettez à profit les beaux jours pour promener vos loisirs dans le labyrinthe des rues ; provinciaux avides de sensations, qui regardez comme perdues toutes les heures qui s'écoulent entre la clôture d'un musée et l'ouverture d'un théâtre; voyageurs instruits que tourmente encore le besoin d'apprendre, car le principal caractère du savoir, c'est un desir assidu de savoir davantage, seriez-vous tentés de prendre part avec nous à un spectacle sans appareil et sans frais? On ne prend pas de billets à la porte, on ne se presse pas sous les vestibules, la toile est toujours levée. La scène, c'est la ville immense avec sa cohue et ses bruits; la décoration, ce sont les églises, les palais, les maisons auxquelles la gloire, le malheur ou le crime attachent des souvenirs ineffaçables; les acteurs, ce sont les personnages les plus illustres de la nation, dans le gouvernement, dans les armes, dans les sciences, dans les lettres, dans les arts; le drame, c'est l'histoire de France tout entière, puisque l'histoire tout entière d'un peuple très civilisé se fait dans une ville, et quelquefois dans un carrefour. Pour voir se dérouler sous vos yeux cette pièce à cent actes divers, il suffit de nous accompagner.

Il entrait d'abord dans mon dessein de vous tracer un itinéraire méthodique accommodé aux différens quartiers de Paris, et divisé en promenades régulières ; mais ce plan avait quelques inconvéniens qui m'ont arrêté. Premièrement, vous n'habitez pas tous le même quartier, et il vous est plus naturel de prendre celui que vous occupez pour centre de vos excursions, que d'aller chercher au loin un point de départ artificiel. Secondement, votre curiosité ne sera pas excitée au même degré par tous les objets; et quel que soit l'objet spécial qui l'attire, vous seriez trop souvent obligés pour la satisfaire d'abandonner votre route. La Seine coule entre la croisée par laquelle on prétend que Charles IX tirait sur les Huguenots, et celle d'où fut précipité le corps sanglant de Ramus. Dans ce système enfin, qui n'offrirait d'exactitude et d'unité que sous le rapport topographique, tous les temps seraient confondus et tous les évènemens scindés par le simple fait de la progression matérielle. Il est tel pas du promeneur qui enjamberait sur quelques siècles; et rien n'est plus contraire que cette alternative de sensations aux jouissances du souvenir. Dans l'embarras du choix entre toutes les méthodes qui se présentaient à notre esprit, nous avons résolu de n'en suivre aucune, et de laisser aller notre plume et nos pinceaux au libre cours des circonstances inconnues qui ont présidé à nos recherches. En cela même, nous resterons fidèles à l'esprit de notre titre, car la promenade veut être indépendante et fortuite pour être quelque chose de plus qu'*un plaisir insipide*, comme l'appelait Voltaire.

Regrettez-vous cependant quelquefois cette apparence d'ordre qui servirait du moins à diriger votre *cicerone* ou votre cocher? Vous le retrouverez dans une table soigneusement faite, où les lieux et les édifices *historiques* seront rangés suivant leurs rues et leurs quartiers, et qui vous permettra de rétablir, pour votre usage, le plan que nous avons abandonné.

Il ne me reste plus qu'à vous entretenir assez rapidement des qualités d'exécution qui peuvent recommander ce livre aux amateurs de la saine érudition et des arts consciencieux. C'est un soin que les auteurs remettent volontiers aux journaux, où les entreprises nouvelles ne manquent pas d'éloges plus ou moins proportionnés à leurs mérites; mais notre modestie n'est pas si farouche que nous n'osions anticiper nous-mêmes sur le jugement que l'on portera de notre travail. L'ouvrage que nous soumettons au public était presque nécessaire à une ville telle que Paris, et cette considération toute seule serait un titre à l'indulgence. On aurait pu mieux faire, on fera mieux sans doute un jour, et nous serons les premiers à le reconnaître; mais ce n'est pas notre faute si nous n'avons pas fait tout ce qu'il était possible de faire pour faire bien, car nous avons fait tout ce que nous avons pu. Nous avons cherché la ressemblance dans nos portraits, la vérité dans nos petites narrations; nous n'y avons pas cherché l'esprit, parce que nous ne concevons pas l'esprit en face d'un monument qui impose à l'esprit et qui remue le cœur ; il n'y a rien de plus petit au monde qu'une grande phrase devant les pyramides d'Égypte. Si nos récits sont clairs, si nos croquis sont fidèles, si le curieux que nous escortons dans ces explorations de la ville, éprouve les émotions que nous avons éprouvées quand nous les faisions pour lui, notre humble ambition est satisfaite ; il nous suivra peut-être un jour avec plaisir dans d'autres voyages, et il le fera sans fatigue, j'espère, car nous nous proposons tout au plus de lui faire voir la banlieue. Pour un autre mérite, pour celui qu'on exige des chefs-d'œuvre de l'art et des chefs-d'œuvre de la pensée, nous n'osons pas le lui promettre. Notre succès est fondé sur le succès de nos décorations, comme celui de plus d'un drame moderne. Tout ce que nous avons promis de vous montrer, ce sont des pierres muettes pour le vulgaire, mais qui s'animent et qui parlent sous la baguette de la tradition. Dieu nous garde de mettre des phrases à la place de leur éloquence. Elle dit cent fois mieux et cent fois plus haut ce qu'elle veut dire, qu'un gros volume de rhétorique.

Ch. Nodier.

RÉSUMÉ
DE
L'HISTOIRE DE PARIS.

Chapitre premier.

Coup-d'œil sur les anciens écrits qui traitent de Paris.—Développement de son histoire en six périodes.

> Autres temps autres mœurs...
> N'oublions pas que la société marche.
> Ch. Nodier.

Lorsque M. Ch. Nodier commença, sous le titre heureux de *Promenades dans les rues de Paris*, un ouvrage si longtemps desiré, et auquel le talent du spirituel écrivain devait ajouter un nouveau prix, les suffrages unanimes qui accueillirent les premières livraisons de Paris historique[1], enrichi de charmans dessins par MM. A. Regnier et Champin, exprimèrent aussi le vœu que cette belle pu-

---

[1] Paris, chez F. G. Levrault, libraire éditeur.

blication fût accompagnée d'un volume destiné à lui servir d'introduction ou de complément, et qui pût réunir dans un cadre assez resserré, les souvenirs mémorables de notre vieille cité.

Tel est le but que ces études rapides s'efforceront d'atteindre, malgré toutes les difficultés d'un pareil travail.

Nous possédons, il est vrai, de précieux documens, de nombreux amas de faits; mais leur critique reste souvent, quoi qu'on en dise, presque impossible, et leur emploi raisonné fort difficile. En présence de tant de choses accomplies, dont les vestiges s'effacent dans l'ombre des siècles, la conscience de sa propre faiblesse décourage à chaque pas l'historien, qui marche longtemps courbé dans l'ornière des traditions.

Les premiers matériaux qu'il cherchera sont enfouis pour la plupart dans ces vastes archives que nous ont transmises quelques sociétés religieuses, doctes générations dont la vie passait en méditant, du silence des cloîtres à celui de la tombe, et qui se sont mêlées à la poussière des âges qu'elles s'efforçaient d'exhumer: semblables, par leur sacrifice, à ces ouvriers des mines, qui envoient à la terre des richesses dont ils ne jouiront pas.

Sans doute, ils ont bien mérité de la reconnaissance humaine, ces corps savans avec lesquels, plus tard, rivalisèrent de zèle la magistrature parlementaire, et les académies; véritables puits d'érudition de toutes les époques, qui nous ont gardé le passé dans de glorieuses entreprises, dont la prospérité littéraire brillait au xviiie siècle de tout son éclat, et que 1791 dispersa tout-à-coup par lambeaux, qui restèrent tant d'années oubliés.

Aujourd'hui que nous sommes animés d'un si puissant besoin de reconstruire, qui donc se dévouera pour exhumer la substance de ces longs travaux et pour les continuer? Nous vivons dans un temps fortement historique; nos meilleurs publicistes et plusieurs de nos hommes d'état ont présagé leur avenir, en jetant tour-à-tour quelques traits vigoureux sur la toile immense où l'histoire traduit l'épopée française. Mais, pour qu'une telle œuvre se complète, il ne suffit pas de quelques efforts isolés, si puissans qu'on veuille les supposer. Il faudrait association de capacités, et persévérance vers le but. Aussi, parmi les grandes créations dont s'enorgueillit notre époque, la nécessité se fait-elle sentir d'un institut national, où des hommes dévoués viennent puiser dans l'oubli des exigences de la vie matérielle, cette énergie, cette élévation généreuse de la pensée qui ne peut naître que du calme de l'esprit, et qui seule est appelée à produire les œuvres durables.

Destinées aux gens du monde qui craignent avant tout la fatigue, ces études sur Paris n'auront pas une portée trop sérieuse. Elles tracent en quelque sorte un tableau de genre plutôt qu'une histoire. Nous nous sommes contenté de choisir ce qu'il y avait de plus exact chez les écrivains qui nous ont précédé, et d'y ajouter nos propres observations sur les faits et les monumens contemporains.

Quant à ce qui touche les auteurs anciens, et parmi eux nous comprenons tous ceux qui ont écrit sur la même matière avant la révolution, nos recherches ont été très circonspectes; parce qu'il serait imprudent de les prendre tout-à-fait pour guides; car les annalistes d'autrefois, jusques et y compris ceux du xviie siècle, ne pouvaient pas apprécier comme nous les grandes épreuves politiques qui ont jalonné la route où la société marchait vers notre ère de liberté. Ces historiens ne manquaient ni d'impartialité, ni d'indépendance, ni de courage; mais ils n'avaient, ni ne pouvaient avoir ces notions générales des choses que le temps et les révolutions dernières ont développées.

L'histoire est appelée de nos jours, à des progrès dont

sont exclues plus ou moins les autres sciences de l'esprit. Elle change de caractère avec les âges, parce qu'elle se compose de faits acquis et de vérités trouvées; parce qu'elle réforme ses jugemens par ses expériences; parce qu'étant le reflet des mœurs et des opinions de l'homme, elle est susceptible du perfectionnement même de l'espèce humaine. Les historiens du xix° siècle n'ont rien à créer, seulement ils sont en face d'un monde nouveau, qui leur sert d'échelle rectifiée pour mesurer l'ancien.

Si, des travaux antérieurs à la révolution, nous passons à ceux des temps plus rapprochés de nous, les idées prennent le sceau des transformations sociales qui les ont produites, préparées qu'elles étaient elles-mêmes par les lois progressives qui développent le monde physique. Ainsi, les faits ne sont que le corps de l'histoire; ce qui lui donne la vie, c'est la perception synthétique des siècles qu'elle embrasse. Les faits sont du domaine commun, mais l'esprit de l'histoire n'est le don que de quelques âmes privilégiées, rares puissances intellectuelles, armées de la seconde vue qui sait lire, sous le manteau de marbre des cités vivantes, et dans les cryptes creusées par le temps aux générations mortes, la loi immortelle des transformations humaines.

L'existence de tous les peuples accuse une frappante homogénéité de principes; c'est toujours et partout la volonté du bien-être, et de la liberté qui n'est autre que la garantie et le développement de la possession. Que chez eux les formes politiques aient plus ou moins varié, selon les époques ou les climats, peu importe : la famille est toujours restée, base du pacte social, et l'agrégation des familles a fondé les républiques, comme les empires, comme les monarchies.

L'histoire de la civilisation antique ne peut être pour nous que fort incomplète, car nous ne possédons pas, pour la reconstruire, une série de documens sans interruption. L'incendie des archives et des bibliothèques, les cataclysmes populaires, l'absence de la presse, et, quand elle fut inventée, sa longue insuffisance à satisfaire aux besoins nouveaux qu'elle fit éclore; enfin l'apathie et l'ignorance contribuèrent à diverses époques à la perte de bien des pages historiques.

Mais de tant de cités qui ont brillé sur la terre, de tant de nobles pensées qui ont ébranlé les peuples, il reste quelques vérités morales et profondes que les empires ont révélées dans la rapide succession de leurs existences. Sans rapports visibles avec les évènemens qui les recélaient, elles survivent; c'est la voix des âges, à qui l'éloquence ne manque pas, parce que, sous les formules scientifiques de l'histoire, se cachent tous les intérêts qui ont ému l'univers. Ainsi, la société humaine, comme l'a dit Châteaubriand, « ne cesse point de marcher en avant, tout en ayant l'air de rétrograder quelquefois; la civilisation progressive ne décrit point un cercle parfait et ne se meut pas en ligne droite; elle est sur la terre comme un vaisseau sur la mer : ce vaisseau, battu par la tempête, louvoie, revient sur sa trace, tombe au-dessous du point d'où il était parti; mais enfin, à force de temps, il rencontre des vents favorables, gagne chaque jour quelque chose dans son véritable chemin, et surgit au port vers lequel il avait déployé ses voiles.»

Puis, lorsque chaque peuple est arrivé au terme marqué pour les existences finies, il s'efface du monde pour faire place aux rejetons nés de lui-même. C'est le phénix qui renaît de sa cendre.

Sur des sociétés qui meurent sans cesse, une société vit sans cesse; les hommes tombent : — l'homme type reste debout, enrichi de tout ce que ses devanciers lui ont légué, couronné de toutes les lumières, investi de toutes les conquêtes des âges; véritable géant des traditions primitives, qui se souvient de la place où il a laissé son immortalité, et qui cherche, depuis tant de siècles déjà, le sentier du mystérieux Sinaï, au faîte duquel Dieu l'attend.

Le sentiment de la vérité religieuse lui a été donné, comme cette colonne de lumière qui guidait l'Hébreu du désert à la terre promise ; trombe de feu qu'attise sans cesse le souffle civilisateur, par fois nébuleuse en traversant les jours de barbarie, de corruption et de matérialisme; mais ravivant toujours sa spirale ardente, pour percer la nuit funèbre des révolutions.

L'influence que le christianisme a exercée sur les progrès de la civilisation prouve évidemment que la société est un dessein de Dieu : la doctrine de Jésus forme un cercle extensible, qui s'élargit à mesure que se développent les sciences et la liberté, à mesure que l'arbre social, fortifié par chaque secousse qui élague ses rameaux flétris, déploie de nouveaux ombrages sur les créations qu'il abrite.

La rénovation religieuse apportée par le Christ sépare l'histoire humaine en deux époques; elle a décomposé la vieille société, mélange d'esclavage et de tyrannie, pour animer dans son sein l'idée de la liberté qui fut le Messie attendu par le monde profane.

Le principe divin se montre partout ; éclectisme le

plus pur des grandes philosophies de tous les âges et
de tous les peuples, christianisme universel, antérieur
à la révélation judaïque, il est resté le fait dominateur,
marchant avec une lenteur imposante à la conquête du
monde qui doit être le prix de sa pensée victorieuse.

Quand cette époque prochaine sera venue, la détresse
publique ou privée cessera, parce que, aux serviles con-
voitises de quelques-uns, et à l'insouciance des masses,
succédera la foi au règne providentiel par qui toute
justice se prépare et s'accomplit à son heure.

C'est de ces hauteurs intellectuelles où la pensée
s'épure, où l'on se sent plus près de Dieu, parce que les
bruits humains n'y ont pas d'écho, qu'il faut voir se
dérouler le panorama des siècles, paré de toute la pompe
de ses allégories. « On y rencontre çà et là, dit l'élo-
quent interprète de Herder, ces peuples, ces révolutions,
ces accidens des âges dont on a depuis si long-temps
bercé notre souvenir. Mais tous, par la puissance des
rapports ils ont grandi, ils se sont renouvelés pour la
science. Arrêtés ou détruits dans leur marche par une
force supérieure, quelques-uns d'eux n'ont point accompli le cours entier de leur destinée. Comme il y a
dans la nature organique des mouches éphémères qui
ne voient qu'un soleil, il y a aussi des peuples qui ne

vivent qu'un jour, assez pour laisser des urnes funéraires où l'on recueille des larmes. D'autres ont rempli le cercle entier de leur mission ; avec quelle gloire ? on le sait. — Avec quel profit pour les âges suivans ? voilà la question. Tout est bien quand tout est conforme à sa loi : ce qui peut être, est ; ce qui doit périr, périt. Les royaumes se brisent, mais la justice et la raison s'enrichissent de leurs débris, et dominent leurs formes passagères. Quand l'histoire semblait être la propriété absolue de l'homme, le seul système des choses qui lui appartint en propre, c'est une conception hardie de l'en avoir dépossédé, et de l'avoir fait descendre ainsi du premier rang qu'il s'était arrogé, pour mettre à sa place la pensée universelle dont il n'est plus que l'expression docile. Une fois que c'est entre les idées, et non plus entre les personnalités des peuples que la lutte est engagée, il se fait autour de vous un grand calme ; ni l'amour ni la haine n'ont plus aucune prise ; à peine, à cette hauteur, entendez-vous le fracas des empires, à peine le bruit de la gloire individuelle arrive-t-il jusqu'à vous. »

Cependant l'avenir marche, plus rapide et plus sûr que toute prévision humaine ; car, il a pour lumière la pensée des hommes supérieurs, qui surgissent de temps en temps, immortelles vigies de l'intelligence divine. Et plus d'une fois, quand elle dominait de trop haut des destinées précoces, la pensée s'est arrêtée dans son cours, pour attendre le monde. Ainsi de siècle en siècle, la société humaine qui se féconde par elle, comme le sillon des champs sous le fer de la charrue, revêtira toutes les formes, sans en garder l'empreinte, jusqu'à ce qu'elle trouve celle dont les perfections lui sont encore cachées. Ainsi malgré tant de systèmes accumulés, malgré tant d'efforts successifs, tant d'agitations pour sortir des impasses de l'erreur, toute la question humanitaire n'est pas encore résolue par les épreuves subies.

L'énigme reste à deviner.

Mais il semble qu'elle soit venue se poser au milieu de la nationalité française, si avancée de nos jours, que le progrès de la civilisation européenne reçoit d'elle le mouvement.

La France a trouvé du calme au-delà de deux révolutions. Paris, devenu le foyer de ses capacités, centralise tous les systèmes, discute toutes les opinions, analyse tous les produits, ouvre sa lice immense à toutes les ambitions qui peuvent le féconder ; ambitions de genres si divers, dont plusieurs ont voulu suppléer à la pensée par les fastueux écarts de l'imagination ; qui ont rêvé, soutenu, proclamé toutes les utopies, parce qu'elles avaient trop de sève pour porter autre chose que des fruits hâtifs ; ou parce que, dans leur poétique hallucination, elles s'étaient laissé prendre aux mirages décevans d'une gloire qui n'a pas de lendemain.

Quelque jour on écrira sans doute une histoire politique de Paris, et ce ne sera pas la moins intéressante ; mais c'est encore un livre à mûrir, car je ne crois pas notre époque si tôt capable d'admettre la conscience qui devrait la juger. La France est encore en travail ; un peu plus tard, lorsque l'enfantement du bien-être auquel nous tendons sera un fait accompli, l'historien trouvera sa tâche préparée. Aujourd'hui, laissons agir le temps, sans chercher à le devancer par d'inutiles efforts, et tournons nos regards sur le passé ; son histoire a pour l'avenir de grands enseignemens dont le présent doit profiter.

On fait généralement remonter au règne de François Ier les premiers ouvrages qui nous sont parvenus sur la description de Paris. C'est à ces sources qu'il faut chercher tout ce qu'on peut dire de plus positif sur son origine, sur ses temps anciens et ses agrandissemens successifs. Au commencement du xvie siècle, le libraire

Corrozet publiait: *La fleur des antiquités, singularités et excellences de la ville de Paris.* Cinquante ans après, un autre libraire, Bonfons, donna de ce travail une nouvelle édition, augmentée de ses propres recherches. Ce sont les deux plus anciens ouvrages qui nous soient parvenus sur cette matière. On ne leur attribue guère d'autre mérite.

En 1612, Don Jacques de Breul, bénédictin de Saint-Germain-des-Prés, perfectionna l'œuvre de ses devanciers; son *Théâtre des antiquités de Paris*, auquel il ajouta un supplément en 1614, et qui fut réimprimé en 1639 avec de nouveaux appendices, contient, malgré beaucoup d'erreurs qu'il faut rejeter sur l'ignorance du temps, une foule de faits, qui prêtèrent un secours efficace aux écrivains curieux de débrouiller après lui, cet immense chaos d'érudition.

Des compilations et des abrégés plus ou moins défectueux parurent depuis, à divers intervalles.

Plus tard, Henry Sauval, avocat au parlement, recueillait dans les dépôts de livres publics et dans les archives particulières, une suite de mémoires, de notes, qu'il arrangea sans méthode. Soit que le temps ou un talent réel lui aient manqué pour mettre de l'ordre et de la critique dans son travail, ses trois gros in-folio intitulés : ***Histoire et recherche des antiquités de Paris***, sont loin de former un corps d'ouvrage. Il fallut attendre que des esprits plus judicieux ou du moins plus patiens, vinssent chercher une à une les pierres d'un édifice régulier, parmi les innombrables matériaux qu'avaient accumulés Félibien, Lobineau, Montfaucon, Sauval. Si les divers ouvrages qu'ils nous ont laissés accusent trop souvent le défaut d'ordre et de jugement, et l'absence du goût, on y trouve des preuves à côté de la plupart des faits. C'est une précieuse compensation.

Saint-Foix dont les *Essais sur Paris* obtinrent beaucoup de succès dans leur temps, écrivait avec une certaine vivacité d'esprit ; mais il dénote presque à chaque page une grande inexpérience en matière morale ou politique. Son livre ne semble d'ailleurs avoir pour but que de publier, à propos de quelques quartiers, de quelques rues, de quelques monumens, classés ridiculement par ordre alphabétique, des opinions bizarres et presque toujours hasardées, des satires licencieuses et fort souvent inexactes. Les *Essais sur Paris*, dont le fond est emprunté à Sauval, ne sont donc à rechercher, ni par le lecteur qui demande de l'intérêt, ni par l'érudit qui veut s'instruire en consultant.

Piganiol de la Force est généralement regardé comme le plus indigeste compilateur, parmi tous ceux qui ont entrepris l'inventaire de Paris.

D'autres écrivains ont mieux compris que la seule voie pour sortir du labyrinthe inextricable où l'obscucurité des faits laissait errer l'histoire, était de ne se charger que d'une part du travail. Le *Traité de la Police*, par le commissaire Delamarre, les *Recherches* de Jaillot, et l'*Histoire du diocèse de Paris*, par l'abbé Lebœuf, sont des ouvrages spéciaux qui prouvent un discernement dans le choix et l'arrangement des faits, qu'on ne saurait guère surpasser. Les origines de Paris, sa topographie antique et moderne, ses institutions civiles, politiques et religieuses, sont traitées avec tout le soin, toute la clarté desirables ; mais c'est encore vainement qu'on chercherait chez ces trois auteurs une conception historique complète. Ils ont dégrossi la plupart des matériaux amassés autour d'eux ; ils en ont taillé et poli quelques-uns ; mais après eux, l'histoire de Paris est restée à faire.

Dulaure et Saint-Victor doivent, ce semble, être examinés à part. Le premier, qui écrivit avant, pendant et après notre grande révolution, nous a laissé entre autres écrits ses *Descriptions des curiosités et envi-*

rons de Paris, et un *Tableau* de cette capitale, rempli de faits curieusement choisis. Toutefois, c'est de la satire historique au lieu d'histoire: on peut toujours montrer l'envers d'une société. Nous n'avions eu jusqu'à lui que de la compilation sans beaucoup de variantes; chez Dulaure, la compilation s'enhardit; mais au lieu de saisir la physionomie des temps, elle se farde des couleurs de l'esprit de parti; l'écrivain veut se poser historien *quand même*, et draper l'histoire à sa guise. Cependant, Dulaure a encore une certaine vogue; on le réimprime, on le parcourt, mais peut-être seulement à cause de son esprit satirique, le seul que l'on admette aujourd'hui, faute de mieux.

Le *Tableau historique et pittoresque de Paris,* par Saint-Victor, est en voie plus large de progrès. L'auteur signale franchement les sources auxquelles il a dû puiser. Adoptant une division assez rationnelle, il partage ensuite Paris en vingt quartiers, décrivant avec un ordre méthodique la topographie primitive et les accroissemens de chacun d'eux, ses monumens, ses antiquités et les institutions qui s'y rattachent. Enfin pour donner de la vie à cette galerie de pierres, il a imaginé de partager en dix époques l'histoire de Paris jusqu'à la révolution de 89; chacune de ces époques servant pour ainsi dire d'avenue à deux quartiers de la ville immense.

Mais si l'on se sent disposé à reconnaître un mérite réel dans le plan choisi par Saint-Victor, on doit toutefois reconnaître encore, que son exécution est trop loin de satisfaire aux exigences d'une œuvre durable. Les récits de cet écrivain pèchent par la confusion et la prolixité; on dirait qu'il a cousu par lambeaux l'histoire de toute la France, pour en tapisser Paris. Ses énormes in-quarto ne compteront quelque jour dans nos magasins littéraires, que comme ces échafaudages compliqués dont on se hâte de démasquer la façade d'un monument national, dès qu'il est achevé.

Voilà peut-être les seuls écrivains qui méritent d'être cités, parmi ceux qui ont spécialement travaillé sur l'histoire de Paris; car dans notre opinion, le *Tableau de Paris* de Mercier ne doit pas se placer au rang des œuvres purement historiques; les vues critiques, les jugemens d'un auteur ne sont pas de l'histoire. Il faudrait pour les apprécier avec justesse, avoir vécu de son temps, et partagé ses impressions. Mercier visait à faire de l'esprit, il y a d'ailleurs d'excellentes choses dans son livre qui eut un succès prodigieux en France et à l'étranger: on en fit en Allemagne deux traductions et un abrégé. S'il avait entrepris une histoire locale, il serait probablement tombé dans les défauts des autres écrivains qui remplissent des volumes compactes, au lieu de faire un livre que tout le monde réclame encore, et que nous n'osons nous flatter d'avoir écrit comme il devrait et comme il pourrait l'être. Mais son plan tel que nous l'avons conçu, offre du moins une idée dont quelqu'un, plus exercé ou plus heureux, saura tirer le meilleur parti.

Le développement matériel et social de Paris parcourt si périodes, qui peuvent marquer, en quelque sorte, les époques de la civilisation française.

La *première* a, comme presque toutes les origines, son point de départ posé dans le vague.

Elle embrasse l'état probable des Gaules aux approches de l'invasion romaine; — La découverte et la prise de *Lutetia Parisiorum* par un des lieutenans de César. L'établissement des Francs dans les Gaules; les guerres soutenues contre eux par les Romains, et le séjour que fit à Paris Julien, préfet des Gaules, qui succéda à l'empereur Constance. Vient ensuite le règne supposé de Pharamond, puis celui de Clovis, qui le premier des rois francs, fixa son siège à Paris. La société romaine subsiste presque tout entière dans les Gaules, dominée par quelques barbares, jusqu'à la fin de la seconde race.

2ᵉ PÉRIODE.— Avec la troisième race s'opéra une des grandes transformations de l'espèce humaine par l'établissement de la féodalité. Le règne de Philippe Iᵉʳ vit naître le moyen âge, mélange du christianisme avec la barbarie et les institutions germaniques. Le servage prit alors la place de l'esclavage; le serf devenu vassal ne fut plus qu'un soldat armé : le cliquetis des armes est un lointain écho de la liberté. Ce fut le premier pas vers l'affranchissement. Du servage on passa au salaire, et les modifications se continuèrent. La chevalerie, dont l'origine remonte à Charlemagne, se développa, dans cette période, par les Croisades.

On doit à cette grande époque les merveilles de l'architecture gothique, apportée d'Orient en Espagne par les Maures; en Italie par les Grecs; en France, en Angleterre et en Allemagne, par les Croisés.

Les chroniqueurs, sous la monarchie féodale, n'ont guère écrit que l'histoire du duché de Paris, qui se transforma, vers le milieu du xivᵉ siècle en une espèce de démocratie ancienne, au sein de la féodalité.

3ᵉ PÉRIODE.—Sous Charles VII, la monarchie féodale se décomposa; il n'en resta plus que les habitudes. Au point où la société était parvenue, deux routes s'ouvraient devant elle : celle de la monarchie libre, ou celle de la monarchie absolue : — la liberté s'arrêta pour laisser marcher le pouvoir. Le penchant des choses après les désordres de la féodalité inclinait vers l'unité du principe gouvernemental. Il fallait que la monarchie écrasât la tyrannie aristocratique, avant de faire place à la liberté. « Ainsi, dit Châteaubriand, se sont succédées en France l'aristocratie, la monarchie et la république ; puis, la noblesse, la royauté et le peuple ayant abusé de la puissance, ont enfin trouvé le secret de vivre en paix, dans un gouvernement composé de leurs trois élémens. »

Le règne de Louis XI fut comme la transition de l'ère féodale à celle de l'absolutisme. Il eut une forme monstrueuse, indécise, et qui tenait plus ou moins des deux tyrannies auxquelles il servit de chaînon.

Après lui, la société se renouvela ; la féodalité tomba sur la brèche de Constantinople. L'invention de l'imprimerie amena la renaissance des lettres. La découverte de l'Amérique multiplia les ressorts du commerce, en créant une nouvelle propriété, celle des capitaux.

Les règnes de François Ier à Henri III furent signalés par les violentes secousses de la réformation. Ce sont les temps de terreur aristocratique et religieuse d'où sortit la monarchie absolue des Bourbons, comme le despotisme impérial sortit, plus tard, de la terreur populaire et politique.

4ᵉ période. — Henri IV, vainqueur de Paris, laissa respirer la France.

Sous Louis XIII, toutes les libertés furent comprimées par Richelieu; et quand ce génie du despotisme s'évanouit, Louis XIV, chargé de ses pleins pouvoirs, entra au Parlement, le fouet en main, et mit la France à l'attache.

Le peuple, enivré de gloire sous le règne du grand roi, s'endormit de lassitude, entre l'oreiller des débauches de Louis XV, et l'échafaud de l'infortuné Louis XVI. Les courtisanes de la cour le foulèrent aux pieds : la Bastille étouffa ses cris. L'abâtardissement des hautes classes préparait les voies de la révolution.

5ᵉ période. — La pensée avait marché; à la place de la vieille liberté, fille des mœurs et morte avec elles, l'intelligence appelait la liberté nouvelle, fille de la raison. Diderot, Montesquieu, Rousseau discutaient la vérité politique.

L'esprit de Voltaire travaillait à miner la puissance du clergé, en créant une philosophie nouvelle qui luttait par des sarcasmes hardis contre les idées religieuses.

Ainsi se faisait pressentir la crise violente dont Mirabeau donna le signal dans la salle du Jeu de Paume. La monarchie usée, chancelait sur ses bases. Quand Louis XVI trop faible pour la soutenir, trop peu clairvoyant pour en sonder les ruines, voulut s'appuyer sur elle, tout s'écroula. Le lion populaire déchaîné se rua dans le sang, puis de crimes las, il se laissa museler. Napoléon l'apprivoisa, pour le jeter ensuite dans le cirque de l'Europe, où ses blessures achevèrent de le dompter. Napoléon seul avait pu recréer la puissance nationale sur les décombres de l'anarchie; mais dès qu'il crut l'asservir à son ambition privée, elle lui manqua.

6ᵉ PÉRIODE. — Après le désastre de Waterloo, Paris, sans remparts, reçut l'Europe coalisée. Mais la vieille cité n'avait point rempli ses destins. Les vainqueurs n'osèrent la garder captive: dix-huit siècles de vie leur imposaient le respect.

La restauration fut le baptême de ses libertés nouvelles. La charte qui les contenait s'est déjà modifiée, et se modifiera encore selon les besoins de l'avenir. Car la politique, vêtement du corps social, doit suivre tous ses mouvemens, et n'en jamais gêner le développement. Quand elle s'égare, les passions se révoltent. Paris l'a montré en 1830.

N'est-ce donc pas un étrange mystère, que l'enfantement de cette nationalité française, dont les forêts gauloises avaient couvert le berceau, et qui sortit de ses langes à l'agonie du colosse d'occident?

Rome conquérante avait perdu le sceptre du monde antique avec l'austérité des vertus populaires. Énervée par la mollesse des vaincus qu'elle appela dans son sein, elle s'affaissa lentement sous le poids de sa gloire. Fille de la civilisation matérielle, elle devait expirer dans une orgie.

Lorsque Charlemagne entra dans son tombeau pour le défendre des Lombards, il y trouva quelques prêtres avec leur chef, agenouillés au pied d'une croix plantée sur des ruines. Charlemagne protégea la tiare des pontifes que les rois n'avaient pas encore appris à redouter. Mais il emporta pour la France l'héritage de ce qu'on avait appelé la maîtresse du monde. Paris l'a reçu et gardé, comme un palladium, au sein de toutes les épreuves qu'il a traversées sans faiblir.

Or, de même que, dans la famille, la voix et la puissance du chef dirigent et protègent ses membres; de même aussi que la prospérité visible de la famille bien gouvernée répand autour d'elle une attraction sympapathique; il nous semble qu'une nation, marchant si vite au terme de sa croissance physique et morale, exerce sur les autres une influence directe, graduée, et se fait ainsi, peu-à-peu, sans effort, le centre de l'unité harmonique. C'est l'accomplissement du dessein de Dieu, qui marche à ses fins, comme une vague majestueuse et lente, dont l'écume couvre peu-à-peu chaque écueil, jusqu'à la grève où elle se reposera.

Pourquoi, la plus ancienne capitale du monde moderne ne serait-elle pas le type prédestiné de l'avenir humanitaire? Ne résume-t-elle pas toutes les phases de la vie sociale? Passant tour-à-tour de la barbarie à l'esclavage romain; sortant du servage féodal pour préluder par la tyrannie à la monarchie absolue, cette fille bâtarde du moyen âge, jetée par la révolution aux bras du despotisme militaire qui se dévora lui-même;—Puis quand finit le grand duel du passé contre l'envahissement du présent, ne voit-on pas la force providentielle intervenir, pour montrer aux Français l'aurore de la liberté, comme jadis au peuple juif avait apparu la charité, dont Christ fut le symbole?

Dans combien de temps cette prééminence intellectuelle, et ce perfectionnement social toucheront-ils à leur apogée?

C'est encore le secret de l'avenir.

Jusque-là, sans nous plaindre du poids du jour, et sans

nous inquiéter de notre salaire, travaillons selon nos forces.

Le travail de la civilisation est lent comme la croissance du chêne.

Un jour elle deviendra séculaire comme lui.

Chapitre Deuxième.

Aspect de la Gaule antique. — LUTETIA PARISIORUM, berceau de Paris. — Conquête de César et domination romaine. — Développemens, mœurs et coutumes de Paris, sous les rois Francs des deux premières races.

> Lutetia oppidum est Parisiorum, positum in insulâ fluminis Sequanæ.
> CÆSAR. Comm.
>
> Géant qui croît toujours, toujours, toujours.
> CHATEAUBRIAND.

L'histoire de Paris se lie essentiellement à celle des Gaules. Aussi ne nous semble-t-il point hors de propos de jeter un coup-d'œil sur l'état probable de cette immense contrée, dont les âges les plus reculés sont pour nous enveloppés de ténèbres, sur lesquelles les travaux des plus anciens auteurs n'ont réussi à jeter que des lumières indécises.

Par un impénétrable dessein de Dieu, l'origine des

peuples et l'enfantement des grandes cités, sont comme la génération humaine, voilés d'un mystère que nulle science ne peut sonder.

La vieille Gaule était une région sauvage, couverte de forêts, et habitée par divers peuplades barbares connues sous le nom générique de Galles ou Gallois, qui formaient trois races très distinctes.

Les Aquitains, qu'on croit venus de l'Espagne, occupaient le littoral de la Méditerranée, depuis les Alpes, jusqu'aux Pyrénées.

Les Kimris, originaires des bords de la mer Caspienne, vivaient au nord, et leurs tribus s'étendaient jusque dans les montagnes de l'Auvergne.

Les Belges, venus de la Scythie, s'étaient fixés du côté de l'Océan. Ces derniers, regardés par les autres comme des étrangers, s'adonnaient à l'agriculture.

Les Aquitains, façonnés aux rudes travaux des mines, étaient remarquables par leur adresse dans l'art des fortifications souterraines. Liés par une ancienne consanguinité avec les peuples qui habitaient les côtes de la Méditerranée, en Espagne jusqu'à Valence, et en Italie jusqu'au-delà de Gênes, il s'en est bien peu fallu qu'il ne devinssent les maîtres de toute la Gaule, à différentes époques de notre histoire.

Ils portaient un vêtement court, tissu de laine grossière et de longs poils, mais qui malgré sa simplicité n'était point dénué d'une certaine élégance, revêtu par les femmes des rives du Gard et de l'Adour.

Les Kimris, ou Galles ou Gallois, comme on appelle encore aujourd'hui leurs descendans de Bretagne, étaient de tous les plus sauvages. Robustes et de haute taille, ils avaient la peau fort blanche, les yeux bleus, les cheveux blonds ou châtains, auxquels ils s'étudiaient à donner une couleur rouge ardente, soit en les lessivant avec de l'eau d'ocre, soit en les oignant fréquemment d'une pommade caustique composée de suif de chèvre et de cendre de hêtre. Ils les portaient d'ailleurs dans toute leur longueur, tantôt flottans sur leurs épaules, tantôt relevés et liés en touffes au sommet de la tête. Plusieurs tribus se teignaient le corps avec une substance bleuâtre, tirée des feuilles du pastel, que nous avons appris aujourd'hui à substituer à l'indigo, pour la teinture des draps à bon marché. Quelques-uns se tatouaient comme font les sauvages de la mer du Sud. Leur nourriture ordinaire se composait de viande et de lait. Chasseurs ou pasteurs, ils engraissaient d'innombrables troupeaux de grand et de petit bétail, et surtout des porcs d'une grosseur énorme, qui erraient par bandes et à l'abandon dans les bois, où, devenus tout-à-fait sauvages, ils n'étaient guère moins effrayans à rencontrer que les loups.

Quelques étymologistes, dit Saint-Foix, prétendent que les Gaulois furent ainsi appelés du mot grec Γαλα (lait), à cause de leur teint. Les historiens Polybe et Ammien Marcellin nous les ont peints d'une stature élevée, le regard fier, vifs, emportés, hautains, mais d'ailleurs pleins de franchise et très hospitaliers. César, dans ses Commentaires, dit qu'ils étaient si curieux qu'ils arrêtaient les voyageurs dans les lieux publics, pour leur demander des nouvelles.

L'habillement commun à tous, consistait en un pantalon, une chemise à manches faite d'étoffe rayée, et descendant au milieu des cuisses, et une casaque rayée comme la chemise, bariolée de fleurs, de disques et de figures de toute espèce, qui couvrait le dos et les épaules, et s'attachait sous le menton avec une agrafe. Les plus pauvres remplaçaient la casaque par une peau de bête fauve, ou de mouton, comme en portent encore maintenant les chasseurs de chamois, et les pâtres des Pyrénées.

Les armes offensives étaient des haches et des couteaux en pierre, des flèches garnies d'une pointe faite de silex tranchans ou de coquillages, des massues, des épieux durcis au feu, et des brandons qu'ils lançaient tout enflammés sur l'ennemi. L'armure défensive se bornait à un bouclier de planches grossièrement peintes, et de forme étroite et allongée.

De petites barques d'osier, recouvertes d'un cuir de bœuf composaient leur marine, et c'est sur ces frèles esquifs qu'ils affrontaient intrépidement les parages les plus dangereux de l'Océan, pour aller à la pêche, ou piller les côtes voisines.

Les bourgades gauloises n'étaient pas non plus d'une architecture bien compliquée : chaque tribu choisissait pour sa résidence un bois épais, fortifié d'un rempart de terre et d'un fossé, qui lui servait à-la-fois de retraite contre les courses de ses ennemis, et contre les attaques des bêtes sauvages.

Leurs lois, aussi grossières que leurs usages, étaient rédigées en espèces de versets mesurés, par leurs bardes ou poètes.

Voici la traduction d'un de ces codes barbares :

« Il y a pour la nation des Galles trois réunions qui s'annoncent au son du cornet à bouquin : l'assemblée des anciens et des chefs de tribus; l'assemblée des juges et arbitres; l'assemblée générale pour la guerre, destinée à repousser l'invasion des frontières.

« Il y a pour la nation des Galles trois réunions armées, qui s'annoncent au son du cornet à bouquin : la première, pour s'opposer aux attaques d'un étranger ou d'un pays voisin ; — la seconde, pour combattre contre ceux qui violent les lois ; — la troisième, pour repousser les animaux féroces.

« Il y a pour la nation des Galles trois réunions fraternelles, qui s'annoncent au son du cornet à bouquin : la convention du pays, les anciens en tête, pour discuter et régler les lois communes ; la convention des bardes, chargés d'enseigner la science ; la convention de la nation, qui se rend à son culte aux jours de fête solennelle.

« Il y a trois appels généraux contre un banni, qui s'annoncent au son du cornet à bouquin : le premier, pour meurtre ou embûches ; l'autre pour trahison contre la communauté ; le troisième, pour vol de butin. Chacun, en entendant sonner le cornet à bouquin dans la direction du banni, doit, de quelque âge et condition qu'il soit, aider à l'exécution de la peine, et faire aboyer ses chiens jusqu'à ce que le banni ait atteint la mer, et soit resté soixante heures hors de vue. »

Les tribus gauloises vivaient dans un tel état de méfiance, qu'il naissait fort souvent des querelles, soit pour la chasse, soit pour des troupeaux enlevés; alors le cornet à bouquin servait à convoquer aussitôt un conseil armé de la tribu plaignante. On nommait un chef de guerre, appelé *Bren* ou *Brennin*, mot dont les peuples étrangers ont fait plus tard un nom propre, entre autres les Romains. Aussitôt que la guerre était décidée, les chariots se mettaient en marche, chaque guerrier portant sur le dos une botte de paille pour se coucher. L'armée était toujours accompagnée de nombreuses meutes de chiens dressés à la chasse de l'homme, et qui déchaînés à travers les bois, dépistaient, assaillaient et poursuivaient les fuyards. Le vainqueur coupait ordinairement la tête du vaincu, et la clouait comme un trophée de bravoure à la porte de sa cabane. Les crânes des ennemis les plus redoutables par leurs exploits, étaient conservés dans de grands coffres, d'où on les tirait pour servir de coupes dans les festins de réjouissance de la tribu victorieuse.

Malgré ces mœurs féroces, les Gaulois se laissaient séduire par des goûts fort innocens, et qui contrastaient excessivement avec leur barbarie. Ils aimaient la parure et portaient des bracelets, des colliers, des bagues et des ceintures d'or. J'ai parlé plus haut du soin bizarre qu'ils prenaient de leur chevelure; les Vergobrets, souverains magistrats, la poudraient ainsi que leur barbe, avec de la limaille d'or, aux jours de cérémonie.

Les femmes étaient admises dans toutes les assemblées, et elles avaient voix délibérative dans les questions de guerre. On massacrait dans ces assemblées le malheureux qui arrivait le dernier, et s'il en faut croire Strabon, les espèces d'huissiers chargés d'y maintenir le silence, devaient couper un morceau du vêtement de quiconque s'avisait d'y troubler l'ordre.

Quelque ridicule que puisse paraître ce dernier usage; s'il avait été conservé jusqu'à nous, Français civilisés, qui avons gardé si sérieusement tant d'autres ridicules, combien de nos graves législateurs venus en frac parlementaire aux lieux de leurs séances, pourraient s'en retourner en veste!

Les mœurs privées des familles gauloises se ressentaient de l'âpreté du caractère national.

Strabon nous apprend que les enfans nouveau-nés étaient plongés dans l'eau froide, sans doute afin de les rendre plus robustes, et pour leur communiquer en quelque sorte la trempe du fer.

Un homme d'un embonpoint trop marqué subissait une amende, qui augmentait ou diminuait chaque année, en raison du volume actuel de l'individu.

Lorsqu'une fille était nubile, son père donnait un festin aux jeunes gens du canton; et celle-ci pour désigner son choix qu'aucun obstacle ne devait gêner, commençait à présenter à laver par celui des convives dont la bonne mine l'avait séduite, et qu'elle agréait pour fiancé.

Les Gaulois prêtaient de l'argent, à condition qu'il leur serait rendu dans l'autre monde; et pendant les funérailles de leurs parens et de leurs amis, ils leur écrivaient ce qui s'était dit et passé depuis leur mort; ces lettres singulières étaient jetées dans le bûcher.

Lorsque des procès les divisaient, deux corbeaux étaient assez souvent pris pour arbitres; les parties déposaient deux gâteaux de farine préparés avec de l'huile et du vin dans quelque lieu fréquenté par ces oiseaux; ordinairement un des gâteaux était dévoré, tandis que l'autre n'était qu'émietté.

La partie dont le gâteau n'avait point assouvi la voracité des corbeaux, gagnait sa cause.

Aujourd'hui, grâce aux gens du Palais, corbeaux d'une autre race, les deux parties sont souvent ruinées avant d'être d'accord. Cette manière de rendre la justice est peut-être un emblème sous lequel les druides prophétisaient à leur insu, la façon dont dame Thémis proclamerait un jour ses oracles dans la Gaule civilisée.

Les druides, dont le séjour le plus vénéré était fixé à une extrémité de la Bretagne sur une presqu'île inculte, couverte de bruyères, de marécages et de sables, battue par les flots d'une mer toujours orageuse, les druides exerçaient sur les peuplades une influence dont le fanatisme de cette époque de barbarie protégeait les orgies sanglantes. Les sacrifices humains célébraient chaque victoire. De vieilles sorcières, moins poétiques que la Velléda de Châteaubriand, présidaient à ces affreuses cérémonies, et faisaient couler dans des chaudières le sang des victimes pour en tirer leurs oracles.

Les Gaulois adoraient le soleil sous les noms de Taramis, de Belenos et de Mithras. Les initiés au culte de Mithras étaient partagés en diverses confréries dont chacune avait pour symbole une constellation céleste. Leurs fêtes étaient célébrées par des processions et des festins où ils se déguisaient en lions, en béliers, en ours, en chiens, pour figurer les signes du zodiaque. Ainsi, dit Saint-Foix, nos bals et nos mascarades, dont voilà sans doute la plus vieille origine, étaient jadis des cérémonies religieuses.

Du reste, avant d'être soumis à la domination romaine, les Gaulois ne représentaient point leurs divinités sous des traits humains; l'art du statuaire leur était encore inconnu; mais des pierres brutes, façonnées en obélisques grossiers plantés en terre, et qui pour cela peut-être ont été nommées *pierre fixe* ou *pierre fite*. Le village de Pierrefite, dit Dulaure, situé au-delà de Saint-Denis, doit probablement son nom au voisinage de quelque monument de ce genre.

Une autre sorte de construction religieuse consistait en un groupe de plusieurs pierres d'une dimension considérable, dont la plus large était posée horizontalement sur les deux autres qui lui servaient de soutien, et dont l'ensemble formait un autel rustique.

Une rue de Paris, qui existait autrefois dans le quartier du Temple, sous le nom de Pierre--Levée, doit peut-être ce nom à l'existence d'un autel druidique, sur le terrain qu'elle occupait.

Plus tard, les divinités romaines vinrent se mêler aux symboles gaulois; et la sculpture apportée par les vainqueurs produisit les images d'Esus et de Cernunnos ; le premier, généralement adoré par les Gaulois, est armé pour attribut d'un instrument tranchant; il est placé devant un arbre, dans l'attitude d'un homme qui en abat les branches. Cernunnos, divinité peu connue dans la théogonie celtique paraît avoir été le dieu spécial des

Parisiens. Son large front est hérissé de cornes, élargies et fendues à leurs extrémités comme celles d'un cerf. De chaque corne pend un anneau, dans lequel est passé un autre anneau plus petit.

Les chênes, et surtout ceux qu'avait consacrés la cérémonie du guy, étaient les objets d'une vénération populaire; cette cérémonie du guy annonçait la nouvelle année; les druides, accompagnés des principaux magistrats, et suivis de la foule, se rendaient processionnellement dans une forêt, dressaient avec du gazon, autour du plus beau chêne un autel triangulaire, et gravaient sur l'écorce du tronc et des deux plus grosses branches les noms des dieux les plus puissans: Theutatès, Esus, Taramis, Belenos, Irminsul. Puis un druide, vêtu d'une tunique blanche, montait sur l'arbre, y coupait le guy avec une serpe d'or, et deux prêtres le recevaient pieusement. L'eau dans laquelle on l'avait mis tremper était ensuite distribuée au peuple, comme un spécifique infaillible contre les sortilèges et toute espèce de maladies.

Les mœurs barbares de la vieille Gaule s'adoucirent peu-à-peu par les progrès de l'agriculture. Une colonie de Phocéens qui vinrent fonder Marseille, environ 600 ans avant Jésus-Christ, y apporta le germe du goût des arts et du commerce.

Les Gaulois, curieux et vains, ne tardèrent pas à désirer l'échange des brillantes superfluités que fabriquaient leurs voisins. Ce fut l'époque où l'usage des métaux leur devint familier. Bientôt leurs rapports s'augmentèrent, et ils se mirent à étudier les ressources de l'industrie. Les uns devinrent habiles à tremper l'acier; d'autres firent des progrès notables dans l'art de tisser les étoffes, de les broder et de les teindre. Ils imaginèrent pour l'agriculture la charrue à roues, le crible de crin ou tamis, et l'emploi de la marne comme engrais.

L'Auvergne fabriqua des fromages, la bière se perfectionna; le vin et l'olivier, introduits par les Grecs de Marseille, furent appréciés.

Mais les liaisons du commerce ne pouvaient toujours exister sans qu'il s'élevât de fréquentes occasions de querelles. Les Grecs, moins nombreux, se voyaient près de succomber, lorsqu'ils réclamèrent l'assistance de leurs puissans voisins d'Italie. Or, les Romains n'avaient pas oublié que, l'an de Rome 367, et 387 avant J.-C., les Gaulois, conduits par Brennus, étaient venus brûler Rome, pauvre alors autant qu'elle fut riche et redoutable quelques siècles après. Ils avaient couvé leur ressentiment de cette invasion désastreuse, et le sentiment de terreur qu'elle avait produit se trouve empreint dans les lois de cette époque, qui ordonnaient d'établir au Capitole un trésor inviolable, exclusivement destiné aux frais de guerre nécessaires pour repousser les Gaulois.

Aussi, lorsque la colonie Phocéenne de Marseille obligée de lutter contre la rivalité gauloise, se sentit trop faible pour se protéger elle-même, les Romains saisirent avec empressement ce prétexte de tirer vengeance de leurs anciens ennemis. Ils s'occupèrent fort peu de rechercher si les Grecs avaient tort ou raison; leurs légions franchirent les Alpes, et commencèrent par balayer tout le littoral de la Méditerranée, — refoulant les Gaulois dans les montagnes, et détruisant leurs villes, leurs bourgades, dont le territoire était abandonné à leurs alliés de Marseille; des colonies romaines fondées dans le midi, et jusque dans les montagnes de l'Auvergne, préparèrent à Jules César la conquête du nord.

C'est vers l'an 700 de Rome, et 54 avant notre ère vulgaire, que la nation des Parisiens ou Parisii est nommée pour la première fois dans l'histoire des Gaules. Son existence qui n'est indiquée par aucun écrivain antérieur à César, a long-temps tourmenté l'imagination des étymologistes et des chroniqueurs, jaloux de lui créer à tout prix une haute origine. Si Rome a été fondée par un fils du dieu Mars, nourri par une louve mystérieuse, Paris le fut, disent certains fabricateurs d'histoire, par un prince échappé des ruines de Troie, Francus, fils d'Hector, et gendre de Rémus, dernier rejeton de la race d'Hercule. Ce Francus, devenu roi de la Gaule, après avoir bâti la ville de Troyes en Champagne, serait venu fonder celle des Parisiens, et lui aurait donné le nom de son oncle Pâris.

Cette ingénieuse création de quelques écrivains des XIIe et XIIIe siècles, a fourni matière au moine Annius de Viterbe, qui l'a brodée à sa manière, et longuement amplifiée par le récit du règne des princes troyens dans la Gaule, des institutions qu'ils ont laissées, et de leur filiation, en remontant de Francus jusqu'à Samothès fils de Japhet et petit-fils de Noé.

Des fables aussi puériles méritent à peine d'être rapportées.

L'opinion la plus simple et la plus accréditée est que les Parisiens étaient peut-être originaires de la Belgique, et qu'ils obtinrent des Senones, nation puissante alors, la permission de s'établir sur les bords de la Seine. Le peu d'étendue de leur territoire, et le rôle secondaire qu'ils jouèrent à l'époque de l'invasion romaine, les placent au rang des plus faibles nations de la Gaule. César [1] nous apprend qu'à l'époque de sa conquête, ils faisaient en quelque sorte partie de la nation des Senones, qui les protégeait au prix de quelques servitudes, selon l'usage des temps barbares, où l'alliance du plus fort avec le plus faible, faisait peser sur celui-ci un joug pesant qu'il ne subissait qu'impatiemment.

Le territoire des Parisiens, borné à une circonférence de dix à douze lieues, était enclavé au nord par les Silvanectes, à l'est par les Meldi, au sud-est par les Senones, et au sud-ouest par les Carnutes. La Seine, en le traversant, formait au point où s'étend maintenant Paris, cinq îles dont la plus grande servit de place de guerre. La surface de cette île nommée Lutecia, s'étendait en longueur depuis le chevet de Notre-Dame jusqu'à la rue de Harlay. On voit par là qu'elle était autrefois moins grande d'un cinquième environ qu'elle n'est aujourd'hui.—La Seine était son unique fortification.

Quant à l'origine du mot Parisii, je pense avec l'historien Dulaure, qu'il n'est point celui de la nation alliée

---

[1] Confines erant Parisii Senonibus, civitatemque patrum memoria, conjunxerant. (CÆSAR, *De bello Gallico*, lib. vi, cap. 3.)

aux Senones, mais qu'il désigne plutôt la situation du territoire qu'elle vint occuper sur la limite qui séparait la Celtique de la Belgique. Une remarque géographique vient à l'appui de cette conjecture, car les conjectures sont admissibles partout où l'histoire est muette. C'est que les mots Par et Bar sont des radicaux parfaitement identiques dans les langues tudesques. Or, il existait dans les Gaules et dans la Grande-Bretagne plusieurs points limitrophes appelés Parisii ou Barisii. Les habitans du Barrois étaient désignés sous le nom de Barisienses. Or le Barrois séparait la Lorraine de la Champagne, comme les Parisiens marquaient la frontière entre les Senones, les Carnutes et les Silvanectes. Toutes les positions géographiques dont les noms se composent du radical Par ou Bar étant des points limitrophes, il serait permis peut-être de conclure que Parisii et Barisii signifient habitans de frontière, et que les Parisiens n'ont dû leur nom qu'à leur ancienne position territoriale.

Dans tous les cas, notre supposition serait plus plausible et moins déraisonnable que les contes prétentieux que nous avons cités plus haut.

Après tout, il vaut mieux ignorer que mal savoir.

Quoi qu'il en soit, nous lisons dans César (*De bello*

Gallico lib. vi, cap. 3) que, pressé de poursuivre sa conquête, et de renforcer sa cavalerie, il convoqua dans un lieu, qu'il oublie de nommer, une assemblée générale des soixante et quelques peuples de la Gaule. Les Treviri, les Carnutes, les Senones, n'envoyèrent pas leurs députés. César comprit qu'il trouverait un obstacle à ses desseins, marcha sur-le-champ contre les Senones qui se soumirent à son approche; entra dans Lutecia, où il parvint à réunir les principaux chefs gaulois dont il obtint un tribut de cavalerie. Mais l'année suivante, la tyrannie du général romain fut secouée presque unanimement. Battu en Auvergne, victorieux avec perte en Berry, il fut obligé de se replier précipitamment sur les légions que Labienus, son lieutenant commandait à Agedincum (aujourd'hui Provins) sur la frontière des Senones.

Labienus s'avança contre Lutecia pour châtier les rebelles. Ceux-ci rassemblèrent des troupes nombreuses, commandées par un vieux chef des Aulerci, nommé Camulogènes, qui marcha résolument au-devant des Romains.

Le lieutenant de César arrêté par des marais au confluent de la Seine et de la Marne, et par l'armée des insurgés qui avait pris une position formidable, se retire, vient prendre Melun, forteresse des Senones, bâtie comme Lutèce dans une île de la Seine, passe le fleuve et reprend la route de Lutèce en suivant le bord méridional.

L'armée gauloise à son approche, rétrograde, brûle Lutèce, et coupe les ponts, pour fermer tout accès aux Romains, qui campèrent sur le mont Leucotitius, aujourd'hui le plateau de Sainte-Geneviève.

Labienus, apprenant alors les revers de César et sa retraite dans la Gaule Narbonnaise, sentit le besoin de décider sa propre situation par un coup de main. Il fit ses préparatifs dans une seule nuit, avec une habileté et une promptitude vraiment dignes des temps modernes. Ses légions, divisées en trois corps, exécutèrent leurs mouvemens avec une précision si bien calculée, que les Gaulois, au point du jour, se virent menacés sur divers points, par les cohortes rangées en bataille devant le camp romain; par un corps considérable de plus de cinq légions, qui remontait la Seine, et par Labienus lui-même, qui ayant descendu le fleuve sur des barques, pendant la nuit, à la faveur d'un orage, était parvenu à le traverser sans obstacle.

Le combat, devenu inévitable, dura tout le jour. Les Gaulois divisés par le stratagème de Labienus, furent défaits après une résistance désespérée; leur chef Camulogènes fut tué dans la mêlée. Paris tomba sous la domination romaine et y resta plus de cinq cents ans, jusqu'à ce qu'un roi Franc, Childéric, père de Clovis, s'en rendit maître, l'an 476 de J.-C.

D'après toutes les notions historiques qu'il est possible de recueillir, cette petite place resta long-temps peu importante; placée dans une île de la Seine, elle se réduisait comme toutes les forteresses gauloises à un ramassis de cabanes, habitées seulement en temps de guerre. Il faut donc accorder peu de confiance aux écrivains amis du merveilleux, qui ont établi sans autorité une opinion différente ; erreur qui se trouve reproduite par les savans bénédictins Félibien et Lobineau, qui ont prétendu d'après un passage du sénateur romain Boetius, que César maître de la Gaule, fit reconstruire Lutèce, l'entoura de murailles et y mit une forte garnison romaine, et qu'elle devait à ce grand capitaine tant d'embellissemens qu'on lui donna le surnom de cité de César : « *Lutetiam Cæsar usque adeo edificiis adauxit, tamque fortiter mœnibus cinxit, ut Julii Cæsaris civitas vocetur.*

Le passage en question n'existe nulle part dans les écrits de Boetius, et M. Bonami, dans ses mémoires des l'académie des inscriptions et belles-lettres, a clairement prouvé qu'il est tiré d'un écrivain du XIIIe siècle, époque à laquelle on n'hésitait guère à suppléer par des fictions au défaut de notions exactes.

Ce qui démontre encore la faiblesse des Parisiens, c'est que César lui-même qui, depuis sa première conquête ne parle que cette seule fois de la nation des Parisiens, dit qu'elle ne put fournir à la ligue du fameux Vercingétorix que huit mille auxiliaires, tandis que d'autres peuples plus puissans, quoique déjà épuisés par des luttes pénibles, tels que les Edui, les Arverni, réunissaient chacun trente à trente-cinq mille guerriers. — Ce fut le dernier effort des Gaulois pour la liberté, et leur défaite sous les murs d'Alexia les assujétit à Rome sans retour.

La Gaule, devenue province romaine, fut dépouillée de ses coutumes et de ses lois; chacune de ses villes fut traitée suivant le degré de haine ou de soumission qu'elle avait témoigné pour le vainqueur. Quelques-unes furent regardées comme alliées, d'autres honorées du nom de colonies; les peuples les plus récalcitrans reçurent des préfectures, et toutes les villes qui avaient opposé la plus vive résistance à l'invasion furent réduites à la condition de vectigales. Paris fut de ce nombre.

La langue latine, introduite avec les lois romaines, effaça peu-à-peu le langage celtique. La religion resta la même; vainqueurs et vaincus confondaient leurs idoles, et le seul bienfait véritable dont l'usurpation de César dota les Gaules, fut l'abolition des sacrifices humains.

Depuis ce moment, et pendant quatre siècles, l'histoire se tait sur les Parisiens et leur Lutèce. La géographie seule nous apprend que cette petite nation fut, lorsque Auguste divisa la Gaule en provinces, rangée dans la Lyonnaise.

Corrozet et le commissaire Delamarre ont avancé que les deux forteresses connues sous les noms de grand et de petit Châtelets, qui, des deux côtés de la rivière, défendaient la tête des ponts, étaient un ouvrage de César. Cette croyance a été victorieusement réfutée; il est très probable que les Romains durent fortifier Paris, mais ce ne fut qu'après y avoir fondé solidement leur domination, et ils n'employèrent, pour s'y maintenir, que le genre de fortification usité dans toutes les parties de leur empire; ils élevèrent, de chaque côté de la Seine, deux tours en bois, l'une à la tête du pont, l'autre à l'entrée de la cité; et ces tours étaient assez vastes pour contenir le nombre de soldats et les machines de guerre nécessaires à leur défense. Il est vraisemblable aussi qu'une fois à l'abri des troubles sous l'influence d'un gouvernement puissant, la ville commença à s'agrandir, et jeta sur les deux rives du fleuve les premières habitations de ses faubourgs. Toutefois, il est bien difficile de rien déterminer de très exact sur l'état de sa topographie intérieure pendant la domination romaine, ni sur ses accroissemens progressifs, jusqu'à l'empereur Julien, qui y séjourna plusieurs hivers, avant et après son expédition contre les Allemands. L'affection que Julien portait à cette ville que, dans son *Misopogon* qu'il composa à Antioche, il cite avec tant de complaisance, permet de penser que Lutèce possédait alors tout ce qui était nécessaire au luxe des empereurs et à la suite nombreuse qu'ils traînaient après eux; on devait dès-lors y trouver un palais, des thermes, des arènes; mais comme les dimensions resserrées de l'île ne pouvaient contenir dans la ville proprement dite de tels édifices, il y a quelque lieu de croire que ces constructions romaines s'élevaient au-delà du fleuve. Nul doute qu'un palais n'ait existé dans l'île même, mais aucun historien n'en fait mention; la question est d'ailleurs assez peu importante à éclaircir, puisque, de ce qui pouvait exister alors, il ne reste plus le moindre vestige, si l'on n'en excepte une salle des thermes, les ruines d'un aqueduc et quelques autres débris. Les thermes de Lutèce, dont les restes ont traversé quinze siècles pour devenir la propriété d'un tonnelier jusqu'à la fin de 1818, ne devaient pas le céder en magnificence aux thermes d'Agrippa, de Néron, de Caracalla, de Gordien et de Dioclétien, dont Rome garde encore d'imposans vestiges.

Les empereurs Valentinien et Valens ont aussi habité Lutèce pendant l'hiver de 365. Trois de leurs lois contenues dans le code théodosien sont datées de cette ville. Ces témoignages, celui d'Ammien Marcellin, et de l'historien Zozime sont des preuves suffisantes, au milieu de l'obscurité de cette époque.

La Gaule, après avoir suivi toutes les chances du colosse romain, devait, abandonnée par lui, devenir la proie du premier envahisseur. Lorsque les empereurs menacés par les hordes barbares et craignant à chaque instant de les voir aux portes de leur palais, transportèrent à Constantinople le siège de l'empire, la Gaule s'ouvrit de toute part à l'émigration des peuples du nord, et des hordes germaniques.

Les Huns, chassés des frontières de la Chine par la guerre civile, vers la fin du IVe siècle, arrivèrent les premiers conduits par Attila; puis battus à Châlons, après d'effrayans ravages, se jetèrent sur l'Italie, où ils s'anéantirent après la mort de leur chef, vers 450.

Après eux, accoururent les Alains, du fond de la Sarmatie, fuyant eux-mêmes devant l'invasion des Huns.

Ils passèrent le Rhin, pillèrent la Gaule et l'Espagne, et finirent par s'établir en Portugal.

Les Vandales, sortis de la Suède et réunis aux Alains vinrent en Espagne, où ils donnèrent leur nom à l'Andalousie, et de là gagnèrent l'Afrique, où ils furent détruits par Bélisaire.

Les Goths et les Wisigoths, aussi d'origine suédoise, arrêtés par les Huns dans leur émigration, et refoulés sur l'Italie au commencement du v$_e$ siècle, ravagèrent tout le midi de la Gaule et s'arrêtèrent en Espagne.

Les Hérules et les Gépides, descendus de la Suède, et les Suèves, venant de la Prusse, se réunirent les uns à Attila qui les conduisit en Italie, et les autres aux Alains qui marchaient vers l'Espagne. Vinrent enfin les peuplades qui ont laissé chez nous leur nom et des traces plus durables. Ils occupèrent l'est de la Gaule jusqu'à Vienne, pendant tout le ve siècle, et n'en furent dépossédés qu'en 534 par l'irruption des Francs.

Le nom de Francs ou hommes libres n'appartenait pas

à une nation particulière ; il s'appliquait à une confédération de peuples établis au-delà du Rhin. Sur la fin du III⁰ siècle, ils s'occupaient d'agriculture sur le territoire qu'ils avaient choisi. Un certain nombre s'étaient enrôlés comme stipendiaires dans les armées romaines qui occupaient la Gaule.

Pendant tout le v⁰ siècle, ils profitèrent des déchiremens de l'empire romain pour pénétrer plus avant dans la Gaule. Dès l'année 486, on voit un de ces petits chefs barbares, dont le corps d'armée résidait à Tournay, attaquer les Romains, de concert avec d'autres bandes stationées çà et là autour de lui, et les battre en diverses rencontres. Jusqu'au règne de Clovis, les chefs francs devenus possesseurs des parties des Gaules qu'ils avaient envahies, n'étendirent point leur domination jusqu'à Lutèce ; c'est ce prince que l'on doit considérer comme le véritable fondateur de la monarchie française ; il fut le premier qui se rendit maître de Lutèce, et qui en fit la capitale de son nouvel empire.

Avant de cesser de nous servir du nom de Lutèce pour y substituer celui de Paris, recherchons, avec Dulaure, pourquoi la forteresse des Parisiens a quitté ou perdu son nom primitif, et pourquoi le nom de la nation est devenu celui du chef-lieu. Il serait douteux de préciser l'époque de ce changement. Nous nous bornerons à indiquer les causes les plus probables.

L'invasion des barbares du nord et des hordes d'outre-Rhin avait exposé les Parisiens, jetés sur leur passage, à une multitude d'exactions et de pillages. Le césar Julien, envoyé tout exprès dans la Gaule pour réparer ces désastres, parvint, pendant les années 356 et 357 à la purger de ses dévastateurs. Ce prince abolit à cette époque toutes les distinctions qui existaient dans l'ancienne administration. Aux villes colonies, aux cités alliées, libres, amies ou vectigales, aux privilèges de toutes sortes succéda l'égalité de droits. Les chefs-lieux des nations qui n'avaient joui d'aucune prérogative acquirent alors des droits égaux à ceux des anciennes métropoles des colonies, etc. Les institutions de la cité, c'est-à-dire de la nation, furent concentrées dans son chef-lieu, qui reçut dès-lors le titre de cité, avec le nom de sa nation. Ainsi, celui des Parisiens fut transféré à Lutèce qui fut appelée Parisii, d'où les Francs ont fait Paris.

Ce changement de condition politique eut lieu entre les années 358 et 360.

Les géographes ont donné jusque-là au chef-lieu des Parisiens les noms de Lutetia ou Lutecia Parisiorum;

Strabon écrit Lucotitia; Ptolémée, Lucotecia; Julien, Leuketia; Ammien Marcellin, dans son récit des évènemens postérieurs à l'année 358, l'appelle Parisii. Les trois lois insérées au code théodosien, dont nous avons déjà parlé, sont datées, au mois de novembre et décembre 365, de Parisii, par les empereurs Valentinien et Valens.

Ainsi, ce nom était déjà acquis à Lutèce, lorsqu'elle tomba au pouvoir des Francs.

Nous devions le tribut de ces remarques à la vérité historique.

Malgré les envahissemens successifs des Francs, l'autorité romaine se maintenait encore dans plusieurs parties des provinces belgiques.

En 486, Clovis, fils de Childéric, roi de Tournay, quitte son camp, marche contre le général romain Syagrius, le défait dans les plaines de Soissons, pille cette ville, et de là, vient assiéger Reims qu'il saccage à son tour. L'aventure du vase de Soissons, que tout le monde connaît, prouve que l'autorité de Clovis n'était d'abord que celle qu'exerce un chef de brigands sur ses compagnons de pillage. Plus tard, quand il se laissa diriger par quelques évêques gaulois, qui prirent sur lui assez d'ascendant pour le convertir et lui faire épouser une princesse chrétienne, secondé puissamment par leurs intrigues, Clovis ne tarda guère à étendre sa domination; il s'empara du royaume des Bourguignons et des Wisigoths, et récompensa par des richesses et des privilèges, les conseils des évêques qui avaient usé en sa faveur de leur influence sur l'esprit des peuples.

De ces services et de leurs récompenses naquirent les richesses du clergé, la juridiction que s'arrogèrent peu-à-peu les prélats; l'union de l'autel et du trône, qui entraîna de si funestes résultats, lorsque le fanatisme servit d'instrument à de coupables ambitions.

Les Francs affectaient une profonde aversion pour les peuples qui habitaient des villes régulières. Cette aversion naturelle qui tenait à leurs coutumes nomades, le préjugé national qui parmi eux faisait du métier de la guerre l'unique occupation digne des hommes libres, les ravages qu'ils exercèrent dans les pays conquis, les luttes que le roi Clovis se vit obligé de soutenir pour fonder et défendre ses établissemens, le dénombrement de ses conquêtes après sa mort, et les nouvelles petites capitales qui furent créées par cette division, et qui devinrent rivales en naissant, toutes ces causes réunies contribuèrent à empêcher Paris de s'agrandir sous la domination des rois de la première race.

Sous la seconde race [1], nous le trouvons à-peu-près abandonné. Pépin, Charlemagne, Louis-le-Débonnaire, Charles-le-Chauve n'y demeurèrent qu'en passant; et vers la fin de cette époque désastreuse, Paris, sans cesse exposé aux incursions dévastatrices des Normands, se trouva de nouveau réduit par la ruine de ses faubourgs incendiés, à l'étroite enceinte entourée d'eau, qui avait été l'habitation première de la peuplade gauloise. Ce n'est donc que sous l'autorité mieux consolidée des rois de la troisième race, que Paris a commencé à prendre, peu-à-peu, les accroissemens successifs qui l'ont fait à la longue ce que nous le voyons actuellement. Les faubourgs du nord et du midi qui se bornaient à quelques maisons éparses, à quelques églises ou monastères isolés, se lièrent par des constructions intermédiaires, et s'environnèrent d'enceintes ou de remparts qui s'élargirent de siècle en siècle.

---

[1] Saint-Victor.

II.

Laissons ici marcher l'histoire politique de la capitale des Francs, pour examiner avec quelques détails sa topographie ancienne.

Toutes les recherches qui ont été faites sur cette matière intéressante attribuent au roi Philippe-Auguste l'érection de la première enceinte de Paris, hors la cité.

Cependant nous lisons dans l'ouvrage du commissaire Delamarre, qu'avant Philippe-Auguste, il existait déjà un mur de clôture du côté du nord, dont la construction devait, selon lui, être attribuée aux Romains. L'opinion de cet historien dont les travaux sont d'ailleurs revêtus d'un cachet d'exactitude consciencieuse, a été complètement réfutée; ce mur de clôture dont il est seulement fait mention dans une ancienne charte, et dont il existait encore quelques traces dans le xviie siècle, ne paraît avoir été élevé que sous les derniers rois de la seconde race. « Alors, dit Félibien, tout le terrain où est à présent la ville était couvert d'une forêt.

« Entre le boulevard et la rivière au nord, dit Saint-Foix, depuis le terrain où est à présent l'Arsenal, jusqu'au bout des Tuileries, représentons-nous les restes d'un bois marécageux, de petits champs, des *cultures* (1), des haies, des fossés, et quatre ou cinq bourgs plus ou moins éloignés les uns des autres; au nord, du côté de la ville, le bourg Thiboust, les bourgs l'Abbé et Beaubourg, et l'ancien et nouveau bourg Saint-Germain-l'Auxerrois, lesquels furent en partie renfermés dans l'enceinte que fit faire Philippe-Auguste,

---

[1] Les rues Culture-Sainte-Catherine et Culture-Saint-Gervais s'appellent ainsi de ce mot, qui signifie des endroits propres à être cultivés. Il y avait une grande quantité de ces terrains appartenant à des églises, à des abbayes, tant au dedans de Paris qu'au dehors : la culture Saint-Éloi, la culture du Temple, celles de Saint-Martin, de Saint-Lazare, de Saint-Magloire, etc. (Saint-Victor.)

et qui fut achevée en 1121. Les rues de ces bourgs en ont encore aujourd'hui conservé les noms. L'historien Delamarre convient qu'ils étaient séparés de Paris et de ces faubourgs par des prés, des marais et des terres labourées; on peut juger par là du peu d'étendue des faubourgs primitifs. Ajoutez à ces quatre ou cinq bourgs dont je viens de parler, quelques rues bien boueuses autour du grand Châtelet et de la Grève, un grand pont (le pont au Change), pour arriver dans une petite île (la Cité), qui n'était habitée que par des prêtres, quelques marchands et des ouvriers; un contre-pont (le Petit-Pont), pour sortir de l'île du côté du midi : et au-delà de ce pont et du petit Châtelet, trois ou quatre cents maisons éparses çà et là sur le bord de la rivière, et dans les vignes qui couvraient alors la montagne Sainte-Geneviève : tel était encore l'aspect de Paris sous les premiers rois de la troisième race; et je crois que si l'on veut réfléchir sur les mœurs de ce temps-là, et sur les causes des accroissemens que Paris reçut dans la suite, on conviendra qu'il ne devait pas être plus grand ni plus considérable. Tous ces tribunaux que nous voyons aujourd'hui, et dont les dépendances sont si nombreuses, n'existaient point encore; le roi, le comte ou le vicomte écoutaient les parties, jugeaient sommairement, ou bien ordonnaient le combat, si le cas était trop embarrassant par le défaut de preuve ou de perspicacité. Il n'y avait point non plus de collèges; l'évêque et les chanoines entretenaient quelques écoles, auprès de la cathédrale, pour ceux qui se destinaient à la cléricature. Les nobles se piquaient d'ignorance, et souvent ils ne savaient pas même signer leur nom; ils vivaient retirés sans cesse sur leurs terres, et si pour quelques affaires, ils étaient obligés de venir passer quelques jours à la ville, ils affectaient d'y paraître toujours bottés, afin qu'on ne les prît pas pour des *vilains*. Dix hommes suffisaient pour la perception des impôts. Il n'y avait à la ville que deux portes, et sous Louis-le-Gros les droits perçus à la porte du nord ne rapportaient pas plus de 12 fr. par an. Suger, abbé de Saint-Denis, et ministre d'état sous Louis-le-Gros et Louis-le-Jeune, se glorifie dans les livres qu'il a écrits sur son administration, d'avoir élevé les produits de cette porte, de 12 fr. jusqu'à 5o.

Les arts les plus nécessaires ne se présentaient pas même à l'imagination, et l'on peut juger des divertissemens et des spectacles par la grossièreté des mœurs de l'époque; enfin rien dans Paris ne pouvait engager l'étranger à y venir, ni l'homme industrieux à s'y établir.

Les abords de l'île qui servit de berceau à Paris n'étaient fermés que par la Seine; aucune muraille ne protégeait ses rivages, où l'on abordait des deux côtés par des ponts en bois, selon le témoignage de Julien dans son Mysopogon; ce ne fut guère que vers le xive siècle qu'une première enceinte fut érigée; et à l'époque du siège de Paris par les Normands en 885, on ajouta quelques fortifications militaires à ce rempart. Il en est fait mention dans un vieux poème de ces temps, écrit par le moine Abbon, où l'on trouve ce passage :

« Cité de Paris, tu t'assieds au milieu d'une île fécondée par un fleuve protecteur qui lave tes pieds de ses eaux limpides, et qui te presse dans une molle étreinte.

« Deux ponts jetés l'un à la droite, l'autre à la gauche ferment par des portes solides l'abord de tes deux rives, et de chaque côté de ces portes, s'élèvent des tours redoutables qui en défendent l'entrée. »

Nous avons repoussé plus haut la probabilité que la première clôture du côté de la ville ait été construite par les Romains: mais nous devons toutefois reconnaî-

---

[1] Abbon. Poem. de bell. Paris. Lib. I. vers. j 5.

tre qu'il a réellement existé des titres, remontant au roi Lothaire, qui en circonscrivent la topographie ; et il en existait encore des vestiges bien long-temps avant le règne de Philippe-Auguste.

La première enceinte hors de la cité, sur laquelle on possède des renseignemens authentiques fut élevée probablement en 885, après cette dernière et terrible agression des Normands, à laquelle les habitans de Paris opposèrent une si vigoureuse résistance. On voulut préserver d'une nouvelle invasion les faubourgs que ces barbares avaient déjà tant de fois dévastés, et dont les plus considérables, les plus habités, s'élevaient du côté de la ville.

Nous empruntons textuellement aux documens choisis avec une remarquable sagacité par M. de Saint-Victor, les détails curieux qui précisent les diverses enceintes de Paris. Ce savant historien fait observer que, dans ce travail, il a été obligé de se servir de beaucoup de noms de rues, de couvens, et de maisons qui n'existaient point alors. Les cartes mêmes qui offrent la position la plus exacte des principaux monumens, ne sauraient donner une idée satisfaisante des rues dont les unes ont plusieurs fois changé de nom dans l'espace d'un même siècle ; les autres ont été effacées et couvertes d'édifices, tandis que des nouvelles rues étaient pratiquées à côté. Il n'y a aucun moyen de jeter de la lumière sur des choses dont on a perdu toute trace, et du reste il est assez peu important de s'y attacher dans le livre que nous écrivons.

Saint-Foix nous ayant esquissé l'aspect de Paris au commencement de la troisième race, il nous reste à décrire les diverses enceintes ou agrandissemens, jusqu'à l'époque de la révolution de 1789.

L'enceinte extérieure élevée contre les Normands, et qui subsistait encore du temps de Louis-le-Jeune commençait à-peu-près à la porte de Paris, continuait le long de la rue Saint-Denis jusqu'à la rue des Lombards où il y avait une porte; passait ensuite entre cette rue et la rue Trousse-Vache, jusqu'au cloître Saint-Médéric : il y avait là une seconde porte, dont il existait encore un jambage sous Charles V. La muraille tournait ensuite par la rue de la Verrerie, entre les rues Barre-du-Bec et des Billettes, descendait rue des Deux-Portes, traversait la rue de la Tixeranderie, et le cloître Saint-Jean, proche duquel était une troisième porte, et finissait sur le bord de la rivière, entre Saint-Jean, et Sainte-Gervais. Les murs de cette ancienne clôture, dit le commissaire Delamarre, subsistaient encore proche la porte des Baudets, du temps de saint Louis. Le midi de la Cité, appelé depuis quartier de l'Université, n'était point encore entouré de murs.

Philippe-Auguste conçut le projet vraiment royal de renfermer dans une nouvelle enceinte tous les bourgs, toutes les cultures éparses autour de l'ancienne ville. Cette immense entreprise coûta vingt années de travaux continus; car non-seulement on éleva une muraille du côté du nord, mais encore les maisons qui au midi, étaient éparses autour du petit Châtelet, furent pour la première fois environnées d'une enceinte.

La nouvelle muraille au nord, passait près du Louvre, le laissant en dehors (selon Saint-Foix et Delamarre); elle traversait ensuite les rues Saint-Honoré et des Deux Ecus, l'emplacement de l'hôtel de Soissons, les rues Coquillière, Montmartre, Montorgueil, le terrain de la Halle-aux-Cuirs, les rues Française, Saint-Denis, Bourg-l'Abbé, Saint-Martin; continuait le long de la rue Grenier-Saint-Lazare; traversait la rue Beaubourg, la rue Saint-Avoye; et, passant sur le terrain des Blancs-Manteaux, et ensuite entre les rues des Francs-Bourgeois et des Rosiers, la muraille allait aboutir au bord de la rivière, à travers les bâtimens de la maison professe des Jésuites, et le couvent de l'Ave-Maria, ou l'on voyait encore, il n'y a pas long-temps des restes de ses constructions.

« Elle avait huit portes principales : la première, près du Louvre, au bord de la rivière ; la seconde à l'endroit où est à présent l'église de l'Oratoire ; la troisième, vis-à-vis de Saint-Eustache, entre la rue Plâtrière, depuis nommée J.-J. Rousseau, et la rue du Jour ; la quatrième, rue Saint-Denis, appelée la Porte aux peintres : la cinquième, rue Saint-Martin, au coin de la rue Grenier-Saint-Lazare ; et la sixième, appelée la porte Barbette, du nom d'une famille de Paris, entre le couvent des Blancs-Manteaux et la rue des Francs-Bourgeois ; la septième, près de la maison professe des pères Jésuites ; la huitième, au bord de la rivière, entre le port Saint-Paul et le pont Marie.

« Outre ces huit portes principales, il y avait en outre sept autres portes moins grandes, dites fausses portes, sans compter les portes particulières, que plusieurs personnes de distinction, dont les maisons étaient accolées aux murailles, obtinrent la permission de faire percer dans leurs enclos, pour pouvoir sortir plus facilement de la ville.

« Du côté de la rivière, au midi, l'autre moitié de cette enceinte, qui commençait à la porte Saint-Bernard, est à-peu-près tracée par les rues des Fossés-Saint-Bernard, des Fossés-Saint-Victor, des Fossés-Saint-Michel ou rue Saint-Hyacinthe, des Fossés-Monsieur-le-Prince, des Fossés-Saint-Germain ou rue de la Comédie-Française, et des Fossés-de-Nesle, à présent rue Mazarine. Nous disons que cette enceinte est ainsi à-peu-près tracée, parce qu'il est aisé de se figurer où passait précisément la muraille, en pensant que ces rues ont été bâties sur les fossés, et que ces fossés étaient devant les murailles auxquelles ils servaient de fortification.

« Il y avait sept portes pratiquées dans ce circuit ; la porte Saint-Bernard, ou de la Tournelle ; les portes Saint-Victor, Saint-Marcel et Saint-Jacques, abattues en 1684 ; la porte Hibard, d'Enfer, ou de Saint-Michel, au haut de la rue de la Harpe ; la porte de Bussy, au haut de la rue Saint-André-des-Arcs, vis-à-vis la rue Contrescarpe : on la nommait ainsi du nom de Simon de Bussy, le premier qui ait porté le titre de premier président. Enfin, la septième porte était appelée porte de Nesle, où est à présent situé l'ancien collège des Quatre-Nations. Dans la rue des Cordeliers, il y eut encore une porte appelée la porte Saint-Germain, et lorsque la rue Dauphine fut bâtie, on en fit une vis-à-vis de l'autre bout de la rue Contrescarpe, et qu'on désigna sous le nom de porte Dauphine. Elles furent abattues l'une et l'autre en 1672. Une inscription en lettres d'or sur une table de marbre noir, a long-temps indiqué dans la rue Dauphine, l'endroit où était située la porte qui portait ce nom. Cette inscription était attachée à la maison n° 50. Un devis, extrait d'un registre du règne de Philippe-Auguste, nous apprend que la partie méridionale de l'enceinte que nous venons de décrire, avait 1260 toises d'étendue, et qu'elle avait coûté 7020 livres, monnaie du temps.

La perte de la bataille de Poitiers et la captivité du roi Jean faisant appréhender que les Anglais ne pénétrassent jusqu'au cœur de la France, Charles V songea à fortifier la capitale du côté du midi. Il ne changea rien à l'enceinte créée par Philippe-Auguste, parce que les nouveaux faubourgs se trouvaient si peu considérables, qu'il ne jugea pas nécessaire de les mettre à couvert; il se contenta de les battre en ruine, pour empêcher l'ennemi de s'y établir; et le rempart déjà existant, fut entouré d'un large fossé. Du côté du nord, les faubourgs ayant acquis un plus vaste développement, et se trouvant beaucoup plus près des murs, il fut résolu de les renfermer dans les nouvelles fortifications. Ces fortifications n'étaient d'abord que de simples fossés, qui furent depuis remplacés par d'épaisses murailles armées de tours. Cette entreprise commencée sous Charles V, ne fut achevée que sous Charles VI. Elle coûta 162,520 livres, somme équivalente aujourd'hui à 1,170,000 fr. A cette occasion, 750 guérites en bois furent attachées aux créneaux des murailles.

Nous avons dit que l'enceinte précédente aboutissait, d'un côté, entre le port Saint-Paul et le pont Marie, vis-à-vis de la rue de l'Etoile. Ce prince la fit reculer jusqu'à l'endroit où est l'arsenal, et la porte Saint-Antoine, qui fut abattue quelque temps avant la révolution, les portes Saint-Martin et Saint-Denis, furent placées à l'endroit où nous les voyons aujourd'hui. Depuis la porte Saint-Denis, ces nouveaux murs continuaient le long de la rue de Bourbon, traversaient les rues du Petit-Carreau, et Montmartre, la place des Victoires, l'hôtel de Toulouse, le jardin du Palais-Royal, la rue Saint-Honoré, près l'ancien hospice des Quinze-Vingts, et allaient finir au bord de la rivière, près de la rue Saint-Nicaise.

Aux quatre extrémités de l'enceinte générale, comme à celle de Philippe-Auguste, il y avait quatre grosses tours, la tour du Bois près du Louvre; la tour de Nesle où est l'ancien collège des Quatre-Nations : la tour de Tournelle, près de la porte Saint-Bernard, et la tour de Billi, près des Célestins. Ces quatre tours défendaient des deux côtés de la rivière, l'entrée et la sortie de Paris par de grosses chaînes attachées d'une tour à l'autre, et qui traversaient la Seine, portées sur des bateaux placés de distance en distance. L'approche de l'île Saint-Louis était défendue par un fort. Cette île, sur laquelle on ne construisit des maisons que sous le règne de Henri IV, est formée de la réunion de deux îles, dont la plus grande se nommait anciennement l'île Notre-Dame, et la plus petite, l'île aux Vaches.

Jusqu'à Louis XIII, ces enceintes ne furent point augmentées; cependant la ville reçut des accroissemens considérables, tant par les constructions qui s'élevèrent par degrés dans les terrains vagues qu'on y avait renfermés, que par les nouveaux faubourgs qui se formèrent à ses portes. Ces faubourgs s'étaient tellement étendus, que sous Henri IV on commença à s'inquiéter, et à redouter les dangers futurs qui pourraient résulter de l'excessive grandeur de Paris. Au commencement du règne de Henri IV, les îles Saint-Louis et du Palais n'étaient encore que des prairies; une partie des environs du Temple était en terres labourables, et le parc du palais des Tournelles, au quartier Saint-Antoine, était en friches et inhabité ; les guerres qui désolèrent la France sous les règnes qui précédèrent Henri IV, ayant mis dans la nécessité d'augmenter les tailles, un assez grand nombre des habitans de la campagne vinrent s'établir à Paris ; ce qui engagea les propriétaires des terres qui environnaient ses murailles, à élever de nouvelles constructions, et on accrut ainsi les faubourgs.

Une des ordonnances de Henri II défend de bâtir davantage dans les environs de Paris; et le projet fut même formé par lui, de construire une nouvelle muraille qui renfermerait définitivement la ville dans ses limites. Le plan en fut arrêté dans son conseil en 1550, et des bornes furent plantées du côté du quartier de l'Université. Mais cette entreprise, qui eût nécessité des sommes immenses, et le travail d'une longue suite d'années, resta sans exécution.

La seule addition qui fut faite alors aux fortifications de Paris, fut l'édification d'un rempart, qui commençait au bord de la rivière, au dessous de la Bastille et se prolongeait jusqu'au-delà de la porte Saint-Antoine. François Ier avait déjà tenté plusieurs fois ce travail, lorsque les guerres qu'il avait à soutenir contre l'empereur lui faisaient craindre que les armées d'Allemagne qui venaient jusqu'en Picardie, n'insultassent la capitale; mais il ne l'avait point terminé. Cette fortification plus solidement construite que les autres, subsistait encore dans ces derniers temps. C'était une courtine flanquée de bastions, et bordée de larges fossés à fond de cuves.

Sous Charles IX, la porte Neuve qui était auprès du Louvre, fut reculée jusque derrière les Tuileries, et un nouveau bastion fut construit à cette place, pour y élever une clôture nouvelle, laquelle aurait renfermé dans la ville ce château, et la partie du quartier Saint-Honoré, qui, depuis la rue Saint-Nicaise, où était encore l'ancienne porte, était alors appelé le faubourg Saint-Honoré. Toutefois, cette portion de clôture ne fut achevée que sous le règne de Henri III, qui fit continuer les nouveaux murs, depuis le bastion de la porte Neuve, nommée depuis porte de la Conférence, jusqu'à l'extrémité de ce faubourg, en traversant le terrain où est maintenant la place Louis XV.

L'île du Palais, l'île Notre-Dame, et le marais du Temple ayant été successivement couverts d'édifices, il ne restait plus à l'avènement de Louis XIII de grands vides dans l'intérieur de Paris. Mais il y avait encore un grand espace hors des murs, entre les faubourgs Saint-Honoré et Montmartre, qui n'était rempli que de *cul-*

tures, et qui demandait à être renfermé dans la ville, pour en rendre l'enceinte plus régulière. Dès le temps de Charles IX, on avait projeté de le faire, et des fossés avaient été creusés; cependant, jusqu'en 1630, les murs de la ville passaient encore de ce côté, sur le terrain où est à présent située la place des Victoires. Les rues des Petits-Champs, et des Bons-Enfans, y aboutissaient, et ce quartier était même si retiré, si désert, que l'on y volait en plein jour, et qu'on l'appelait le quartier *vide-gousset*. La rue qui aboutit du carrefour des Petits-Pères à la place des Victoires en a conservé le nom.

Les bâtimens du Palais-Royal que le cardinal Richelieu avait fait commencer en 1629, furent l'occasion d'une nouvelle enceinte; la porte Saint-Honoré, située alors où fut établi depuis le marché des Quinze-Vingts, fut reculée en 1631 jusqu'à cet emplacement, vis-à-vis la rue Royale, qui garde encore son nom, et se joignit ainsi aux fortifications qui, sous Henri III, avaient été élevées pour entourer le château des Tuileries; depuis cette porte, on bâtit de nouveaux remparts dont les boulevards actuels nous tracent à-peu-près le contour. Une nouvelle porte fut construite à l'extrémité du faubourg Montmartre, à plus de deux cents toises de l'ancienne; et l'enceinte continuée derrière la ville neuve alla aboutir à la porte Saint-Denis. Pendant ce temps, le quartier de l'Université recevait aussi de grands accroissemens par les bâtimens qui s'y élevaient de toutes parts, principalement dans le faubourg Saint-Germain.

Ce fut là la dernière enceinte fortifiée de la ville de Paris. Louis XIV en fit abattre les remparts; Louis XV et Louis XVI y réunirent les nouveaux faubourgs; et sous le règne de ce dernier roi, elle fut entourée de la clôture que nous voyons encore aujourd'hui. Cette clôture a été depuis agrandie sur un point de sa partie méridionale, à partir de la barrière Fontainebleau jusqu'au bord de l'eau [1]. Sur tous les autres points, en dehors de ces barrières, des constructions nouvelles s'exécutent et se développent tous les jours dans un rayon considérable, et dans un petit nombre d'années la plupart des villages qui l'avoisinent seront renfermés dans ces faubourgs.

La circonférence actuelle de Paris est un peu moins de sept lieues de 2000 toises. La muraille qui l'enceint, construite de 1784 à 1789, se déploie sur une échelle de 24,100 mètres ou 12,364 toises.

---

[1] Saint-Victor.

On y entre par cinquante-huit barrières, auxquelles vingt-huit routes principales viennent aboutir.

On y compte onze cent quarante-deux rues;

Quatre-vingt-dix places publiques;

Trente-deux carrefours;

Vingt-sept ruelles;

Cent vingt-cinq impasses ou culs-de-sac;

Sept enclos;

Cent vingt-six passages, cours, ou *cités;*

Dix cloîtres;

Trente-quatre quais;

Neuf ports;

Et dix-neuf ponts sur la Seine.

Un million de pavés y sont employés chaque année à l'entretien de la voie publique, et chaque pavé mis en place revient à 60 centimes environ.

L'éclairage de Paris, qui consistait en cinq mille six cent cinquante réverbères, consommait par an six cent vingt mille livres d'huile, avant qu'on n'eût appliqué dans plusieurs de ses grands quartiers le procédé d'éclairage par le gaz, l'une des inventions les plus remarquables de l'industrie moderne.

Quatre cents fontaines publiques ou bornes-fontaines, donnant par jour douze cent mille muids d'eau suffisent à peine aux besoins de la population. Plus de vingt mille voitures les transportent sans cesse dans tous les quartiers.

Le nombre de maisons habitées peut être évalué à quarante-cinq mille, d'après les renseignemens précisés par le numérotage.

La population actuelle de Paris est de huit à neuf cent mille âmes.

III.

Sa situation au milieu d'un grand fleuve qui lui prêtait pour ainsi dire une fortification vivante, a toujours fait de Paris l'un des points les plus importans du royaume des Francs; il en résulta également qu'il fut souvent le théâtre des évènemens les plus critiques, comme aussi les plus mémorables.

Les rois de la première race y firent des séjours assez fréquens, entre autres Chilpéric et la reine Frédégonde. Sous la seconde race, les Normands le pillèrent en 845, puis en 856, puis en 862, qu'ils pénétrèrent sur son territoire par la partie méridionale, dévastèrent l'abbaye Saint-Germain-des-Prés, surprirent sans défense les habitans de la Cité, les taillèrent en pièces, et incendièrent la ville. Ce fut alors, dit Baluze, que le roi Charles-le-Chauve, qui fut témoin de ces désastres, ordonna que les fortifications de Paris fussent relevées et augmentées, et qu'on remît en état de défense les châteaux élevés sur les bords de la Seine, et notamment celui de Saint-Denis.

Avec ces nouveaux moyens de résistance, et grâces aux dispositions pleines de courage de son évêque Goslin et du comte Eudes, la ville put soutenir, en 885, un dernier siège, plus terrible et plus acharné que les autres invasions. Après treize mois d'efforts inouïs, les Normands se retirèrent enfin : Paris avait repoussé huit assauts consécutifs. Le comte Eudes monta sur le trône après la mort du roi Charles-le-Gros, et en lui aurait commencé la troisième race, s'il avait eu des enfans. Cette circonstance rendit précairement la couronne à la famille carlovingienne.

Ce fut, plus tard encore, la défense de Paris qui valut la royauté à Hugues Capet, et qui fit monter une nouvelle dynastie sur le trône. L'empereur Othon II, en guerre contre Lothaire qui régnait alors, s'était avancé en 978 jusque sous les murs de Paris, à la tête de 60,000 hommes. Il avait déjà brûlé un faubourg et menaçait les portes, lorsqu'il fut attaqué sur les hauteurs de Montmartre, par les forces réunies du comte Hugues Capet et de Henri, duc de Bourgogne. Il perdit tous ses bagages, et se retira en désordre avec les débris de ses troupes jusqu'à Soissons.

Ces évènemens expliquent aisément pourquoi, au commencement de la troisième race, Paris était encore, comme au temps de César, renfermé dans la Cité.

Dès la fin de la première race, la ville possédait, sur les deux rives de la Seine, quatre grandes abbayes, situées aux quatre points cardinaux, et presque à une égale distance : Saint-Laurent, à l'orient ; Sainte-Geneviève, au midi ; Saint-Germain-des-Prés, au couchant, et, vers le nord, Saint-Germain-l'Auxerrois. Les habitations des serfs et autres dépendances s'élevaient à l'entour de ces monastères, et ce fut là l'origine probable de ces faubourgs, qui ont, depuis, tant contribué à l'accroissement de la capitale.

Voici à-peu-près l'aspect que présentait à cette époque la Cité :

La cathédrale ou église Notre-Dame, au levant.

Le grand et le petit Châtelet, au nord et au midi.

Le palais des rois ou des comtes, au couchant.

Il y avait en outre un palais pour l'évêque, et une place publique qui servait de marché.

Des rues étroites, sales, tortueuses, des maisons construites en bois, remplissaient l'intervalle qui séparait les grands édifices.

Paris ayant été détruit tant de fois, et les historiens n'ayant laissé aucune tradition sur les édifices de cette antiquité, nous ignorons non-seulement quelle pouvait être l'architecture de leurs constructions, mais encore quels étaient les matériaux qu'on y employait. A peine aujourd'hui même savons-nous comment les maisons étaient bâties il y a trois ou quatre siècles. Cependant, les nombreux incendies qui dévorèrent Paris lors des invasions qu'il eut à essuyer, nous autorisent à présumer que les maisons étaient en bois. Il est certain que, du temps d'Henri IV, elles étaient encore formées de charpentes, revêtues d'un grossier enduit de plâtre. On cite même, comme une chose remarquable, que, sous Louis XII, les maisons élevées sur le pont Notre-Dame étaient faites en briques.

Les églises du vieux Paris, dont plusieurs appartenaient à des monastères, possédaient autour d'elles des enclos assez considérables, ce qui prouve que la population d'alors ne pouvait être nombreuse. Il est, d'ailleurs, impossible de se procurer à cet égard des données exactes, attendu que le premier recensement dont il soit fait mention dans les historiens, date de 1323, sous le règne de Philippe-le-Bel ; et Paris, à cette époque, s'était largement étendu sur les deux rives de la Seine.

Quoi qu'il en soit du chiffre de la population et de l'étroit espace que renfermait Paris, il n'en fut pas moins, pendant plusieurs siècles le protecteur né de ses voisins. Nous lisons, dans les travaux du savant Félibien, que l'évêque d'Aleth, aujourd'hui Saint-Malo, craignant de voir profaner les saintes reliques de son église par les Normands, qui infestaient tout le royaume, résolut de les apporter à Paris, qui était alors le seul lieu de sûreté qui existât en France. Les moines et les ecclésiastiques de Bayeux et de Dol, craignant également pour les biens qu'ils possédaient, conçurent le même dessein, et se joignirent à ce prélat pour faire avec lui le voyage de Paris.

Le moine Abbon, que nous avons eu déjà l'occasion de citer, rapporte qu'en 886, lors de la dernière attaque des Normands, Paris était tout entouré de remparts et flanqué de tours en bois. C'est avec le secours de ces fortifications, exécutées par Charles-le-Chauve, que Paris put soutenir le dernier siège des barbares, dont les détails donnèrent lieu au poème du moine Abbon, Normand lui-même, et qui avait été témoin oculaire de tous les évènemens qu'il décrit avec beaucoup de soin. Son ouvrage, écrit en latin barbare, est bien loin, sans doute, de faire un chef-d'œuvre de poésie, mais il n'en faut pas moins le considérer comme un monument historique d'un grand intérêt de curiosité; il contient environ douze cents vers, divisés en deux livres, et il fut composé vers la fin du ixe siècle.

L'origine des monumens religieux qui remplissaient autrefois la Cité, lorsque la Cité était tout Paris, est plus obscure que l'histoire de la plupart des autres antiquité. Ses églises existaient probablement de temps immémorial, c'est-à-dire depuis l'introduction du christianisme. « Il y a apparence, dit l'historien Delamarre, que les chrétiens des premiers temps convertirent en églises toutes les maisons particulières où ils avaient coutume de se retirer, pour y faire en secret leurs exercices de piété pendant les persécutions, et que c'est de là que sont venues toutes ces petites paroisses de la Cité, dont on ne sait point l'origine.

Aux évènemens désastreux qui détruisirent Paris plusieurs fois, il faut ajouter, comme cause de cette obscurité, la terreur panique qui s'empara tout-à-coup des chrétiens vers les dernières années du ixe siècle. Ils s'étaient imaginé d'attendre la fin du monde en l'an mil de Jésus-Christ, et cette opinion fantasmagorique avait fait négliger de réparer ceux des édifices religieux qui tombaient de vétusté. Lorsque ce terme fatal fut heureusement passé, les peuples s'empressèrent de les rebâtir avec magnificence. Le culte reprit une solennité plus auguste, plus pompeuse. C'est aussi de cette époque que les traditions deviennent moins obscures, et que les titres authentiques des fondations commencent à se conserver dans les archives.

On n'est pas encore aujourd'hui bien fixé sur le nom, l'origine, ni même la position de la première basilique des Parisiens. Les uns l'ont placée dans la Cité, les autres dans les faubourgs, et ceux qui s'accordent à propos de l'une ou de l'autre de ces opinions, se divisent ensuite, lorsqu'il s'agit de déterminer le lieu de son emplacement. Parmi ceux qui la mettent dans l'île de la Cité, quelques-uns prétendent que ce fut Saint-Denis-du-Pas; ceux-ci veulent qu'elle ait été érigée à l'endroit même qui porte aujourd'hui Notre-Dame; d'autres affirment qu'elle exista dans un lieu voisin, ayant nom

Saint-Étienne. L'autre système présente autant de conjectures contradictoires : quelques chroniqueurs soutiennent que ce fut Saint-Marcel; d'autres la Trinité, depuis Saint-Benoît; plusieurs font choix de Notre-Dame-des-Champs, qui devint plus tard un monastère de Carmélites.

Il n'y a pas moins de controverses au sujet de son fondateur. On ne sait si ce fut saint Denis, ou quelqu'un de ses successeurs à l'apostolat, ni lequel de ceux-ci. Enfin l'obscurité s'est étendue jusque sur l'édifice actuellement existant sous le nom de Notre-Dame, que les mêmes historiens, toujours divisés, attribuent successivement, et avec la même incertitude à Childebert, au roi Robert, à Erkenrad, évêque de Paris, à Maurice et à Eudes de Sully, ses successeurs.

La première église qui ait été bâtie dans Paris, dit Saint-Foix, fut érigée sous le règne de l'empereur Valentinien 1er, vers l'an 375. Elle s'appelait Saint-Étienne, et il n'y avait encore que celle-là dans l'enceinte de cette ville en 522, lorsque Childebert, fils de Clovis, contribua de ses largesses à la faire réparer, à l'orner, à l'agrandir, et à y joindre une autre basilique dédiée à Notre-Dame. Il y fit mettre des vitres, ce qui était très rare et par conséquent excessivement dispendieux pour ce temps-là.

Ce fut sur les fondemens de ces deux églises, et en lui donnant plus d'étendue, que l'on commença vers l'an 1160, sous le règne de Louis-le-Jeune, la magnifique cathédrale gothique que nous admirons aujourd'hui. Il paraît, dit l'auteur que nous venons de citer, que les pasteurs de ce siècle, avaient un zèle moins ardent dans leurs entreprises, ou qu'il était moins fructueux que de nos jours; car la cathédrale ne fut achevée qu'au bout de près de deux cents ans.

En creusant sous le chœur, au mois de mars 1711, on trouva à quinze pieds de profondeur, neuf pierres, dont les bas-reliefs et les inscriptions ne manquèrent pas de faire beaucoup de bruit parmi tous les antiquaires de l'Europe. De toutes les explications qu'ils se sont efforcés de donner, et de toutes les conjectures qu'ils ont hasardées sur ces monumens, ce qui peut paraître le moins invraisemblable, c'est que, sous le règne de Tibère, une compagnie de commerçans par eau (*nautæ Parisiaci*) avait fait élever dans cet endroit, qui était alors apparemment le port de Paris, un autel consacré à Ésus, à Jupiter, à Vulcain, à Castor et Pollux.

Piganiol-de-la-Force, après avoir dit que, parmi ces pierres, celle qui servait de foyer à cet autel était aisée à reconnaître à sa forme, et parce que le trou qui était au milieu fut trouvé, lors de sa découverte, rempli de charbons et d'encens, ajoute : il n'y a guère d'apparence que le lieu où ces pierres ont été trouvées fût celui de leur première assiette, et il est plus naturel de croire que cet autel consacré à Jupiter ayant été renversé par les chrétiens, les débris en furent dispersés, et abandonnés à ceux qui voulurent s'en servir.

Cette narration extravagante est bien digne de cet écrivain bavard et ne vivant que de la science ou de l'ignorance d'autrui, qu'il est fort incapable de discerner. Si cet autel était situé ailleurs, et si ses pierres en furent dispersées de côté et d'autre, cet encens et ces charbons n'auraient-ils pas été également jetés au vent? Les aurait-on trouvés dans le creux de cette pierre, dont le milieu était disposé pour servir de foyer?

L'allégation de Saint-Foix, au sujet de l'origine de Notre-Dame, nous paraît assez fondée, d'autant plus que s'il existe des objections contre elle, on ne peut d'autre part nier une charte authentique du roi Childebert lui-même, laquelle donne la terre de Celles à *l'église-mère de Paris, qui est dédiée en l'honneur de sainte Marie ;* par conséquent cette église devait être bâtie sous les rois de la première race. Du reste, on ne peut avoir que des notions confuses sur les révolutions qu'elle a pu subir, jusqu'au momeut où elle fit place au monument que nous possédons actuellement.

A-t-elle été rebâtie depuis Childebert, par Erkenrad, évêque de Paris? L'abbé Lebœuf est porté à le croire, et cette opinion n'a rien d'invraisemblable. Il n'en est pas de même, au contraire, de celle qui veut établir que la basilique commencée par le roi Robert fut continuée par ses successeurs jusqu'à Philippe-Auguste, sous le règne duquel Maurice de Sully, autre évêque de Paris, eut la gloire de l'achever.

Non-seulement, dit Saint-Victor, l'architecture de cette église n'offre aucun caractère qui puisse la faire attribuer aux siècles qui ont précédé cet évêque, mais il existe encore plusieurs témoignages, qui prouvent évidemment qu'il le fit édifier de fond en comble. Il est toutefois assez probable, que les vieilles fondations avaient été conservées, et que ce fut sur cette base que s'éleva le chœur de l'église nouvelle. Il est en effet fort remarquable que cette partie, trop étroite pour la hauteur et la largeur du monument entier, n'est point dans l'alignement de la nef, et que celle-ci fait un coude léger. Cette irrégularité semble être le résultat d'un plan par lequel Maurice aurait voulu que le portail se trouvât en face de la rue nouvelle qu'il avait fait ouvrir, et à laquelle il donna le nom de rue Notre-Dame.

Ce fut vers l'an 1160, que cet évêque fit réunir en une seule basilique les deux églises de Saint-Étienne et de Notre-Dame. Celle-ci fut tout d'abord entièrement démolie. Ce ne fut que près de cinquante ans plus tard, dit l'abbé Lebœuf, que la vieille église Saint-Étienne disparut à son tour. Le portail et les chapelles du côté du nord s'achevèrent dans le courant du xiv° siècle : ainsi cette immense construction absorba le travail de trois siècles.

La façade, qui date du règne de Philippe-Auguste, se termine par deux grosses tours carrées, qui communiquent de l'une à l'autre par deux galeries. Elle est percée de trois portes, au-dessus desquelles étaient rangées sur une seule ligne les statues de vingt-sept rois de de France, commençant à Childebert, jusqu'à Philippe-Auguste. Ces statues colossales avaient quatorze pieds de haut. Elles furent détruites en 1793.

La ferrure des deux portes latérales est composée d'enroulemens exécutés en fonte de fer, dans un style qui rappelle le goût grec du Bas-Empire; ce qui pourrait faire présumer que ces pentures, travaillées en légères arabesques, ont pu être enlevées à quelque autre monument, et appliquées à celui-ci. On les attribue à un célèbre serrurier nommé Biscornet.

Ce portail est de niveau avec la place. Saint-Foix prétend qu'on y montait, au temps de Louis XII, par plusieurs marches; si cela est, ce serait une preuve de plus que les anciens édifices bâtis dans la plaine, s'enterrent progressivement par l'exhaussement du sol qui les environne, autant que par leur propre poids. Il arrive aussi que le temps, chaque année, vient déposer à leur pied une couche insensible de terre ou de matériaux étrangers, qui n'étant point enlevée lorsque l'on renouvelle le pavé des rues, surmonte insensiblement les socles et les degrés, de manière qu'on finit par descendre dans les édifices où l'on montait plusieurs siècles auparavant.

Nous nous abstiendrons de la description intérieure de la basilique de Notre-Dame, et des antiquités et magnificences qui la décorent. Ce travail serait long à détailler, et nous ne croyons pas d'ailleurs qu'il soit indispensable au plan du présent résumé. Nous renvoyons à cet égard aux ouvrages de Dulaure, de Saint-Victor, et aux Guides de l'étranger dans Paris. Quant à l'histore philosophique des monumens, les pages spirituelles de Charles Nodier fixeront dans la mémoire, après une seule lecture, de piquantes observations critiques, que nul autre écrivain de nos jours n'aurait su présenter avec plus de charme et d'intérêt. Nous espérons que son talent si vivement apprécié, suppléera à ce que nos recherches pourraient avoir de trop aride, ou de trop imparfait, et qu'il nous sera ainsi tenu compte de nos efforts tentés pour ne pas rester trop en arrière du brillant cicérone des *Promenades dans les rues de Paris*.

Nous allons continuer cette étude, en parcourant quelques-uns des édifices de Paris, dont l'existence se rapporte à l'époque où régnaient les deux premières races. Nous la terminerons par un aperçu rapide de la forme politique qui a régi ces temps, et des mœurs qui les ont caractérisés.

A chaque pas que l'on s'efforce de faire dans l'histoire du vieux Paris, on se trouve arrêté par la profonde obscurité qui a si long-temps enveloppé ses temps antiques, et l'on acquiert la conviction plus intime des difficultés qui surgissent de toute part, lorsqu'il s'agit de préciser quelque chose de satisfaisant et de clair, sur des origines pour la plupart indécises, et qui ne nous sont guère connues que par des traditions excessivement vagues, déposées dans des chroniques si éloignées des sources, qu'elles ne sauraient se revêtir du moindre caractère d'autorité.

Ce serait un travail tout à-la-fois fastidieux et sans fruit, que de chercher à discuter la valeur de ces vieux récits; que d'entreprendre une critique sérieuse et raisonnée des chartes, des titres qui s'y rapportent; et c'est évidemment pour s'être trop livrés à ces investigations stériles, que la plupart des écrivains qui ont écrit jusqu'ici sur l'histoire de Paris, ont privé de tout intérêt de curiosité leurs compilations confuses et volumineuses. Il vaut mieux faire un choix très sobre des seuls faits qui semblent les plus probables, et ne les présenter d'ailleurs que comme de simples probabilités.

Ainsi, par exemple, l'origine du palais que les premiers rois francs ont dû habiter dans Paris, nous est totalement inconnue. Aucun historien ou chroniqueur ne fait mention de l'époque et du genre de cet édifice, qui cependant doit avoir existé dès les temps les plus reculés.

Les auteurs qui ont précisé le séjour que firent à Paris quelques empereurs romains, sont d'accord sur ce seul point, que le palais des Thermes servit successivement d'habitation royale; toutefois ne saurait-on conclure d'après leur témoignage, que cet édifice fut le seul de ce genre qui ait existé dans Paris. Nous lisons dans les commentaires de César, que le conseil souverain des Gaules avait été, par ses ordres, transporté dans Lutèce : *Summum Galliæ concilium in Lutetiam Parisiorum transtulit.* Le proconsul, gouverneur général de toute la province de Gaule, avait sa résidence fixée dans cette ville; il serait d'ailleurs peu vraisemblable que ce chef militaire eût habité hors de son enceinte, forcé qu'il était de surveiller sans cesse les mouvemens d'un peuple qui n'était pas encore entièrement plié au joug romain, et dont l'insurrection, favorisée par une place fortifiée, pouvait devenir très difficile à réduire.

Ammien Marcellin (livre xv, chap. 2) dit positivement que la forteresse des Parisiens avait dès ce temps-là une place publique et un palais.

Une ancienne tradition, rapportée par le commissaire Delamarre, et qui paraît avoir été examinée sérieusement, rapporte qu'aussitôt que les premiers chrétiens de la Gaule eurent obtenu des empereurs romains la liberté de pratiquer leur religion publiquement, une église fut érigée dans Paris, à la pointe orientale de l'île de la Cité qui renfermait alors toute la ville. On peut donc présumer, avec Ammien Marcellin, que le palais était situé à l'autre extrémité de l'île, c'est-à-dire à la place qu'occupe encore aujourd'hui le Palais de Justice.

En recherchant d'ailleurs les documens de notre propre histoire, il est facile de recueillir des témoignages plausibles, d'où il résulte que, bien que les rois francs de la première race occupassent ordinairement le palais des Thermes, il existait néanmoins aussi une maison royale dans la Cité.

Voici à ce sujet ce que raconte Grégoire de Tours, au livre III de son histoire, chap. 18, relativement à la mort tragique des petits-fils de Clovis :

« Tandis que la reine Clotilde, veuve de Clovis, habitait Paris, Childebert voyant que sa mère avait porté toute son affection sur les fils de Clodomir, conçut de l'envie, et craignant que, par la faveur de la reine, ils n'eussent part au royaume, il envoya secrètement vers son frère, Clotaire, roi de Soissons, et lui fit dire : Notre mère garde avec elle les fils de notre frère, et veut sans doute leur donner le royaume; il faut donc que tu viennes promptement à Paris, et que réunis tous deux en conseil, nous déterminions ce que nous devons faire d'eux, savoir : si on leur coupera les cheveux comme au reste du peuple ; ou, si, les ayant tués, nous partagerons également entre nous le royaume de notre frère.

« Fort réjoui de ces paroles, le roi Clotaire vint à Paris, Childebert avait déjà répandu parmi le peuple que les deux rois étaient d'accord d'élever ces enfans au trône ; ils envoyèrent donc au nom de tous deux, à la reine qui demeurait dans la même ville, un messager pour lui dire: Envoie-nous les enfans, que nous les élevions au trône.

« La reine remplie de joie, et ne sachant leur artifice, après avoir fait boire et manger les enfans, les envoya, en disant : Je croirai n'avoir pas perdu mon fils, si je vous vois succéder à son royaume.

« Les enfans étant allés, furent pris aussitôt, et séparés de leurs serviteurs et de leur gouverneur, et on les enferma à part, d'un côté les serviteurs, et de l'autre, les enfans.

« Alors Childebert et Clotaire envoyèrent à la reine Arcadius, portant des ciseaux et une épée nue. Quand il fut arrivé près de la reine, il les lui montra, disant : Tes fils, nos seigneurs, ô très glorieuse reine, attendent que tu leur fasses savoir ta volonté, sur la manière dont il faut traiter ces enfans ; ordonne qu'ils vivent, les cheveux coupés, ou qu'ils soient égorgés.

« Consternée à ce message, et en même temps émue

d'une grande colère en voyant cette épée nue et ces ciseaux, elle se laissa transporter par son indignation; et ne sachant dans sa douleur ce qu'elle disait, elle répondit imprudemment : Si on ne les élève pas sur le trône, j'aime mieux les voir morts que tondus.

« Arcadius s'inquiétant peu de sa douleur, et ne cherchant pas à pénétrer ce qu'elle penserait ensuite plus réellement, revint en diligence près de ceux qui l'avaient envoyé, et leur dit : Vous pouvez continuer, avec l'approbation de la reine, ce que vous avez commencé, car elle veut que vous accomplissiez vos projets.

« Aussitôt Clotaire prenant par le bras l'aîné des enfans, le jeta par terre, et lui enfonçant son couteau dans l'aisselle, le tua cruellement. A ses cris, son frère se prosterna aux pieds de Childebert, et lui saisissant les genoux, lui disait avec larmes : Secours-moi, mon très bon oncle, afin que je ne meurs pas comme mon frère !

« Alors, Childebert, le visage couvert de larmes, dit à Clotaire : Je te prie, mon très cher frère, aie la générosité de m'accorder sa vie, et si tu veux ne pas le tuer, je te donnerai ce que tu voudras pour le racheter.

« Mais Clotaire, après l'avoir accablé d'injures, lui dit : Repousse-le loin de toi, ou tu mourras certainement à sa place. C'est toi qui m'as excité à cette affaire, et tu es si prompt à reprendre ta foi!

« Childebert, à ses mots, repoussa l'enfant, et le jeta à Clotaire, qui le recevant, lui enfonça son couteau dans le côté, et le tua, comme il avait fait de son frère. Ils tuèrent ensuite les serviteurs et le gouverneur, et après qu'ils furent morts, Clotaire remontant à cheval, s'en alla, sans se troubler aucunement du meurtre de ses neveux, et se rendit avec Childebert dans les faubourgs.

« La reine ayant fait poser ces petits corps sur un brancard, les conduisit avec beaucoup de chants pieux et une immense douleur à l'église de Saint-Pierre, où on les enterra tous deux de la même manière : l'un d'eux avait dix ans, et l'autre, sept. »

Ce récit de Grégoire de Tours peut donner une idée de la barbarie des mœurs sous les rois de la première race. Il vient ensuite à l'appui de ce que nous avons rapporté, relativement à l'existence d'une habitation royale dans les murs de Paris, et d'un autre édifice ayant la même destination, mais situé hors de l'enceinte. Grégoire de Tours en parlant de la reine Clotilde, dit très positivement qu'elle demeurait dans Paris, *in ipsâ urbe morabatur*. Il ajoute plus loin, en parlant de Childebert, qu'il se retira dans les faubourgs, *in suburbana concessit.* Il y avait donc dans la Cité un palais, où les petits-fils de Clovis étaient élevés, et cette demeure est bien clairement distinguée de celle qui s'élevait sur la rive méridionale de la Seine.

Le même historien (Livre IV) nous apprend que le roi Caribert faisait aussi son séjour dans la ville, et qu'un prêtre de Bordeaux vint l'y trouver : — *Presbyter, Parisiacæ urbis postas ingressus, regis præsentiam adiit.*

La demeure des rois fut successivement agrandie, réparée ou rebâtie par les maires du palais, qui s'emparèrent de l'autorité souveraine sous la première race; et lorsque Hugues Capet succéda aux rois de la seconde race, il abandonna définitivement le séjour du palais des Thermes, pour établir sa résidence ordinaire dans celui de la ville. Robert, son fils, le fit reconstruire en entier; et quoique Philippe-Auguste ait depuis fait reconstruire le Louvre, il est prouvé que ses successeurs demeuraient au Palais. Saint Louis l'orna d'une magnifique chapelle, et en 1313, dans la vingt-huitième année du règne de Philippe-le-Bel, il fut reconstruit de fond en comble. Charles VIII, Louis XI et Louis XII y ajoutèrent encore de nouveaux bâtimens.

Le palais de l'évêque de Paris était situé de temps

immémorial, auprès de l'Église Saint-Étienne que nous avons déjà mentionnée. Il s'élevait vis-à-vis de la nef de l'église actuelle.

Le peu de séjour que firent dans leur capitale les premiers rois de France, fut cause que son siège épiscopal parut fort long-temps trop peu important pour être érigé en métropole. Paris qui ne commença à recevoir de notables accroissemens que sous les rois de la troisième race, ne devint guère qu'à cette époque un évêché de quelque valeur.

Dans les premiers temps de la conquête, les évêques ne possédèrent pas, sous les rois francs, des privilèges et une autorité plus étendue que sous les empereurs romains. L'unique prérogative qui leur fût dévolue se bornait à ne pouvoir être traduits que devant un tribunal ecclésiastique, composé de leurs pairs, et à être les juges naturels de leurs subalternes qui ne pouvaient être accusés que devant eux.

Les dignités de l'église ne devinrent des honneurs qu'à l'époque où les évêques et les abbés des monastères se faisant chefs de milice, vassaux des rois, et seigneurs suzerains, durent nécessairement participer à tous les avantages qu'assurait le métier des armes chez une nation qui n'estimait pas d'autre profession, et qui nécomptait de nobles dans son sein que les hommes libres et armés.

Toutefois faut-il convenir que la conquête de la Gaule fut favorable à l'avenir du clergé; la situation des évêques en fit des médiateurs entre les vainqueurs et les vaincus, et leur donna pour cliens tout ce qu'il y avait de Romains désarmés. Ce patronage se changea peu-à-peu en une autorité réelle, que le pouvoir des rois francs trouva intérêt à légitimer.

Ils surent conserver ce précieux avantage dont ils devaient la jouissance aux formes simples et conciliantes de leurs vertus primitives. Les Francs, malgré la rudesse et la barbarie de leurs mœurs, malgré leur instinct pillard, et le dommage que leurs fréquentes spoliations causaient aux évêques, ne pouvaient se défendre de vénérer en eux le caractère sacré dont ils étaient revêtus. Au milieu des troubles qui accompagnèrent le premier changement de dynastie, les évêques ne perdirent rien de l'ascendant qu'ils avaient acquis; et Pépin, le chef de la nouvelle famille régnante, ne crut pouvoir mieux assurer les fondemens de son autorité, qu'en accaparant les suffrages des mêmes prélats que son père avait lui-même dépouillés.

Après le sacre de Pépin, la puissance du clergé fit un

pas immense ; elle s'environna de toutes les forces que donnent la gravité des mœurs et l'instruction. Tout ce qu'il y avait à cette époque de lumières et de sciences, tant sacrées que profanes, étant gardé comme un précieux dépôt au sein de la société religieuse, la société politique, fort peu éclairée, mais qui avait la foi sans examen, sembla reconnaître que le principe de son existence n'était pas en elle, mais résidait plus réellement dans la partie de la population qui possédait l'intelligence. Cette conviction instinctive agrandit progressivement le cercle des attributions ecclésiastiques. Le haut clergé reçut le dépôt d'une part assez considérable de la juridiction temporelle ; les évêques furent chargés de veiller à l'exécution des décrets souverains. Ils eurent une inspection particulière sur les comtes ou gouverneurs des provinces ; toutes les classes inférieures de la société se rangèrent sous leur protection. Ils devinrent en quelque sorte les commissaires des rois dans leurs diocèses, ayant le privilège d'adoucir les peines, et de surveiller l'autorité des agens de l'autorité temporelle, et de signaler au souverain les exactions dont ils pouvaient se rendre coupables. Dans les cas de rébellion, il y avait intervention de la puissance civile.

Mais, lorsque vers la fin de la seconde race, les

seigneurs, profitant de la faiblesse du gouvernement et du malheur des temps, s'arrogèrent dans leurs terres tous les droits de la souveraineté; lorsque plus tard, les rois de la troisième race confirmèrent cette usurpation, les gens d'église, devenus possesseurs de terres inféodées, acquirent par cette situation nouvelle, un degré de puissance et de considération qu'ils n'avaient point eu jusque-là: les évêques de Paris, possédaient au couchant de la ville un terrain considérable sous le nom de Culture-l'Évêque. Cette concession dont on ne peut fixer l'origine, datait de quelque roi de la première race. Ces prélats jouissaient dans ce domaine de tous les droits seigneuriaux. C'était là qu'était leur maison de plaisance, et qu'ils avaient leurs greniers dans un lieu appelé Ville-l'Évêque. Vis-à-vis était un port qui dépendait d'eux également, et qui portait le même nom.

Lors de l'agrandissement de Paris sur ce côté de son enceinte, on fut obligé d'empiéter sur le terrain des évêques. Ceux-ci résistèrent de tout leur pouvoir; il naquit entre eux et les rois une foule de contestations et de transactions, dans lesquelles les rois furent longtemps obligés de céder et de faire la paix, jusqu'à ce que le progrès de la civilisation, accéléré par celui de l'intelligence et des lumières, rendit peu-à-peu l'influence du clergé moins nécessaire au maintien de l'ordre dans l'état, et à l'existence du corps social.

Les monastères fondés dans les environs de la ville possédaient, comme les évêques, des propriétés dans les terrains ou cultures qui, de tous côtés, entouraient l'enceinte de Paris. Les abbés étaient, ainsi que les évêques, maîtres et seigneurs dans ces propriétés, et leur vasselage relevait immédiatement de la couronne. Ils donnaient les terres dépendantes de leurs abbayes à cens ou à rentes, sous la condition d'y faire des cultures ou d'y construire des habitations : c'est ainsi que s'étaient formés successivement les bourgs Saint-Germain-des-Prés, Saint-Germain-l'Auxerrois, Saint--Marcel, etc., etc.

Plusieurs de ces établissemens religieux remontent à une origine aussi obscure que les commencemens de Paris. Le plus ancien de tous était le couvent des Barnabites, dont l'église bâtie au fond d'une cour laisse encore quelques vestiges dans une maison de la rue de la Barillerie, entre la place du Palais de Justice et le pont Saint-Michel. La fondation de ce couvent date de saint Éloi, orfèvre et monétaire des rois Clotaire et Dagobert, c'est-à-dire de l'an 632 ou 633, comme il est rapporté dans le livre de Gallia Christiana. Le terrain de ce monastère de Saint-Éloi occupait tout l'espace occupé aujourd'hui par les rues de la Barillerie, de la Calendre, aux Fèves, et de la Vieille-Draperie.

Il existait vis-à-vis le palais, une église royale dont l'origine devait, selon Jaillot et l'abbé Lebœuf, précéder l'avènement des rois de la seconde race, comme semblerait le prouver un fragment d'un auteur anonyme qui écrivait sous le roi Robert. Cette église dédiée sous l'invocation de saint Barthélemi, avait pris ce nom à l'occasion de quelques reliques de ce saint qui y avaient été apportées de l'Orient, sous le règne de Clovis ou de Childebert, ainsi qu'on peut le conjecturer, d'après un passage de Grégoire de Tours.

Quelques autres églises, telles que Saint-Denis-de-la-Chartre, Sainte-Madeleine, Saint-Landri, Sainte-Marine, Saint-Pierre-aux-Bœufs, Saint-Christophe, Sainte-Geneviève-des-Ardents, Saint-Jean-le-Rond, Saint-Denis-du-Pas, etc., n'ont laissé de traces de leur existence que dans des titres anciens plus ou moins obscurs.

A côté de l'histoire si incertaine des monumens du vieux Paris, vient naturellement se placer une autre histoire, qu'enveloppent des traditions non moins confuses, non moins embrouillées; c'est l'histoire des rues.

Les plans de toutes sortes qui ont été exécutés à différentes époques, peuvent bien désigner avec précision la place qu'occupaient les monumens publics ; celle même où surgissaient jadis des histoires de pierres que le temps a détruites ou déchirées par lambeaux ; mais aucun d'eux ne saurait offrir une idée exacte des rues de Paris, qui, dans une si longue suite de temps, ont changé tant de fois de formes et de noms.

« Après les nombreux incendies qui consumèrent la Cité, dit Saint-Victor, et après les effroyables ravages que les invasions des Normands firent dans les faubourgs, on ne sait si les maisons détruites furent relevées sur leurs anciens alignemens, ou sur des plans nouveaux ; et les traditions les plus anciennes qui nous en restent, datent de plus d'un siècle après le dernier incendie, en 1034, sous Henri Ier.

« Mais ce dont on ne peut douter, c'est que jusqu'au seizième siècle, elles étaient presque toutes étroites, sales, irrégulières ; plusieurs rues de la Cité et des quartiers environnans, où trois personnes peuvent à peine passer de front, et dont quelques maisons ont encore conservé l'ancien toit en forme de pignon, nous présentent une image assez juste et exacte de ce qu'était alors la ville entière. Sauval, qui vivait dans le dix-septième siècle, prétend que les rues larges qui existaient à cette époque, avaient été élargies de son temps, ou vers la fin du siècle précédent.

« Cependant, ces rues si étroites, si tortueuses, où la lumière pénétrait à peine, où l'air ne pouvait circuler librement, ne furent pavées, pour la première fois, que sous le règne de Philippe-Auguste.

« Jusque-là elles n'avaient été que d'affreux chemins, inondés d'une boue noire et infecte, dont les exhalaisons rendaient le séjour de la capitale désagréable et funeste à ses habitans. L'historiographe de Philippe-Auguste, qui était en même temps son médecin, dit que la puanteur en était si insupportable, qu'elle pénétrait, malgré toutes les précautions, jusque dans le palais du roi, et le rendait presque inhabitable[1]. Il raconte à ce sujet, que le roi s'étant un jour approché des fenêtres qui donnaient sur la rivière, il arriva que des chariots qui dans ce moment traversaient la cité,

---

[1] Factum est autem post aliquot dies, quod Philippus rex, Parisiis moram faciens, dùm sollicitus pro regni negotiis agendis, in aulam regiam deambularet, veniens ad palatii fenestras, undè fluvium Sæquanæ, pro recreatione animi, quandoque inspicere consueverat; rhedæ, equis trahentibus, per civitatem transeuntes, fœtores intolerabiles lutum revolvendo procreaverunt, quod rex in aulâ deambulans, ferre non sustinuit.) (Rigord. *Vita Philippi-Augusti.*)

en ayant remué les boues, l'odeur qui s'en éleva fut si horrible, qu'à peine le roi put la supporter.

S'il faut en croire l'auteur que nous venons de citer, ce fut ce petit évènement qui détermina Philippe-Auguste à porter sur-le-champ remède à un mal aussi dangereux. Et sans être arrêté ni par la difficulté d'une entreprise aussi considérable, ni par une dépense qui avait effrayé tous ses prédécesseurs, il donna ordre en 1148, au prévôt de Paris, d'en faire paver toutes les rues et places publiques. Le séjour de cette ville devint, dès ce moment, plus sain et plus commode. Il paraît, toutefois, qu'on se contenta de paver ce qu'on appelait alors *la croisée de Paris*, c'est-à-dire deux rues qui se croisaient au centre de la ville, et dont l'une se dirigeait du midi au nord, et l'autre de l'est à l'ouest; ce pavé était composé de grosses dalles de grès, carrées, et de la dimension de trois pieds et demi environ sur toutes leurs faces. L'abbé Lebœuf dit avoir vu plusieurs pierres de cet ancien pavé, au bas de la rue Saint-Jacques, et à une profondeur de sept à huit pieds. Le même auteur ajoute qu'on apercevait, entre le pavé de Philippe-Auguste et le pavé actuel, des débris d'un pavé intermédiaire, preuve nouvelle et irrécusable de l'élévation successive du sol de la ville de Paris.

Malheureusement, le grand travail exécuté par Philippe-Auguste, et dont l'utilité s'était fait si vivement apprécier, fut souvent négligé dans les âges suivans; quelquefois même totalement abandonné, et il fallut que des maladies contagieuses, qui suivaient presque toujours une si pernicieuse négligence, vinssent réveiller l'attention des magistrats, et faire reprendre des travaux qui restèrent presque toujours imparfaits jusqu'à Louis XIV. C'est à ce grand roi que l'on doit le bel ordre qui règne maintenant dans cette partie si essentielle de la police urbaine.

Ce que rapporte à ce sujet le commissaire Delamarre peut donner une grande idée de l'importance d'un pareil bienfait. « Ceux d'entre nous, dit-il, qui ont vu le commencement du règne de ce prince, se souviennent encore que les rues de Paris étaient si remplies de fange, que la nécessité la plus rigoureuse avait établi l'usage de ne sortir qu'en bottes ; et, quant à l'infection que cela causait dans l'air, le sieur Courtois, médecin, qui demeurait alors rue des Marmousets, a fait cette petite expérience, par laquelle on jugera du reste. Il avait dans une salle, sur la rue, de gros chenêts à pomme de cuivre; et il a dit plusieurs fois aux magistrats et à ses amis, que, tous les matins, il les trouvait couverts d'une teinture assez épaisse de vert de gris, qu'il faisait nettoyer pour faire l'expérience du jour suivant ; et que depuis l'an 1663, que la police du nettoiement des rues a été rétablie, ces taches n'avaient plus paru. Il en tirait cette conséquence, que l'air corrompu que nous respirons continuellement, faisait d'autant plus d'impressions malignes sur les poumons et les autres viscères, que ces parties sont incomparablement plus délicates que le cuivre, et que c'était la cause immédiate de plusieurs maladies. Aussi est-il certain que, depuis ce rétablissement, il n'a plus paru à Paris de contagions, et beaucoup moins de ces maladies populaires dont la ville était si souvent affligée, pendant tout le temps que la propreté des rues a été négligée.

Ce n'est, observe dans un autre endroit, l'historien Saint-Victor, ce n'est qu'en 1728 que l'on commença à écrire aux coins des rues et des places publiques les noms qu'elles portaient, et ces noms n'ont pas varié depuis, jusqu'au moment de la révolution de 1789. Avant cette époque, il n'est presque pas une rue de Paris, qui à partir du douzième siècle, n'ait changé plusieurs fois de dénomination, et ces changemens se ressentaient de la barbarie de ces temps grossiers. Les origines en sont souvent frivoles ou bizarres, elles proviennent ou du nom de quelque personnage distingué qui y possédait une habitation remarquable, ou de quelque enseigne singulière qui avait frappé les yeux du peuple, ou enfin de quelque évènement extraordinaire qui s'y était passé. Plusieurs devaient leur titre à leur malpropreté habituelle, d'autres aux vols et aux assassinats fréquens dont elles étaient le théâtre, quelques unes ont des noms dont le sens et l'origine sont entièrement inconnus, quoique ces noms soient encore aujourd'hui conservés.

Le savant abbé Lebœuf a mis au jour pour la première fois une pièce très singulière et véritablement unique dans son genre. C'est une description en lignes rimées des rues de Paris, faite par un poète du xiiie siècle, nommé Guillot. Ce petit ouvrage énumère la plus grande partie des noms des rues qui étaient renfermées dans l'enceinte construite par Philippe-Auguste; il indique celles qui sont les plus anciennes, et le nom qu'on leur donnait, quatre-vingts ans après que les travaux de cette enceinte furent achevés.

On mettait en vers au xiiie et au xive siècle, certains sujets qui seraient à coup sûr regardés aujourd'hui comme fort peu susceptibles de revêtir les formes poétiques. Aussi les poètes de ces temps-là se gênaient-ils assez peu sur la rime, et sur les autres règles de la versification. Leur licence était telle, que, pour remplir la mesure, ils se permettaient de fabriquer des termes nouveaux ; ajoutaient des circonstances bizarres et étrangères à leur sujet, et même y inséraient des sermens au nom de tel ou tel saint, qui souvent n'avait jamais existé que dans leur fantasque imagination ; mais dont le nom, créé sur-le-champ, achevait leur vers, soit pour la rime, soit pour la quantité de syllabes nécessaire.

Dans cette nomenclature fort peu connue, Guillot n'oublie pas de dire qu'il a exclu de son poème les rues *sans chiefs,* c'est-à-dire qu'il ne fait aucune mention des culs-de-sac ou impasses, de manière que si les noms de quelques-uns de ceux qui existent aujourd'hui se trouvent dans sa liste, c'est qu'ils auront dû être formés depuis par la construction de quelque édifice, ce qui est arrivé quelquefois, même dans le siècle dernier.

Il résulte du calcul de Guillot que Paris au xiiie siècle ne comptait que trois cent dix rues.

Gilles Corrozet, le plus ancien des écrivains qui aient écrit un ouvrage spécial sur la description de Paris, et qui vivait au seizième siècle, ne compte encore dans cette ville que quatre cents rues ou *ruelles*.

On peut juger de là combien Paris a reçu d'énormes accroissemens, pour arriver à l'aspect qu'il présente aujourd'hui, et dont nous avons esquissé plus haut les principaux traits.

Le *Dit des rues de Paris*, du poète Guillot, est un échantillon, fort curieux par son originalité, de l'époque où cette œuvre fut composée; c'est en même temps un monument précieux comme type de vieux langage, et comme document statistique.

IV.

Une opinion dominante, dit Châteaubriand, fait des Francs une ligue de quelques tribus germaniques, *associées pour la défense de leur liberté.* Mais c'est là une de ces mille opinions sans preuves, et qu'aucun document sérieux n'éclaircit dans les origines ténébreuses qui enveloppent l'histoire des nations. Les Francs étaient tout simplement des Germains, comme le témoignent des écrivains antiques respectables par leur autorité, entre autres saint Jérôme.

Libanius, cherchant au nom de Franc une étymologie grecque, veut le faire dériver de φρακτος, *habiles à se fortifier;* d'autres prétendent qu'il signifie *indomptables*, et qu'il appartient à une vieille langue nommée *attica* ou *hattica*, dont il n'existe plus aucun vestige.

Le savant et judicieux Du Tillet avance que le nom de *Frank* vient des deux mots teutons *freien ausen* (libres jeunes hommes, ou libres compagnies), prononcés par synérèse *fransen*. M. Thierry suppose au mot tudesque *frank* ou *frak* la puissance du mot latin *ferox*. Un autre savant, Gibert, l'explique du mot *fram* ou *framée*, arme en usage chez les Germains.

Quoi qu'il en soit, les Francs habitaient de l'autre côté du Rhin, sur le territoire qui comprend aujourd'hui la Franconie, la Thuringe, la Hesse et la Westphalie. Ils ravagèrent la Gaule sous Galien, et pénétrèrent en Espagne, d'où ils revinrent dans la Gaule sous les règnes de Probus, de Constance, et sous Constantin. Ils paraissent s'y être fixés pendant le règne d'Honorius, vers l'an 420, et on leur donne pour chef un certain Pharamond que beaucoup d'auteurs, qui ont écrit sur l'histoire de France, s'accordent à appeler le premier roi de France.

L'existence de ce Pharamond est loin d'être prouvée.

On en a fait le père de Clodion-le-Chevelu, roi des Francs, qui mourut en 448. Le successeur de Clodion fut Mérovée, dont le père est aussi inconnu; à Mérovée succéda Childéric Ier, son fils, en 456. Childéric donna le jour à Clovis, le premier roi franc qui ait choisi Paris pour capitale. Il y mourut en 511, la même année que sainte Geneviève. La bergère gauloise et le roi franc furent inhumés dans l'église de Saint-Pierre et de Saint-Paul, qui prit dans la suite le nom de la patronne de Paris.

Toute la puissance qu'avait acquise Clovis se perdit après sa mort entre les mains de ses enfans. Il laissa quatre fils, Thierry, fils d'une concubine; Clodomir, Childebert et Clotaire, fils de sa femme Clotilde. Le royaume fut partagé comme un bien de famille, en quatre lots qu'ils tirèrent au sort.

La France s'étendait alors du Rhin aux Pyrénées, et de l'Océan aux Alpes. Elle possédait de plus la terre natale des Francs, au-delà du Rhin, jusqu'à la Westphalie; mais ces limites changeaient à tout moment. Une section géographique mieux marquée avait lieu : le pays situé en-deçà de la Loire, par rapport à Paris, se divisait en oriental et occidental; l'Austrasie comprenait le pays entre le Rhin, la Meuse et la Moselle; la Neustrie était bornée par la Meuse, la Loire et l'Océan. Au-delà de la Saône et de la Loire, était la Gaule conquise sur les Burgondes ou Bourguignons et les Wisigoths.

Le partage du royaume entre les fils de Clovis fut si irrégulier, qu'il serait assez difficile de déterminer précisément la part qui échut à chacun d'eux. Paris devint la propriété des quatre frères, de manière qu'un d'eux pouvait y entrer sans la permission des autres. Les Francs, qui n'entendaient rien aux compensations, voulaient tout partager avec une égale justice. Il n'y avait d'ailleurs rien de politique dans les partages qui se faisaient à la mort des rois francs. Avant d'expirer, dit le savant Augustin Thierry, ils divisaient paternellement entre tous leurs fils l'*al-od* (le bien) qu'ils avaient reçu de leurs ancêtres, et tout ce qu'ils y avaient eux-mêmes ajouté par la conquête. Ces fils vivaient et mouraient comme eux, et à chaque génération successive, se renouvelait une semblable distribution de meubles, de champs et de villes, et sans qu'il y eût là-dessous autre chose que le soin du père de famille, occupé à concilier d'avance les intérêts et les prétentions de ses fils.

Clodomir mourut en 524, laissant trois enfans, dont deux furent égorgés par leurs oncles; le troisième finit ses jours dans un cloître.

Childebert eut en partage Paris, Meaux, Senlis, Beauvais, et prit le titre de roi de Paris, qu'il conserva jusqu'à sa mort, en 558.

Clotaire lui succéda dans le royaume de Paris, et devint peu d'années après maître unique de tous les royaumes de la Gaule, et ne prit plus que le titre de roi de Paris.

Nous ne suivrons point dans cette rapide esquisse l'énumération des quatre ou cinq répartitions successives des cantonnemens et du territoire, sous les rois de la première race. Une remarque digne d'attention est celle-ci, que les Francs s'étaient corrompus dès qu'ils avaient commencé à jouir de leurs conquêtes, et que, dès la seconde ou la troisième génération ils furent hors d'état de défendre contre de nouvelles invasions des peuplades germaniques, le territoire que la valeur de leurs ancêtres avait conquis. Quelques hommes seulement, tels que le roi Dagobert, se distinguèrent dans cette foule obscure de petits souverains; mais comme la barbarie littéraire était arrivée à son comble, vers la fin du VIIe siècle, on ne sait pas même l'histoire de la vie de ce chef, qui a pourtant laissé après lui plusieurs monumens remarquables de ses efforts, pour introduire la civilisation parmi ses sujets. Dagobert a jeté les fondemens de la basilique de Saint-Denis, ce Capitole des Français, où se conservaient leurs chroniques auprès des cendres royales, comme les pièces à l'appui des faits.

Rien n'est plus défectueux, plus fécond en dissensions civiles et en crimes de toute espèce, que l'histoire du gouvernement primitif des Francs. Incapables de créer une constitution politique, ils laissèrent subsister les coutumes qu'ils trouvèrent à leur arrivée dans la Gaule, en tout ce qui ne contrariait pas leurs propres habitudes. Ils conservèrent les titres de ducs, de comtes, etc., et en approprièrent les fonctions à leurs coutumes. Chaque duc, vers la fin de la domination romaine, commandait une province; chaque comte, commandait une ville. Le duc exerçait dans la province un empire sans contrôle, levait des troupes, les dirigeait contre ses voisins, avait le droit absolu de vie et de mort, de paix et de guerre. Le comte, sous ses ordres, conduisait son contingent de soldats, levait des contributions et rendait la justice. Il agissait en souverain dans la cité. Ces deux chefs, exempts de toute responsabilité, sûrs d'une entière impunité, exploitaient à leur gré des populations plutôt esclaves que sujettes.

Les institutions préexistantes, fondées dans la Gaule

par la civilisation romaine, ne purent résister longtemps à l'envahissement de la barbarie.

Il y avait parmi les Francs une autre race d'hommes puissans, appelés *leudes* ou *antrustions*, c'est-à-dire *fidèles ;* compagnons d'armes du chef, ils partageaient avec lui les dépouilles des vaincus et les terres conquises ; ils s'introduisirent peu-à-peu dans le gouvernement. Le chef qu'ils entouraient ne pouvait entreprendre une expédition guerrière sans les consulter, et sans qu'ils y consentissent. Ils exercèrent une sorte d'autorité jusque dans les conseils des rois ; ils avaient droit à leur tutelle pendant leur minorité, et souvent ils étaient chargés de remplir les fonctions des ducs.

Le pouvoir du roi, dans les terres qui lui étaient tombées en partage, ne différait de celui des *leudes* ou *fidèles,* qu'en ce que ceux-ci lui devaient services, secours, une obéissance réglée par certains cas conditionnels, et des présens à titre d'hommage en quelques circonstances. Le roi était le chef des leudes, comme avant l'établissement des Francs dans la Gaule, le chef de guerre était à la tête de ses compagnons de pillage, et comme plus tard, dans les commencemens de la troisième race, il devint le chef de ses princes, le premier entre ses égaux.

Les anciens monumens historiques fournissent la preuve de la puissance que les leudes pouvaient mettre en lutte contre celle des rois.

Ainsi, nous lisons, dans Grégoire de Tours, livre II, chap. 12, que Childéric, père de Clovis, fut chassé de ses états par ses leudes ou compagnons d'armes, parce qu'il abusait violemment de leurs filles. Après un exil de huit ans, ils le rappelèrent.

Clovis, après le pillage de l'église de Reims, voulut s'emparer d'un vase précieux qui faisait partie du butin; ses compagnons ne s'y opposaient point, lorsqu'un d'eux se ravisant, décharge un coup de sa hache ou framée sur ce vase, en disant au roi, «tu n'auras rien, hormis ce que le sort t'accordera comme à tous ceux d'entre nous » (Grég. de Tours, liv. II, ch. 27).

Plus tard, lorsqu'il voulut marcher contre les Wisigoths, ce même prince employa près des Francs, non l'autorité, mais la persuasion, pour les engager à le suivre dans son expédition (Liv. II, ch. 37).

Lorsque fut conclu le mariage de Rigonthe avec un prince espagnol, Frédégonde, mère de cette jeune princesse, lui donna une quantité considérable d'or, d'argent et de vêtemens précieux. Chilpéric en fut étonné; mais Frédégonde se tournant vers les leudes qui assistaient à la cérémonie, leur dit : « Ne pensez pas que ces richesses proviennent du trésor des anciens rois francs; elles résultent de mes revenus, des dons du roi et de ma bonne administration. Je n'ai rien pris dans le trésor public » (Grég. de Tours, liv. VI, ch. 45). On voit par ce passage, que Frédégonde prévient adroitement les reproches que les leudes auraient pu ou étaient en droit de lui faire.

Le patronage qu'exerçait le roi sur ses compagnons d'armes ou leudes était héréditaire dans sa famille; mais ce patronage, exercé arbitrairement, et dépourvu de limites certaines, donnait naissance à des animosités, et à une continuelle réciprocité d'attentats entre les chefs et leurs compagnons. La tyrannie des uns était sans cesse aux prises contre la tyrannie des autres. Le roi n'intervenait nullement dans l'exercice du pouvoir de ses leudes sur les hommes qui leur étaient soumis.

Les atteintes portées à la royauté, à la personne royale étaient les seules punies par les rois. On condamnait le coupable à des peines arbitraires, et le plus souvent, sans formes de procès, le roi l'attirait dans des pièges, et le faisait assassiner. Pour échapper au supplice ou à l'assassinat, l'accusé avait deux ressources: il cherchait à se réfugier dans un royaume voisin, ou profitait du droit d'asile accordé aux églises. Toutefois, ce dernier parti n'était pas le plus sûr; le sanctuaire, malgré les superstitions du temps, était souvent violé par les rois ; quelquefois ils chargeaient des affidés secrets d'employer la séduction et la perfidie pour attirer le réfugié hors de son asile, et pour le poignarder ensuite.

A côté des rois et des ducs ces deux pouvoirs essentiellement ennemis, parce qu'ils étaient rivaux, on vit, après l'envahissement de la Gaule par les Francs, surgir une troisième puissance, celle des évêques, qui possédèrent des terres, et furent comptés parmi les leudes. Comme eux ils exerçaient sur les territoires qui leur furent concédés une juridiction souveraine.

Leur pouvoir temporel était soutenu par l'autorité spirituelle qui jouissait d'une influence presque absolue sur les masses. Les évêques avaient d'ailleurs la prédominance naturelle de l'instruction ; ils rédigeaient les lois, et appliquaient à l'ordre civil les lois canoniques dont le respect puisait sa force dans ce prestige mystérieux, dont s'enveloppaient alors les croyances des peuples barbares. Nous voyons cependant, à plusieurs reprises, les évêques en rivalités et en luttes avec les pouvoirs politiques, et malgré leur résistance, ils furent plus d'une fois victimes de la férocité des Francs.

Cette confusion du spirituel et du temporel qui fut à toutes les époques une cause principale des désordres et des malheurs publics, a été admirablement expliquée par le plus profond de nos historiens modernes qui a creusé dans ses fortes études sur les civilisations, le secret de cette logique des faits qui devait préparer l'illustration de l'homme d'état. —Avant l'invasion, dit M. Guizot dans sa xiie leçon sur l'histoire de la civilisation en France, lorsque l'empire romain était encore debout, quoique les deux sociétés, la société civile et la société religieuse fussent déjà fort enlacées l'une dans l'autre, cependant la distinction était profonde. L'indépendance de l'église, dans ce qui la concernait directement, était assez grande; et en matière temporelle, quoiqu'elle eût beaucoup d'influence, elle n'avait guère d'action directe que sur le régime municipal et au sein des cités. Pour le gouvernement général de l'état, l'empereur avait sa machine toute montée, ses conseils, ses magistrats, ses armées; en un mot, l'ordre politique était complet et régulier, à part de la société religieuse et de son gouvernement. Après l'invasion des barbares, au milieu de la dissolution de l'ordre politique et du trouble universel, les limites des deux gouvernemens disparurent; ils vécurent l'un et l'autre au jour le jour, sans principes, sans conditions arrêtées, se rencontrant partout, se heurtant, se confondant, se disputant les moyens d'action, luttant et transigeant dans les ténèbres, au hasard. Cette co-existence déréglée du pouvoir temporel et du pouvoir spirituel, cet enchevêtrement bizarre de leurs attributions, ces usurpations réciproques, cette incertitude de leurs limites, tout ce chaos de l'église et de l'état qui joue un si grand rôle dans notre histoire, qui a enfanté tant d'évènemens et de théories, était surtout du vi^e au viiie siècle, le trait le plus saillant de notre histoire. La première cause de ces usurpations mutuelles naquit de la force même des choses, et de la barbarie de l'époque.

Il y eut rarement un seul roi Franc dans la Gaule; souvent il s'en trouva deux, trois, et même quatre; plus ces maîtres de petits royaumes étaient nombreux, et plus se multipliaient les germes des dissensions et des guerres civiles. Ces divers rois appartenaient ordinairement à la même famille, et plus les liens de leur parenté étaient étroits, plus aussi leurs rivalités et les guerres qui en étaient le résultat, devenaient sanglantes, acharnées, interminables. Pendant près de deux siècles que dura la première race, elle offrit continuellement le triste spectacle, de cousins armés contre cousins, de neveux rivaux de leurs oncles, de frères ennemis de leurs frères, de fils même en révolte ouverte vis-à-vis leurs pères; et plus d'une fois, lassés des chances, des longueurs et des incertitudes de la guerre, ils eurent recours à l'assassinat.

Cet ordre de choses, ou plutôt ce chaos qu'on ne saurait appeler du nom de gouvernement, parce que ceux qui possédaient le pouvoir exploitaient le peuple et ne gouvernaient pas; cet ordre de choses où l'arbitraire de la force matérielle tenait lieu de la loi morale fondée sur la justice, la vérité et la religion de l'intelligence, — pouvait être subi par les hordes germaines, à l'état sauvage, vivant de rapines et de violences; mais il devait replonger dans la fange de la barbarie une contrée qui pendant 500 ans s'était façonnée aux lois, aux arts, et à la civilisation des Romains.

Un travail lent et difficile de régénération pouvait seul ramener les peuples de la Gaule dans une voie d'avenir. Ce fut l'œuvre du christianisme.

Les idoles romaines existaient encore à Paris, au temps du roi Childebert; une de ses lois qui le prouve évidemment, est datée de l'an 554. — « Nous ordonnons, y est-il dit, à tous ceux qui auront dans leur champ ou dans tout autre lieu, des simulacres ou idoles dédiées au démon, de les renverser aussitôt qu'ils en seront avertis. Nous leur défendons de s'opposer à ce que les évêques les détruisent; et si après s'être engagés par cautions à les détruire, ils les conservent encore, nous voulons qu'ils soient traduits en notre présence; nous défendons aussi les désordres qui se commettent pendant la nuit à la veille des fêtes, même celles de Pâques et de Noël, veillées où l'on ne s'occupe qu'à chanter, boire et s'enivrer, et où l'on se livre à d'autres débauches. Nous ordonnons aussi aux femmes qui, le jour de dimanche, parcourent les campagnes en dansant, de cesser cette pratique qui offense Dieu. » (*Capitular. Baluzii,* tom. 1, pag. 1.)

Lorsque l'église chrétienne fut fondée, on vit une partie des habitans de la Gaule assister aux cérémonies de son culte, sans renoncer aux pratiques païennes usitées dans leur vie privée. En 568, le souverain pontife Grégoire écrit à Brunehaut, reine des Francs :— « Vous devez aussi, avec modération, contraindre vos sujets à se soumettre à la discipline de l'église, de sorte qu'ils n'immolent plus aux idoles, qu'ils n'étalent plus en public les têtes des animaux dont ils ont fait des sacrifices impies, et qu'ils n'adorent plus des arbres; car nous sommes informé que plusieurs chrétiens qui accourent aux églises, continuent cependant, chose abominable! à rendre au démon le culte qui n'est dû qu'à Dieu (*Recueil des historiens de France,* tome vi).

A l'idolâtrie romaine et aux superstitions gauloises étaient venues se mêler les croyances barbares des Francs. Le christianisme traversa ainsi plusieurs siècles, défiguré jusque dans ses rites par des observances mythologiques. A la fin de la première race, dit Saint-Foix, il y avait encore plus d'un tiers des Francs plongés dans les ténèbres du paganisme; ils croyaient que certaines filles, Druïdesses, à force de méditations avaient pénétré dans les secrets de la nature ; que par le bien qu'elles avaient fait dans le monde elles avaient mérité la faveur de ne point mourir ; on présumait que ces étranges créatures divinisées par les légendes, habitaient au fond des puits, au bord des torrens, ou dans des cavernes ; qu'elles avaient le pouvoir d'accorder aux hommes le don de se métamorphoser en toute sorte d'animaux, et que leur haine ou leur amitié décidaient du bonheur ou du malheur des familles. On avait grande attention, à certains jours de l'année, et à la naissance des enfans, de dresser une table dans une chambre écartée, et de la garnir d'alimens et de vins, avec trois couverts et de petits présens, afin d'engager les *Maires* (ainsi s'appelaient ces puissances subalternes) à honorer de leur visite, et à protéger les maisons qui leur payaient fidèlement ce tribut.

Cette croyance naïve est une des poétiques origines de nos contes de fées.

Les Francs pensaient aussi que les dieux étant des êtres immenses, on ne devait pas leur bâtir des temples; que leur divinité remplissait les forêts, et qu'elle était empreinte sur l'écorce sillonnée de rides et la mousse jaunâtre des vieux chênes; ils n'approchaient qu'en tremblant des bois qu'ils avaient choisi pour célébrer leurs mystères; le silence et l'obscurité qui les remplissaient leur inspiraient une crainte, une espèce d'horreur religieuse qu'ils regardaient comme un signe de la présence du dieu qu'ils venaient adorer; ils redoutaient à chaque pas de le voir apparaître. Pour marquer leur dépendance, ils n'entraient dans les bois sacrés, que chargés de liens qu'ils s'imposaient volontairement, et s'ils tombaient il ne leur était pas permis de se relever; il fallait qu'ils se traînassent à genoux, ou bien qu'ils se roulassent sur la terre jusqu'au dehors de l'enceinte mystérieuse. On peut juger combien des hommes pénétrés d'une pareille vénération pour les lieux qu'ils croyaient habités par les dieux, devaient se trouver scandalisés en voyant les chrétiens entrer avec des armes dans les églises, se saluer, faire la conversation, et changer de place et d'attitude comme ils auraient pu faire dans un amphithéâtre; mais si le clergé de ces temps-là n'était pas assez puissant pour réprimer sévèrement ces irrévérences, il savait du moins par une assez bizarre contradiction faire respecter la personne de ses membres. On remarque dans les décrets d'un Concile du temps, que tout laïque rencontrant en chemin un prêtre ou un diacre, devait lui présenter le cou pour s'appuyer; que si le laïque et le prêtre étaient tous deux à cheval, le laïque était obligé de s'arrêter pour saluer le prêtre; et enfin si le prêtre était à pied et le laïque à cheval, le laïque descendait, et ne remontait que lorsque l'ecclésiastique l'avait dépassé; le tout sous peine d'être banni de l'église aussi long-temps qu'il plairait à l'évêque.

Les évêques étaient chargés de nourrir les pauvres, les prisonniers, et de racheter les esclaves chrétiens, ce qui augmentait leur crédit et quelquefois leurs richesses, lorsque la somme des aumônes qu'ils recueillaient dépassait les dépenses faites en bonnes œuvres.

Il importe de reconnaître que, malgré l'ignorance

et la grossièreté des mœurs du temps, la vérité religieuse, en se faisant jour lentement et avec effort, creusa les fondemens sur lesquels devait s'asseoir l'édifice social de l'avenir. La vérité religieuse a fait, dans l'histoire de tous les peuples, le mouvement principal de l'espèce humaine ; elle se trouve au berceau de toutes les sociétés ; elle en fut la loi première, car elle renfermait dans son sein la vérité politique. Le christianisme dont l'ère ne commence qu'au milieu des temps, est né avec le monde. Entre les traditions de l'Éden et celles du Calvaire, s'agite la chaîne des révolutions humaines, sur lesquelles la croix s'est étendue, — comme un sceau fermant le passé, — à l'heure de l'avenir.

Lorsque l'apostolat chrétien eut conquis la Gaule, les lumières qu'il avait apportées firent ressortir les maux que la barbarie avait mis à la place de la civilisation païenne écrasée. Les rois carlovingiens, en succédant à ceux de la première race, essayèrent d'y porter remède. On avait vu les derniers descendans de Clovis dégénérés de cette rudesse guerrière qui avait fondé la puissance des rois Francs, livrer aux maires du palais *majores domûs*) l'exercice de la prérogative souveraine, et se contenter du titre et des stériles honneurs attachés à la dignité royale. Les maires gouvernèrent en réalité sous le nom de ces princes, que l'histoire a flétris du titre de *fainéans;* tandis que le roi, assis sur son trône, orgueilleux de sa longue barbe et de sa chevelure flottante, représentait le rôle de souverain. Sa cour n'était composée que d'un nombre borné de serviteurs privés. Un revenu modique formait tout son avoir; et il ne sortait de son palais que dans un chariot traîné par des bœufs, pour se promener rarement dans l'enceinte de Paris, ou pour se rendre aux assemblées du peuple, qui se tenaient une fois l'an.

Pépin d'Héristal, maire du palais, gouverna pendant vingt-sept ans toute la monarchie; son fils Charles Martel s'illustra par la destruction des Sarrazins sortis d'Espagne, et qui avaient envahi la terre de France jusqu'à la Loire. —Pépin-le-Bref, fils de Charles Martel, fit prononcer dans une assemblée des nobles et du clergé tenue à Soissons, la déchéance de Childéric III, dernier roi de la première race, et le fit enfermer dans un monastère pour le reste de ses jours; puis, assuré de la faveur et de l'appui des grands, il se fit donner l'onction royale par Boniface archevêque de Mayence, et le pape Zacharie confirma son avènement au trône.

Chef de la dynastie carlovingienne et père de Charlemagne, Pépin se fit plus tard sacrer solennellement par le pape Etienne II, dans l'Eglise de Saint-Denis, avec sa femmes et ses deux fils. Le souverain pontife dans cette cérémonie prononça l'excommunication contre ceux qui entreprendraient plus tard d'élire un roi qui ne descendrait pas de la famille que la bonté divine venait d'élever à cette dignité suprême.

Mais, après la mort de Charlemagne, la plus grande figure de cette période de l'histoire, la faiblesse de ses successeurs, et surtout le partage fait par lui-même entre ses enfans, du pouvoir royal qu'il avait étendu sur des bases si vastes, si imposantes, et dont il craignait qu'aucun d'eux ne pût porter seul tout le poids, amenèrent une nouvelle confusion dans l'état.

A ces calamités domestiques vinrent se joindre les incursions terribles des Normands qui, pendant près d'un siècle, ne cessèrent de parcourir la France dans tous les sens, ravageant les campagnes, dévastant les villes et les bourgades, passant au fil de l'épée, ou traînant en esclavage leurs habitans. L'incapacité des descendans de Charlemagne, plus grande encore que n'avait été celle de la postérité de Clovis, les renversa à leur tour d'un trône dont ils s'étaient rendus indignes, et leur chute fut saluée par la nation tout entière comme une chance de salut. En ces temps où l'hérédité légitime n'était pas encore un principe que depuis l'usage a consacré, ce n'était pas un droit suffisant pour occuper le trône que d'être du sang royal; il fallait être utile à la nation pour aspirer au droit de la gouverner.

C'était le peuple assemblé qui proclamait par ses suffrages le roi, qu'il choisissait ordinairement dans la race ou dans la succession des rois derniers morts; et par *peuple*, il faut entendre ici tout ce qui avait la *noblesse* ou du moins *l'ingénuité*, depuis les grands vassaux de la couronne, jusqu'aux simples propriétaires et aux bourgeois des cités: les *serfs* ou esclaves, et les *colons* attachés à la glèbe, ne faisaient point partie du peuple: c'est cette classe nombreuse dont le christianisme a, plus tard, obtenu l'affranchissement.

Les Romains, pour le service de leurs personnes, avaient des esclaves; lorsque les Francs s'établirent dans les Gaules, ils trouvèrent cet usage indigne de leur orgueil d'hommes libres; ils continuèrent suivant leurs vieilles coutumes, à se faire servir par des hommes d'une naissance illustre, par les fils de leurs parens, de leurs *leudes* ou *fidèles*. Ils renvoyèrent à l'agriculture et aux travaux mécaniques les esclaves romains, et les serviles emplois de ces derniers furent remplis par des fils de nobles, jeunes gens que Grégoire de Tours qualifie du nom de *pueri*, employés aux services domestiques, et chargés souvent d'exécuter les meurtres que leurs maîtres ou leurs maîtresses leur commandaient.

Ne pourrait-on pas dire que de cette coutume barbare est résultée l'espèce d'illustration accordée en France à des emplois de domesticité? Ainsi, celui qui, chez les Francs, était chargé de la surveillance des chevaux, des écuries et des étables, devint le premier dignitaire de la monarchie française, sous le titre de *comes stabuli*, comte de l'étable, ou *connétable*. Le titre de *maréchal* désignait originairement, et désigne encore aujourd'hui un homme qui pansait et ferrait les chevaux ; le nom de ce métier est devenu le titre le plus éminent dans la hiérarchie militaire. — Le *sénéchal* n'était qu'un domestique qui veillait à la sûreté de la maison, qui percevait les redevances du maître, et qui le servait à table ; on en fit depuis un grand-officier de justice. — Le *grand-pannetier*, qui dans l'origine n'était qu'un boulanger, est devenu un officier de la couronne. Il en fut de même *du grand-bouteillier* qui surveillait les caves, les tonneaux et les bouteilles ; *du grand-veneur* et du *grand-louvetier*, qui n'étaient que des domestiques chasseurs. Combien de familles se sont enorgueillies dans la suite, jusqu'à des temps qui ne sont pas encore bien éloignés de nous, de compter parmi leurs aïeux des membres chargés de titres qui rappellent des professions serviles? Les nobles, depuis la première race jusqu'à nos jours, ont continué d'envoyer leurs enfans dans les maisons des princes, sous le titre de *pages*, et sous d'autres dénominations qui, dans des temps plus polis, ont été changées en titres de *gentilshommes* et de *filles* ou *dames d'honneur*.

En renvoyant les esclaves aux travaux de l'agriculture, sous le titre de *serfs*, les Francs les assimilèrent aux colons romains ; et ce genre de servitude en perdant son cachet d'humiliation, fut bien différent de l'esclavage antique. Tacite nous apprend (*de mor. German.*) que les peuples du Nord, beaucoup plus humains que les Grecs et les Romains, si fiers de leurs institutions, de leurs lois et de leur police, ne condamnaient point leurs captifs aux pénibles travaux de la domesticité. Ils leur distribuaient des terres, exigeant seulement d'eux une redevance en blé, en étoffes, en bétail; cette redevance faisait des vaincus des espèces des fermiers dont on n'exigeait rien au-delà du tribut fixé. Tels avaient été les colons chez les Romains, attachés, il est vrai, à la glèbe, mais protégés par des lois infiniment plus douces que celles qui régissaient les esclaves, et vivant à l'abri des caprices ou des violences de leurs maîtres. De même que les colons romains, les serfs des Germains pouvaient posséder quelque chose en propre, et acquérir un pécule. La loi des Lombards les appelaient serfs rustiques, par opposition aux serfs *ministériaux*, qui étaient des espèces d'esclaves, mais en fort petit nombre chez les Francs. Après la conquête des Gaules, ils remplacèrent le servage par le *vasselage*, qui, sans détruire la liberté, et en conservant même au vassal une sorte d'égalité, entraînait avec lui certains devoirs de domesticité.

La féodalité effaça la servitude et ouvrit le moyen âge, qui fut l'œuvre du christianisme mêlé au tempérament des barbares et aux institutions germaniques. Le monde féodal fut un monde militaire. Le vassal de la féodalité ne fut plus qu'un soldat armé, et les armes délivrent tôt ou tard ceux qui savent les manier.

Le vasselage perfectionna la police des fiefs. Les fiefs, comme bénéfices, étaient la récompense des anciens services ; comme terre frontière, ils imposaient l'obligation de défendre une tour, un château, ou un poste quelconque. Le vasselage faisait d'un barbare libre l'homme de son seigneur, et comme il était établi sous les rois francs, qu'on ne pouvait obtenir un fief sans devenir vassal, il s'ensuivait que tout propriétaire de bénéfice avait à défendre et sa terre qu'il était de son intérêt de conserver, et son prince que l'honneur, le serment, la reconnaissance du bienfait l'obligaient à assister en toute circonstance. Tous les nobles n'étaient pas vassaux dès l'origine des fiefs. Les ordonnances des rois carlovingiens distinguent le *cantonnier* ou possesseur d'un bénéfice militaire, et le *libre* propriétaire.

Le noble franc qui avait renoncé à joindre de grands fiefs à l'héritage que lui avaient transmis ses ancêtres, et qui ne voulait point déroger à la liberté qui était son droit de naissance, n'était obligé de prendre les armes que pour la défense de la patrie, et ne devait au prince ni aide, ni concours dans ses affaires particulières. Lorsque Clovis embrassa le christianisme, et se fit baptiser, la plupart des hommes libres qui l'avaient suivi, se séparèrent de lui. Ses vassaux seuls crurent que le devoir du vasselage leur faisait une obligation d'embrasser aussi la religion de leur prince. Ce fut à ces *fidèles*, qu'il distribua après la conquête, de grandes propriétés dont la possession fut déclarée par lui indépendante du vasselage : telle fut l'origine de la haute noblesse qui partageait avec les rois l'exercice de la royauté souveraine, et d'où sortirent plus tard les maires du palais, et les comtes de Paris, qui furent les souches de la deuxième et de la troisième race.

Cette noblesse enorgueillie de ses privilèges, s'habitua à ne rien voir au-dessus d'elle, pas même la famille des rois. Rempli de mépris pour la race de Charlemagne, dit le moine de Saint-Gall, chacun de ces nobles de la première classe, tâchait de s'emparer du gouvernement, et ne prétendait à rien moins qu'à mettre la couronne sur sa tête. Ceci se passait immédiatement après la mort de Charlemagne. On peut juger des dispositions dans lesquelles ils durent se trouver, lorsque, après deux siècles de règne, la race de ce grand homme eut donné des preuves si multipliées de son abaissement.

Charlemagne avait élevé la monarchie des Francs au plus haut degré de splendeur ; à l'audace, à l'énergie de Pépin-le-Bref, il alliait un génie plus vaste et plus entreprenant. Ses conquêtes étonnèrent l'Europe, qui ne put lui refuser le titre d'empereur d'Occident. Malheureusement son génie était plus propre à réparer qu'à construire l'édifice social. Il comprit les vices de l'état qu'il avait à gouverner. Il s'appliqua à l'améliorer ; mais au lieu de changer les choses, il ne changea que les hommes, et ses efforts n'obtinrent qu'un succès éphémère. Son œuvre tomba avec le bras qui la soutenait seul.

La destinée des grands hommes n'est-elle donc que de peser sur le genre humain, et de l'éblouir par les éclairs de leur intelligence? leur activité si brillante, si hardie, ne doit-elle produire que des résultats toujours incomplets? faut-il ne voir dans ces chefs glorieux des siècles qui les font surgir, que des fléaux stériles, ou un luxe onéreux pour les nations qui s'agitent dans leur ombre de géant?

Question capitale dans l'histoire des civilisations, et d'où sort un haut enseignement, dicté comme tous les jugemens de l'histoire, par l'éloquence des faits. Il y a dans la vie des grands hommes que leur siècle a immortalisés, deux parts bien distinctes, deux grandes époques qui contrastent: ils ont tous joué deux rôles. Le grand homme comprend mieux que tout autre les besoins de son temps, les besoins réels, actuels, les élémens nécessaires à la vie et au développement normal de la société qu'il domine mieux que tout autre; il sait s'emparer de toutes les forces sociales, et les diriger vers ce but naturel. De là, son pouvoir qu'il exerce sans rivaux, et qu'il impose à tout ce qui tente de lui faire obstacle dans sa voie; de là, sa gloire qui resplendit et fait baisser tous les fronts. C'est là ce qui fait qu'il est, dès son apparition, compris, accepté, suivi, et que tous se prétent spontanément, et concourent à l'action qu'il exerce au profit de tous. Mais il ne s'en tient point là; les besoins réels et généraux satisfaits, la pensée et la volonté du grand homme vont plus loin. Sa mission était noblement accomplie, il la dépasse; la force va faillir à l'effort : le grand homme s'efface, l'ambitieux reste. Il s'élance hors des faits actuels, il se livre avec enthousiasme à des vues qui lui sont personnelles, il veut étendre indéfiniment son action, et posséder l'avenir comme il a possédé le présent. Ici commencent l'égoïsme et le rêve dont la chute sera le réveil; pendant quelque temps encore, et sur la foi de son passé, on suit le grand homme dans la voie nouvelle qu'il veut envahir, on croit en lui, on lui obéit. Mais la comète s'éteint; il ne reste qu'une trace lumineuse et qui n'existe bientôt plus que par le souvenir. Ainsi Charlemagne, au lieu d'appliquer son génie à chercher à l'intérieur les sources du mal et du désordre, afin de les tarir, a dépensé en conquêtes, le temps et les forces qui lui avaient été confiées pour une œuvre de régénération et non d'agrandissement. Tandis qu'il créait des lois nouvelles, il laissait subsister des coutumes barbares dont l'expérience avait déjà multiplié les funestes effets. Le mal dont il sut contenir les développemens, devait éclater avec plus de violence après sa mort. Son règne et sa vie s'achevèrent par cette faute immense qui avait entretenu le feu des guerres civiles entre les rois de la première race: l'empire fut partagé de nouveau, selon l'ancienne coutume des Francs, entre les fils du défunt; Louis-le-Débonnaire et Charles-le-Chauve, incapables de créer au-dedans et de consolider des institutions nationales, restèrent sans force pour repousser au-dehors les invasions des Normands, qui ravagèrent trois fois le territoire, pillèrent deux fois Paris, et l'incendièrent en 861.

Pendant une grande partie du règne de la seconde race, après Charlemagne, Paris ne figura dans l'empire agrandi par la conquête, que comme une province; il cessa d'être la résidence des rois, la capitale d'un royaume, le centre des affaires politiques, et ne fut plus considéré que comme une simple cité. Il devint la résidence d'un comte, le chef-lieu d'un comté et du duché de France.

L'autorité des comtes de Paris, secondée par la faiblesse des rois de la seconde race, s'accrut par des usurpations progressives. Sous Charlemagne, et même sous son fils, Louis-le-Débonnaire, les comtes occupaient dans l'état un rang inférieur; ils devaient leur titre à des fonctions temporaires qui n'étaient pas irrévocables;

les souverains leur accordaient même, à ce qu'il paraît assez peu de considération, car on lit dans divers capitulaires, qu'il leur était ordonné spécialement d'être à jeun, lorsqu'ils allaient rendre la justice (*nec placitum comes habeat, nisi jejunus.* — Baluzii, *Capitul.*, tom. 1, col. 353, 393, 764, etc.)

Mais leur adresse à profiter des circonstances, les fit sortir graduellement de cet état d'abjection pour s'élever peu-à-peu jusqu'à la toute puissance, sur le tombeau de la seconde race, vers la fin du dixième siècle.

Nul n'a tracé avec plus d'éloquence que M. Guizot, la physionomie politique des deux premières races. Nous ne pouvons mieux clore cette période, qu'en reproduisant quelques traits du tableau si brillamment esquissé dans ses leçons sur l'histoire de la civilisation française.

La race mérovingienne, y est-il dit, peut être considérée sous un quadruple aspect. Elle avait en effet quatre origines, elle dérivait et se composait de quatre principes différens : sa première origine était la royauté militaire, barbare, c'est-à-dire, la suprématie d'abord mobile, accidentelle, d'un chef de guerriers; suprématie qui, bien que limitée et chancelante, devint l'une des bases sur lesquelles s'éleva la royauté, après l'invasion et l'établissement territorial. A côté de ce premier principe, il est facile d'en apercevoir un autre, tout religieux. Dans les différentes tribus ou confédérations germaniques, chez les Francs entre autres, nous trouvons certaines familles issues des anciens héros nationaux, et investies à ce titre d'un caractère religieux, et d'une prééminence héréditaire, qui devint bientôt un pouvoir. Il faut reconnaître de plus à la royauté moderne une double origine romaine. D'une part, c'est en quelque sorte un reflet de la royauté impériale, ou la souveraineté nationale personnifiée dans un seul homme ; et, d'autre part, c'est la royauté chrétienne, ou l'image de la divinité, et la représentation dans une personne humaine, de son pouvoir et de ses droits.

Telle était la royauté, du sixième au dixième siècle.

Mais à la fin du dixième siècle, un de ces quatre caractères avait complètement disparu. Les Carlovingiens ne prétendaient plus descendre des anciens héros germains ; ils ne se regardaient pas, pour ainsi dire, comme des demi-dieux ; ils ne croyaient pas être investis d'une prééminence religieuse, nationale ; ils n'étaient point, comme les Mérovingiens une famille à part, *distinguée par sa longue chevelure*. Ils ne conservaient plus que trois des principes primitifs de la royauté ; ils étaient chefs de guerriers, successeurs des empereurs romains, et représentans de la divinité. Toutefois le caractère impérial domina dans la royauté carlovingienne ; car Charlemagne avait rêvé le rétablissement de l'empire, et avait sans cesse consacré ses efforts et sa puissance à la réalisation de cette pensée gigantesque. Tant qu'il vécut les trois principes restèrent intacts ; mais après lui, ils s'altérèrent. Ses faibles successeurs perdirent peu-à-peu l'ascendant attaché au titre de chefs militaires, titre qu'ils semblèrent abdiquer. Leur trône ne s'appuya plus dès-lors que sur deux bases, le pouvoir impérial et l'influence chrétienne ; mais ces derniers soutiens devaient même bientôt leur manquer. Héritière des empereurs, et alliée du clergé chrétien, la royauté carlovingienne était dans une situation fausse et faible. L'empire de Charlemagne était démembré, le pouvoir central était détruit. Ce qui constituait essentiellement la royauté impériale, cette toute puissance, cette présence universelle, cette administration unique et partout active, avaient complètement disparu. Le clergé chrétien lui-même avait perdu une partie de son ancienne puissance. L'unité de l'église et l'unité de l'état avaient été ensevelies dans un même naufrage. Cet échec n'était que passager pour l'église ; mais, dans sa détresse elle ne pouvait venir en aide à la royauté chancelante. Miné d'ailleurs par les pouvoirs locaux qui avaient remplacé l'unité gouvernementale, et dont les besoins nouveaux ne pouvaient être satisfaits par la royauté ancienne, le trône des Carlovingiens devait s'écrouler, par sa nature, son titre, ses habitudes, ses souvenirs. La royauté des successeurs de Charlemagne était antipathique au régime féodal : vaincue par lui elle l'accusait et l'inquiétait encore par sa présence : elle devait disparaître.

C'est alors que Hugues Capet, comte de Paris, duc de France, abbé de Saint-Germain-des-Prés, abbé de Saint-Martin de Tours, abbé de Saint-Denis près de Paris, s'empara du trône en 987. Son élévation n'alarma point les seigneurs féodaux, parce que le titre de roi, en passant sur sa tête, perdit ce qu'il avait encore pour eux d'hostile et de suspect. Hugues, le comte de Paris, n'était point dans la même situation que les successeurs de Charlemagne ; ses ancêtres n'avaient point été rois, ni empereurs, ni souverains de tout le territoire ; il était l'un d'entre eux, sorti de leurs rangs, jusque-là leur égal ; le nom de roi pouvait leur déplaire, mais non leur porter sérieusement ombrage. Ce qui les effrayait dans la royauté carlovingienne, c'étaient ses souvenirs, son passé.

Hugues Capet n'avait, lui, ni souvenirs, ni passé : —

c'était un roi parvenu, en harmonie avec la société renouvelée.

Dans sa personne s'opéra une révolution importante : la monarchie élective devint héréditaire. Les pompes religieuses du sacre remplacèrent l'élection politique. Seulement le souvenir de ce droit public se perpétuait dans une des formules du sacre : on y demandait au peuple présent s'il consentait à recevoir le nouveau souverain. — Il faut ajouter que la même formule répondait aussi pour le peuple.

L'hérédité mâle constituée dans la troisième race fut le principe générateur de la monarchie absolue.

Chapitre troisième.

Commerce de Paris avant Hugues Capet. — Féodalité, berceau du moyen âge. — Aspect de Paris jusqu'à la fin du règne de Philippe-Auguste.

> Je ne puis ici qu'indiqeur les travaux sans les décrire ; tant de considérations élevées se pressent dans mon âme, en perspective d'un avenir possible, dont les résultats me dominent, que je ne trouve pas le moment de me livrer à ces considérations graphiques qui doivent les préposer.
>
> AUGUSTE DE GASPARIN.

Une compagnie de marchands (*nautae parisiaci*), parmi lesquels figuraient des Juifs, des Syriens, des hommes du midi de la Gaule, avait formé sous la domination romaine le commerce de Paris, et se maintint sans obstacle sous les Francs. La navigation commode sur la Seine favorisait les relations de cette industrie dont les produits se composaient en grande partie d'objets de luxe, tels que riches vêtemens, armes de prix, et bijoux de toute sorte, dont les barbares se montraient fort curieux.

Les désordres qui accompagnèrent les invasions du cinquième siècle durent causer d'abord de grandes pertes aux marchands; un peu plus tard, lorsque le calme se rétablit, et que l'état politique parut se consolider, le commerce des mêmes produits revint avec les goûts du luxe. Quelques-uns des marchands de Paris amassèrent une fortune considérable. Grégoire de Tours nous apprend qu'un Juif, nommé Salomon, devint l'intendant général des revenus du fisc sous le roi Dagobert. Un Syrien nommé Eusèbe acquit assez de richesses pour *acheter* l'épiscopat, et fut en 591 le successeur de Ragnemode, évêque de Paris (*lib.* 10, *cap.* 26).

Les guerres civiles et les brigandages qui désolèrent la Gaule sous le règne de la première race exposèrent les marchands à une foule de périls. Les transports se faisaient par eau. Sur mer, ils avaient à redouter les pirates, et la navigation de la Seine était sans cesse menacée par les riverains; des bandes organisées, et sous les ordres de chefs francs des plus illustres familles, parcouraient les routes à main armée, vivant de pillage, et ne reculant devant aucun excès pour assouvir leur cupidité.

Ajoutez à ces dangers de tous les instans, les exactions des agens du fisc, les péages, les avanies, les énormes contributions qui grevaient les marchandises, avant qu'elles fussent emmagasinées dans Paris. Le roi Dagobert en 629 avait fondé un marché, au lieu nommé le Petit-Pas ou le Petit-Pont de Saint-Martin (*pacellus Sancti Martini*), non loin de l'endroit où se trouve la porte actuelle de Saint-Martin, et sur un ruisseau qui descendait autrefois de Ménilmontant; ruisseau tari par l'exploitation des carrières, et dont le lit servait et sert encore d'égout dans cette partie de Paris; il est aujourd'hui couvert par une voûte, et porte le nom de grand égout. Le marché fondé par Dagobert était le seul où les marchands parisiens eussent le droit d'étaler leurs marchandises; le seul aussi où il fût permis au commerce étranger de se rendre, en payant de gros droits dont le revenu était cédé à l'abbaye de Saint-Denis.

Le commerce extérieur consistait en objets de luxe, bijoux, ornemens, armes, baudriers ou ceintures, garnis d'or et de pierreries; — et en objets utiles, vins, huile, miel, garance, etc. Les étoffes destinées aux vêtemens se confectionnaient dans le pays. Les rois et les hommes puissans avaient chez eux des fabriques, où des femmes esclaves filaient et tissaient le lin et la laine. C'étaient les gynécées des Romains que les Francs trouvèrent établis dans la Gaule, et dont ils conservèrent l'usage (Ducange, *Glossaire,* au mot *Gynecaeum*).

Le papyrus était la matière employée pour écrire ; on l'importait d'Egypte par Marseille.

Après la mort de Charlemagne, le commerce qui s'était soutenu malgré les entraves du fisc, fut détruit par les ravages des Normands. Les annales de Saint-Bertin (*ad annum* 861) rapportent que ces barbares après avoir, en 861, incendié l'abbaye de Saint-Germain-des-Prés, mirent en fuite les négocians et les navigateurs sur la Seine.

Depuis cette époque jusqu'au XIIIe siècle, on ne trouve plus de vestiges d'un commerce régulièrement établi. Les Juifs restèrent encore à Paris ; les marchands Syriens l'abandonnèrent pour toujours.

Sous le règne de Philippe-Auguste, qui prépara par de si grandes choses Paris et la France au beau siècle dont Louis IX devait être le chef, il existait à Paris une association nommée *Hanse* parisienne, liguée contre les déprédations des seigneurs. Cette hanse jouissait de quelques privilèges dont les avantages pouvaient être partagés par les marchands d'un autre pays qui s'y faisaient associer, ou qui, selon l'expression du temps étaient *hansés* ; mais ces privilèges n'excluaient pas de la liberté de commercer par eau, les marchands étrangers à la hanse parisienne; nous en trouvons un exemple dans le recueil des ordonnances du Louvre (tome XI, page 290). — Une querelle d'intérêt s'étant élevée entre les marchands de Bourgogne et les marchands *hansés* de Paris, au sujet des limites contestées de leurs privilèges respectifs, Philippe-Auguste intervint et les mit d'accord; des lettres datées de 1204 et signées de ce prince, attribuent aux marchands bourguignons ou autres, le droit de commercer par eau, sans être hansés avec ceux de Paris; ce droit est borné à certaines localités, qu'il leur est interdit de franchir sous peine d'amende.

Les marchands de la hanse parisienne comprirent la nécessité de construire à Paris un port destiné au débarquement et au dépôt de leurs marchandises. Pour subvenir aux frais de ces travaux, ils sollicitèrent l'autorisation de lever, pendant un an, sur diverses marchandises, les contributions suivantes : — sur chaque bateau de vins, chargé à Paris sous le Pont, deux sous; sur chaque bateau de vin, descendant à Paris, cinq sous ; — sur chaque bateau de sel, qui monterait à Paris, cinq sous ;—sur chaque bateau de harengs, cinq sous; — de merrain, trois sous; - de bois, douze deniers; — de foin, deux deniers; — et de blé, trois deniers (*Ordonn. du Louvre*, tome xi, page 3o3).

Cette hanse de marchands aspirait comme toute autre corporation à exercer une part d'autorité; elle acheta en 1220 de Philippe-Auguste, moyennant une rente annuelle de trois cent vingt livres, les *criages* de Paris ou le droit de crier l'arrivée des marchandises à vendre dans cette ville; ainsi que le droit de placer ou de déplacer les crieurs, et de régler les mesures ; elle acquit de plus la propriété d'un emplacement qui faisait partie de la ferme des criages. La même transaction lui céda la *petite justice* et les lots, et ventes, excepté les amendes pour fausse monnaie, et la juridiction en matière criminelle, dont le roi se réserva l'exercice.

Voilà la première puissance acquise par la corporation des marchands de Paris. Quoique faible encore elle commençait sa fortune, et devait dans la suite acquérir un vaste développement.

Nous en examinerons plus tard, avec détails, la situation curieuse pendant le xiiie siècle, cette belle époque du moyen âge dont saint Louis est la plus imposante figure; car, dit Châteaubriand, chaque époque historique a un homme qui la représente, et saint Louis fut l'homme modèle du moyen âge. Soit qu'il combatte sur le pont de Taillebourg ou à la Massoure; soit que dans une bibliothèque il rende compte de la matière d'un livre à ceux qui le viennent demander ; soit qu'il donne des audiences publiques, ou juge des différends aux *Plaids* de la Porte et sous le chêne de Vincennes, sans huissiers et sans gardes; soit que des princes étrangers le choisissent pour arbitre, soit qu'il meure sur les ruines de Carthage, partout il commande l'admiration.

II.

Le premier des Capétiens, observe M. Guizot, arriva d'autant plus facilement au trône, que la race carlovingienne, ainsi que nous l'avons prouvé, n'était plus en harmonie avec le nouvel état et les nouveaux pouvoirs de la société; sorti d'ailleurs du rang des seigneurs féodaux, il devait porter moins d'ombrage à ceux dont il avait été l'égal, puisqu'en lui se trouvait en quelque sorte personnifié le triomphe de la féodalité sur le pouvoir royal.

Cependant il rencontra tout d'abord un premier obstacle, ce fut le principe de la légitimité; ce principe lui suscita quelques difficultés, mais qui ne furent ni longues, ni sérieuses. Ce qui était beaucoup plus grave et plus embarrassant, était de trouver une base solide pour soutenir le pouvoir nouveau.

Roi parvenu, Hugues Capet ne pouvait se dire ni le descendant des anciens héros germains, ni le successeur des empereurs romains; sa royauté était d'origine nouvelle, elle datait de lui; il lui fallait un nouvel appui. Il rechercha d'abord l'alliance du clergé ; c'est pourquoi il combla de faveurs et de richesses les ecclésiastiques, leur prodigua sans mesure les donations et les privilèges. Ce fut donc sur la base chrétienne que s'affermit la royauté des Capétiens; et quoiqu'on ait exagéré l'insignifiance des rois Robert, Henri Ier et Philippe Ier, c'est à cette servilité envers le clergé que la plupart des historiens modernes, et entre autres M. de Sismondi, attribuent l'inertie et la mollesse de ces princes. En vain, autour d'eux, l'esprit guerrier se développait, en vain s'agitaient la féodalité et la chevalerie, ils étaient les *rois des prêtres*, soutenus et gouvernés par leur influence.

Louis-le-Gros changea cet état de choses; il comprit

que la royauté devait prendre une autre attitude, et se conquérir une position plus indépendante; la féodalité commençait à mesurer la royauté sortie de son sein : il songea à la défendre et à la faire respecter. Pour arriver à ce but, il fallut, non pas attaquer de front les seigneurs féodaux dans leurs droits, mais placer le pouvoir royal au-dessus des autres pouvoirs, et le faire accepter comme médiateur et comme pondérateur entre tous les autres. Ce fut à cette tâche que se livra Louis VI, sans peut-être la définir bien exactement, sans se formuler à l'avance, un système bien arrêté; mais en devinant, comme par instinct, que c'était là le besoin de l'époque. Aussi le caractère religieux commence-t-il un peu à s'effacer sous son règne; l'influence du clergé diminue : le roi est l'ami de l'église, mais il n'en est plus le vassal; et Louis-le-Gros avait si bien compris en cela l'esprit de son siècle, que le pouvoir royal suivit cette route nouvelle, sous le règne de son fils, prince faible et indolent, et même entre les mains de l'abbé Suger, qui pendant la longue croisade de Louis VII, porta vraiment tout le poids de la couronne.

A compter de cette époque, il n'y a plus en France ni de royauté impériale, telle que la rêvait Charlemagne, ni de royauté ecclésiastique, telle que la voulait le clergé. Il y a un pouvoir public, distinct, indépendant; toutefois ce pouvoir est à sa naissance, il faut qu'il grandisse et se fortifie. C'est un germe qui n'a pas encore poussé de profondes racines et que le moindre accident peut étouffer. Mais il se développa sous Philippe-Auguste, et ne tarda pas à porter ses fruits.

Philippe II, surnommé *Dieudonné*, puis *Auguste*, monta sur le trône en 1180.

Les monumens historiques sont moins rares pendant cette période. Les établissemens d'utilité publique se multiplièrent et nous ont gardé des souvenirs. Philippe-Auguste embellit et fortifia Paris. Il bâtit le Louvre, qui n'était dans l'origine qu'une forteresse ou grosse tour élevée hors de Paris, et que les lettres et ordonnances du temps, appellent *Lupara prope Parisios*.

On ignore l'époque précise de cette construction mais on a la preuve écrite qu'elle était achevée en 1204. Le Louvre eut comme la plupart des châteaux de ce temps, une triple destination; il servit de résidence aux rois, de forteresse et de prison d'état. Il reçut aussi le dépôt des trésors de la couronne; Louis VIII, dans son testament de l'an 1225, parle de la tour du Louvre, laquelle contenait, dit-il, son or, son argent, etc. (*Ordonnances des Rois*, tome xi, page 324).

Nous avons tracé dans le deuxième chapitre de cette introduction, les lignes occupées par les diverses enceintes élevées autour de Paris à des époques successives; celle qui fut érigée par Philippe-Auguste donna à cette ville une extension qu'elle n'avait jamais eue. Mais les dépenses qu'elle occasiona ne furent point supportées par le trésor royal. Philippe, avant de partir pour la croisade en 1188, avait ordonné aux bourgeois de Paris, de faire, sans délai, travailler à une enceinte de la ville, composée d'une muraille solide garnie de tourelles et de portes. L'espace renfermé entre les murs d'enceinte et les maisons se composait, en grande partie, de champs en culture, de vignes, de prés et d'enclos.

Les premières écoles de quelque importance qui furent fondées à Paris sont dues au règne de Louis-le-Gros. L'ignorance à cette époque était profonde, ses ténèbres depuis plus de trois siècles n'avaient pas été sondées par un rayon de lumière; les monumens du génie des anciens, cachés au fond de quelques monastères, n'étaient accessibles qu'à un très petit nombre d'hommes; presque toutes les parties de la population occupées à s'attaquer, à se défendre sans cesse contre des brigandages continuels, désolées par des famines fréquentes, et des épidémies plus redoutables encore, ne pouvaient guère songer à l'étude ; mais vers la fin du xi⁰ siècle, des circonstances fortuites firent jaillir quelques lueurs de savoir, faibles, incertaines, et souvent fausses.

Les églises cathédrales et les monastères étaient ordinairement pourvus d'écoles, consacrées uniquement à l'instruction de ceux qui se destinaient à l'état ecclésiastique. Les plus connues sont celles de l'Église Épiscopale, de Saint-Germain-des-Prés, de Sainte-Geneviève, de Saint-Victor. On y enseignait la rhétorique et la théologie.

Outre ces écoles générales, il y en eut d'autres particulières. En 1118, Pierre Abélard fondait à Paris sa renommée de savant, aussi grande que fut celle de ses malheureuses amours. Il enseignait la dialectique à un auditoire immense, et eut la gloire de voir plus de cinquante de ses écoliers parvenir aux premières dignités de l'église : l'un deux fut pape sous le nom de Célestin II, tandis que le maître allait mourir dans une abbaye obscure de Bretagne. — On peut dire sans exagération que Pierre Abélard fut un homme extraordinaire, eu égard au temps où il vécut. Ses disciples conservèrent et propagèrent sa méthode ; et après lui, c'est-à-dire au xii⁰ siècle, le nombre des écoliers attirés dans Paris surpassa celui des habitans.

Ce fut la première conquête véritable de la civilisation sur la barbarie.

Nous devons passer rapidement sur les premiers temps de l'histoire de la troisième race, parce que l'histoire physique de Paris y offre un tableau de longues souffrances que les chroniqueurs de l'époque attribuaient à des comètes, ou à d'autres causes fantastiques, mais qui ne furent en réalité que les déplorables résultats des guerres continuelles, et des désordres qui bouleversaient l'état sans relâche. De 987 à 994, diverses famines accompagnées ou suivies de pestes, font périr dans Paris plus de cinquante mille habitans. En 1003 la mortalité reparaît et ne cesse qu'en 1008. Les hommes furent réduits alors, dit Raoul Glaber (*Recueil des Historiens de France*, tome x, pages 21 et 229), à se nourrir de reptiles, d'animaux immondes ; et, ce qui est plus horrible encore, à se nourrir de la chair des hommes, des femmes et des enfans ; de jeunes garçons dévorèrent leurs mères, et les mères, étouffant tout sentiment naturel, dévoraient leurs enfans.—De 1010 à 1014, les mêmes malheurs se renouvelèrent ; de 1021 à 1029, la contagion se répandit sur toute la surface de la France.

En 1031 (*Recueil des Historiens de France*, tome x,

pag. 216, 276, 284; et tome xii, pag. 795), les habitans de Paris furent réduits à manger des chiens, des souris; les hommes forcés de se nourrir de charognes, de cadavres, de racines des forêts, d'herbes des rivières, ne tardèrent pas à mourir.... Ceux qui survécurent à cet affreux état se portèrent, dit un autre écrivain, aux excès les plus révoltans; on arrêtait les voyageurs sur les routes, on les égorgeait; on se partageait leurs membres que l'on faisait cuire pour assouvir une faim devenue furieuse. Les personnes qui s'expatriaient pour aller chercher au loin un asile contre tant de maux, étaient massacrées pendant la nuit dans les hôtelleries où elles recevaient l'hospitalité. Plusieurs attiraient par de petits présens les enfans de leurs voisins; et si ces enfans se laissaient prendre à ce piège, ils étaient tués aussitôt pour servir de nourriture. La rage produite par la famine était arrivée à ce point, qu'on trouvait plus de sûreté dans un désert, au milieu des bêtes fauves, que dans la société des hommes. On mit en vente, au marché de Tournus, de la chair humaine cuite!...

La plume se refuse à continuer de si effrayans tableaux.

La chronique de Verdun (*bibliotheca Labbei*, tom. 1, pag. 182, 183) raconte les mêmes faits.

En 1035, la famine et l'épidémie recommencèrent leurs ravages jusqu'en 1042; en 1045 et 1046; de 1053 à 1058; de 1059 à 1065, le fléau dévora des milliers de victimes.

Ainsi pendant un espace d'environ soixante-treize ans que remplirent les règnes de Hugues Capet, Robert et Henri I*er*, on compte quarante-huit années de famine ou d'épidémie.

Sous les règnes suivans, de Philippe I*er*, de Louis VI et de Louis VII, — c'est-à-dire pendant cent vingt ans, les chroniques comptent encore trente-trois années de famine.

Louis VI fut le premier des princes de la troisième race qui ait essayé avec quelque succès d'étendre les prérogatives de la couronne, et de réprimer les excès des vassaux. C'est de son règne que datent, ainsi que nous l'avons dit plus haut, les premiers établissemens qui servirent d'asile aux lettres presque ignorées. L'école épiscopale s'ouvrit dans le cloître de Notre-Dame, et les rois eux-mêmes ne dédaignèrent point d'y envoyer leurs enfans, pour y apprendre la grammaire, et tout ce qu'il était possible alors de recevoir d'instruction sur les diverses branches des connaissances humaines.

Des monumens religieux s'élevèrent dans la cité,

tels que les églises de Saint-Pierre-aux-Bœufs, Sainte-Geneviève-des-Ardens, Saint-Denis-du-Pas, la chapelle Saint-Agnan ; au nord, Saint-Jacques-de-la-Boucherie, l'église des Saints-Innocens ; la chapelle Saint-Bon, Saint-Nicolas-des-Champs ; au midi la petite église de Saint-Martin ; et ces édifices consacrés à la piété, si rapidement construits, attestèrent le calme dont Paris commençait à jouir, et la renaissance de sa population décimée tant de fois par les fléaux qui avaient frappé les règnes précédens.

Des fortifications plus régulières remplacent aussi à cette époque, sous le nom de grand et petit Châtelet, les remparts trop faibles qui avaient jusqu'alors entouré la Cité ; la première enceinte de Paris qui existait en dehors de la Cité, et qui protégeait la ville au nord, tandis que le midi était encore couvert de bourgs et de cultures, se trouve terminée.

L'administration vigoureuse de l'abbé Suger, qui gouverna la France sous Louis-le-Gros et sous son fils Louis VII, est encore une des choses notables de cette époque. Suger, simple moine de Saint-Denis, dit le président Hénault, en était devenu abbé par ses grands talens. Louis-le-Gros avait été élevé dans cette abbaye ; ce fut là que Suger fut connu de lui, et ce qui donna occasion au prince devenu roi, de se souvenir du religieux de Saint-Denis pour l'appeler dans la suite auprès de lui, et lui confier le maniement des plus grandes affaires. C'est l'abbé Suger qui a construit l'église de Saint-Denis, telle que nous la possédons encore aujourd'hui, à l'exception du portail et des deux tours qui l'accompagnent, monument vénérable de l'ancienne église fondée par Dagobert, continuée par Pépin et Charlemagne. Un fait qui honore également la mémoire de Suger, c'est qu'on croit, avec beaucoup de vraisemblance, que le projet de la compilation des grands travaux historiques, connu sous le nom de Chroniques de Saint-Denis, fut l'ouvrage de ce célèbre ministre.

Louis VII, au retour de la seconde croisade, trouva son royaume tranquille et florissant. L'ambition turbulente des seigneurs avait été comprimée par la main ferme de Suger. Sous ce règne, le roi s'efface derrière le ministre. Il fut heureux pour la France que Philippe-Auguste succédât à Suger ; car, outre les conquêtes qui l'ont illustré, on peut le regarder en quelque sorte comme le second fondateur de Paris.

Une des singularités de son gouvernement, fut de persécuter tour-à-tour et de rappeler autour de lui les Juifs. — Les rois de la première race les avaient déjà trouvés établis à Paris, et exerçant ouvertement l'usure. Un édit de Dagobert, de l'an 633, les fit sortir de France ; on les y voit reparaître sous Charles-le-Chauve, et le concile de Paris de 850, renouvela toutes les lois de police portées précédemment contre eux. En 1096, Philippe Ier, et tous les souverains de l'Europe, les chassèrent de nouveau de leurs états ; mais ils y rentrèrent peu d'années après, sous des conditions qui, en garantissant davantage leur sûreté, aggravèrent le poids de leur servitude. Ils se rendirent tributaires du prince, qui les partagea, comme un bétail, entre les grands seigneurs de sa cour ; de même que les serfs ils firent partie de leur héritage, et demeuraient attachés à la glèbe. Ils continuèrent ainsi leur trafic, et les choses, dit le commissaire Delamarre, demeurèrent en cet état, sous les règnes de Louis-le-Gros et de Louis VII.

Philippe-Auguste irrité contre eux par les récits faux et vrais qu'on lui avait faits des usures et des profanations auxquelles ils se livraient, les chassa, en confisquant tous leurs biens immeubles, et déchargea tous ses sujets des obligations qu'ils avaient contractées envers ces malheureux. Action injuste, contraire au droit naturel, et par conséquent à la religion ; c'est ainsi qu'elle fut jugée par Grégoire-le-Grand, un des plus illustres pontifes qui se soient assis sur la chaire de Saint-Pierre.

Les Juifs habitaient, sous le règne de Philippe-Auguste, une rue dans la Cité qui de leur nom s'est appelée rue de la Juiverie, et quelques ruelles adjacentes; c'est dans ce quartier qu'on les trouve groupés dès les temps les plus reculés de l'histoire de Paris. Mais ils en avaient été chassés et n'y étaient revenus que depuis peu, car sous Louis-le-Gros et Louis VII, on les voit relégués hors de la ville, dans un lieu appelé Champeaux. De petites maisons, hautes et mal construites, y avaient été bâties exprès pour eux, et composaient un certain nombre de rues étroites, tortueuses et obscures qui étaient fermées de portes de tous les côtés. Ce sont aujourd'hui les rues de la Poterie, de la Friperie, de la Chaussetterie, de Jean-de-Bausse et de la Cordonnerie. Quelques-unes n'existent plus, grâce aux travaux d'assainissement qui se poursuivent avec activité dans toutes les directions.

Toutefois, Philippe-Auguste ne tarda pas à rappeler les Juifs, comme l'avaient fait ses prédécesseurs; le besoin qu'il avait d'argent pour soutenir la guerre contre les Flamands et les Anglais, fut un prétexte excellent pour justifier ce rappel que les Juifs sollicitaient, offrant de l'acheter au prix de sommes très considérables. Ils rentrèrent dans Paris, et leur condition fut plus heureuse, parce qu'on leur permit d'acquérir le droit de se fixer partout où ils voudraient, excepté dans le milieu de la ville.

Quelques-uns allèrent demeurer derrière le lieu qui est aujourd'hui le Petit-Saint-Antoine; d'autres dans le cul-de-sac de la rue de la Tisseranderie, d'autres à la montagne de Sainte-Geneviève. Ils se logèrent aussi rue des Lombards, rue Quinquampoix, et rue des Jardins qui est actuellement la rue des Billettes. La rue de la Harpe et la rue Saint-Bon en furent tellement remplies que, dans le grand Pastoral de l'église de Paris, on trouve ces deux rues désignées sous le nom de *Juiverie*. Il n'y eut que les artisans et les plus pauvres d'entre eux qui retournèrent dans leur ancienne demeure de Champeaux.

La police de Paris était dans un grand désordre; la surveillance et la sûreté de la ville n'étaient confiées qu'à un seul magistrat : c'était la continuation du vieil usage romain. L'empereur Auguste avait établi dans Rome un préfet (*præfectus urbis*); cette institution passa ensuite, par une loi expresse, dans toutes les provinces de l'empire. Les ordonnances des premiers rois francs sont remplies de dispositions qui font connaître que les comtes ou premiers magistrats de chaque ville étaient seuls chargés de ces importantes fonctions. Aussi voit-on le prévôt de Paris, qui était entré dans tous les droits des anciens comtes, chargé d'abord de la police entière de cette capitale; et jusqu'au règne de Philippe-Auguste, la ville étant encore renfermée dans ses anciennes limites, et tout son terrain appartenant au domaine du roi, la justice n'avait point cessé d'y être rendue en son nom. Mais depuis la nouvelle enceinte, plusieurs portions de territoire ayant été enclavées dans la ville, les seigneurs qui y avaient droit de justice réclamèrent aussitôt la conservation de leur privilège, et l'on ne put alors les en priver. Les terrains enfermés par la nouvelle muraille étaient les bourgs de Saint-Germain-l'Auxerrois, appartenant à l'évêque de Paris; une partie du Bourg-l'Abbé, dépendant de l'abbaye de Saint-Germain-des-Champs; tout le Beau-Bourg, qui était sur les terres du Temple; le bourg Thiboust, dont était propriétaire une famille parisienne de ce nom; toute la terre ou le bourg de Saint-Eloi; tout le bourg de Sainte-Geneviève; une partie du bourg de Saint-Germain-des-Prés; et la plus grande partie des terres, des vignes et des prés, qui étaient dans la dépendance des seigneurs de ces bourgs, et les avaient jusqu'alors séparés de la ville.

Le maintien des juridictions particulières exercées par ces seigneurs, priva cette partie de l'administration publique de toute sa force en divisant son unité. Aussi Paris était-il au dire des auteurs du temps, une ville si peu sûre, que le séjour en devenait ruineux et insupportable.

Philippe-Auguste créa les sergens d'armes, qu'on peut regarder comme la première garde dont s'entourèrent les rois de la troisième race. Ces sergens d'armes étaient des gentilshommes armés de massues d'airain, d'arcs et de carquois garnis de flèches. Ils ne devaient jamais quitter le prince, ni laisser approcher de sa personne aucun inconnu. Dans la suite, on les employa aussi à porter les ordres du roi, lorsqu'il voulait faire paraître quelqu'un en sa présence. Leur office était à vie, et ils n'avaient d'autre juge que le roi lui-même, ou le connétable.

Remarquons en passant que le connétable ou *comte des écuries (comes stabuli)*, qui sous la deuxième race ne marchait qu'après le comte du palais, devint le premier dignitaire de l'état, sous les rois de la troisième.

Philippe-Auguste institua aussi les *Ribauds*, espèce

de soldats déterminés, et plutôt aventuriers que soldats, que l'on sacrifiait à la tête des assauts, et dont on se servait dans toutes les occasions où il fallait déployer de l'audace et faire un coup de main. Le libertinage outré auquel ils se livrèrent impunément a rendu dans la suite leur nom honteux et infâme. Les Ribauds avaient un chef qu'ils appelaient *roi*, suivant un usage qui existait encore de donner ce titre à tous ceux qui avaient quelque espèce de commandement. Ce chef était l'intendant, le régisseur de tous les jeux de hasard ou autres qui se jouaient pendant les voyages du prince et de sa cour. Il levait un impôt fixe sur tous les mauvais lieux; chaque femme convaincue d'adultère lui devait cinq sous. Le nom de *roi* des Ribauds fut supprimé sous le règne de Charles VII, mais l'office resta, et ses fonctions furent transportées au grand prévôt, charge qui a subsisté jusqu'au XVIe siècle.

III.

Avec la troisième race, dit Chateaubriand, dans la savante préface de ses Études historiques, se constitue la féodalité, et sous le règne de Philippe Ier, paraît le moyen âge dans l'énergie de sa jeunesse: — l'âme toute religieuse, le corps tout barbare, l'esprit aussi vigoureux que le bras.

L'hérédité et le droit de primogéniture s'établissent dans la personne de Hugues Capet par la cérémonie du sacre. Le sacre ou l'élection religieuse a usurpé l'élection politique; les Francs, à partir de cette époque, furent définitivement appelés du nom de Français.

Dans la monarchie féodale, c'est le titre qui convient à celle des premiers princes de la troisième race, il n'y avait que des nobles et des esclaves. C'était une aristocratie isolée; car au-dessous d'elle il n'y avait point de peuple, il n'y avait point de sujets, mais des serfs. Le nom de *peuple* n'est point employé par les chroniqueurs de cette époque, parce qu'en réalité il n'existait point alors. Le peuple commence à naître sous le règne de Louis-le-Gros, dans les villes par les bourgeois, dans les campagnes par les serfs affranchis, et par la recomposition successive de la petite et de la moyenne propriété.

Vainement chercherait-on dans la féodalité un régime politique régulier; aucune époque du moyen âge ne nous montre cet état de choses constitué sur des bases complètes, existant tout entier et sans aucune trace d'altération. Enfanté par une longue série de concessions et d'usurpations, fondé par la violence dans des siècles d'ignorance et d'anarchie, le droit féodal n'a pu d'abord subsister que par la force; ce ne fut qu'à la longue qu'il put se constituer et recevoir en quelque sorte la sanction du temps; mais alors il s'était déjà modifié singulièrement.

La plus belle époque de la féodalité fut le xie siècle, après la chute des dernières entraves qui gênaient sa croissance, et avant que le pouvoir royal n'eût commencé de saper ses fondemens. Lorsque Hugues Capet monta sur le trône, la haute justice et l'administration morcelées étaient descendues par lambeaux jusqu'aux plus petits possesseurs de fiefs, dont chacun reconnaissait avant tout son suzerain, quand il se voyait forcé de reconnaître quelque autorité; et, remarquons-le bien, ce n'était là le résultat d'aucune combinaison politique ; c'était tout simplement le triomphe universel de la force sur la faiblesse. Les grands barons avaient atteint le plus haut degré possible de pouvoir; non-seulement ils guerroyaient entre eux, mais ils n'hésitaient même point à s'insurger contre le pouvoir royal; car le roi n'était à leurs yeux qu'un suzerain. Il y avait bien un droit d'hommage, trop souvent vaine formalité, qu'ils lui redevaient comme relevant de lui. Mais Hugues Capet, et ses premiers successeurs, rois féodaux élevés sur le trône pour maintenir l'équilibre entre les principaux vassaux, ne pouvaient faire reconnaître leur autorité que par ceux qui y trouvaient intérêt, ou par les moins puissans. Au xie siècle, la féodalité exista donc dans toute la plénitude de sa vigueur ; mais elle ne forma pas un corps, une confédération réelle; car pour arriver à cette union, seul principe d'une force durable, il faudra la démolir pièce à pièce : chaque pas vers la civilisation sera un coup mortel porté au régime féodal.

Les croisades offrirent aux rois de France la première occasion d'étendre leur pouvoir; les préparatifs de ces expéditions gigantesques créées par le fanatisme religieux, contraignirent les croisés à des dépenses excessives; les emprunts ne pouvaient se faire sans donner des gages; dans leur enthousiasme aveugle, beaucoup de nobles engagèrent à des voisins mieux avisés de vastes propriétés, et souvent même leurs fiefs tout entiers, pour de modiques sommes. Il y eut alors, sans faire la part des usurpations, plus d'une contrée qui changea de maître; bien des croisés trouvèrent une tombe au lieu de la gloire qu'ils étaient allés chercher en Orient; les autres revinrent les mains vides, et incapables de payer leurs dettes; quelques-uns devinrent misérables, ou n'eurent d'autre ressource que de mendier un asile aux monastères.

Le roi Philippe Ier, qui ne s'était pas croisé, profita de ces circonstances pour augmenter son domaine. Pendant ce temps, son fils Louis-le-Gros prenait les armes pour réduire les vassaux mutinés ; trop faible encore pour attaquer les plus puissans, il se contentait de soumettre ceux qui ne pouvaient offrir qu'une courte résistance. Louis-le-Jeune eût peut-être, après lui, fait faire un grand pas à la domination royale, s'il ne s'était engagé dans la croisade prêchée par saint Bernard.

Cependant Louis-le-Gros, aidé par la marche du temps, avait ravivé une vieille institution romaine, tout-à-fait opposée à l'esprit de la féodalité. Depuis plusieurs siècles, les villes étaient tombées dans un état de servitude peu différent de celui des bourgades seigneuriales ; à peine restait-il quelques vestiges des anciennes franchises. Louis-le-Gros octroya à plusieurs villes de ses domaines des chartes de communauté, contenant des privilèges qui les délivraient de tout assujétissement féodal ; ces privilèges leur donnaient le droit de se constituer en corps politique, et d'élire des magistrats de leur choix. Ils établissaient aussi des milices communales, qui donnèrent au roi un corps de troupes indépendant de ses vassaux. A la vérité, ces troupes, composées généralement de fantassins, n'étaient pas une bien forte ressource à cette époque, mais c'était déjà un progrès dont l'avenir allait s'emparer.

La brèche était ouverte ; une nouvelle puissance se

jetait au travers de la féodalité qui doit dater sa décadence du jour où les communes furent affranchies. A l'exemple de Louis-le-Gros, des ducs et des comtes ne tardèrent pas à accorder des immunités à quelques parties de leurs domaines. Ce n'était pas leur intérêt d'agir de la sorte, mais toutes ces concessions se faisaient à prix d'argent; chez les uns l'épuisement causé par la croisade, et la cupidité chez les autres, triomphaient de toute considération politique. Quelques cités importantes, apprenant à connaître leurs propres forces, montrèrent bientôt qu'elles sauraient conquérir ce qu'on serait disposé à leur refuser.

L'esprit de liberté soufflait de loin sur la terre de France; le pouvoir cédait graduellement à l'opinion publique, qui commençait à se révéler ; les immunités se multiplièrent. Tandis que certaines villes se constituaient déjà comme des états séparés, les autres ne possédaient encore que les droits de simple administration municipale ; toutefois l'élection de magistrats populaires frappait de langueur l'aristocratie.

Le génie de Philippe-Auguste profita de ce qu'avait ébauché Louis-le-Gros. La création de troupes à sa solde particulière, et celles des baillis et des sénéchaux royaux furent deux conquêtes importantes sur la féodalité.

Ces baillis ou sénéchaux remplacèrent les ducs et les comtes; investis du même pouvoir, au lieu d'être comme eux de petits souverains héréditaires, ce n'était plus que de simples officiers, révocables à la volonté du roi. Philippe-Auguste revenait habilement au gouvernement absolu des rois de la première race. Pour empêcher que les baillis et les sénéchaux ne se fissent plus tard indépendans, la loi qui les avait créés contenait de rigoureuses précautions; nul ne pouvait occuper cette charge dans la province où il était né, ni se marier ou acquérir un héritage dans celle qu'il avait administrée. Il était tenu d'y demeurer quarante jours après sa révocation ou l'expiration de ses pouvoirs, afin de répondre aux plaintes qui pourraient s'élever contre lui. A mesure que des territoires ou des villes furent réunis à la couronne, des baillis ou sénéchaux y remplacèrent les vassaux. Aucun duché ou comté ne fut plus séparé du domaine royal que pour former l'apanage des princes de la famille souveraine. Les baillis jugeaient en dernier ressort, et s'efforçaient de revendiquer la connaissance des cas appelés royaux dans les terres des hauts barons voisins, et de s'approprier le dernier ressort des causes jugées par ces seigneurs; mais à mesure que leur autorité s'étendit, ils en abusèrent et soulevèrent contre eux tant de plaintes que vers la fin du xiii⁰ siècle, Philippe-le-Bel en prit occasion d'établir un Parlement sédentaire à Paris, lequel devait s'assembler deux fois par an, aux octaves de Pâques et de la Toussaint.

Le Parlement de Paris fut un des leviers les plus forts qui servirent à renverser le pouvoir féodal. La noblesse d'épée s'altérait. De l'engagement des fiefs à leur aliénation, il n'y avait qu'un pas; ce pas fut franchi. Dès le temps de Louis IX, plusieurs étaient devenus la propriété de roturiers. Il est vrai que ces derniers n'en acquéraient aucune qualité ; on distinguait par le nom de *francs fiefs*, ceux dont les propriétaires étaient ainsi exempts, comme inhabiles, du service militaire, et payaient en échange un impôt. Néanmoins il est aisé de comprendre combien cet usage, un fois introduit et multiplié, dut amener d'anoblissemens, au moins de fait ; cela explique aussi les progrès rapides de la bourgeoisie, qui commença, sous Philippe-le-Bel, à faire partie des états généraux. Vinrent plus tard les fiefs anoblissans, puis les anoblissemens conférés par simples lettres du prince, qui achevèrent de dissoudre les débris de l'aristocratie féodale, dont les droits jusque-là se transmettaient en héritage, avec l'épée des ancêtres.

Née de la force des choses, elle devait passer comme elles; elle s'usa comme tous les abus, au contact du temps; et, sur les ruines éparses de ce pouvoir déchu, l'intelligence fonda le sien.

Chapitre quatrième.

Paris au xiiie siècle. — Commerce, industrie, monumens. — La Féodalité meurt avec Charles VII. — Période de transition : Louis XI. — Renaissance.

> Quand le temps est venu pour une grande idée, il se trouve en avant des siècles, un homme qui la recueille dans sa pensée, qui lui marque des limites, qui lui élève un monument; après quoi, il faut qu'il meure. Mais après lui, au-dessous de lui, arrive le monde qui poursuit sa carrière....
>
> EDGAR QUINET.

> Il a fallu les lumières du xviiie siècle pour éclairer enfin la nation sur la nécessité d'abolir ces restrictions de l'industrie, devenues plus nuisibles qu'elles n'étaient utiles.
>
> DEPPING.

Le xiiie siècle ouvre à l'histoire de Paris une voie nouvelle. Philippe-Auguste avait dit en mourant : les gens d'église engageront mon fils à faire la guerre aux hérétiques, il ruinera sa santé dans cette expédition ; il mourra, et le royaume restera livré à une femme et à un enfant.

La prévision se vérifia. Louis VIII, doué d'un grand courage mais d'une santé chancelante, se livra avec activité à une persécution sanglante contre les hérétiques Albigeois; mais après quelques déplorables succès, il tomba malade et vint mourir dans un château d'Auvergne, en 1226.

Aucune institution, aucun établissement n'a conservé dans Paris le souvenir de son règne. Louis IX, son fils, monta sur le trône à l'âge de douze ans, mais Blanche de Castille, sa mère, gouverna pendant sa minorité.

Pour bien comprendre l'histoire politique de ce règne, il faut d'abord bien étudier l'homme dans le roi. Rarement le caractère et les dispositions personnelles ont exercé sur le cours général des choses, une aussi remarquable influence.

Louis IX que l'église a placé parmi les saints dont elle honore la mémoire, était par-dessus tout un homme consciencieux ; un homme qui, avant d'agir, se posait à lui-même la question du bien et du mal moral qui pourrait résulter de ce qu'il allait ordonner; il examinait avec une religieuse prudence la question de savoir si ce qu'il était près de faire, engagerait sa conscience, indépendamment de toute utilité ou de toute conséquence. Des hommes d'un tel caractère sont rarement montés, et plus rarement encore sont demeurés tels au faîte du pouvoir. A vrai dire, il n'en existe guère dans toute l'histoire que deux exemples véritablement incontestables, l'un au sein de l'antiquité, l'autre parmi les temps modernes, — Marc-Aurèle et saint Louis.

Marc-Aurèle et saint Louis sont peut-être les deux seuls souverains qui, en toute occasion, aient fait de leurs croyances morales, la base unique de toutes leurs actions, le mobile de leur conduite; Marc-Aurèle était stoïcien ; saint Louis fut chrétien: l'un et l'autre sont restés inébranlables. Quiconque perdrait de vue ce fait fondamental, se ferait une idée fausse des évènemens qui se sont accomplis sous le règne de saint Louis, et du tour qu'il a voulu donner au pouvoir royal. L'homme explique seul la marche de l'institution. Indépendamment de la rigoureuse droiture de sa conscience, saint Louis était un homme d'une immense activité ; d'une activité non-seulement guerrière, chevaleresque, mais politique, intellectuelle même. Il pensait à beaucoup de choses; il était fortement préoccupé de l'état de son pays, du sort des hommes. Il avait constamment besoin de régler, d'introduire des réformes; il s'inquiétait du mal partout où il l'apercevait, partout où il le soupçonnait, et voulait appliquer à tous les abus, à tous les maux leur remède efficace. Le besoin de faire, et le besoin de bien faire le possédaient au même degré. Que faut-il de plus, à toutes les époques de l'histoire, pour assurer l'influence d'un grand homme, et faire à son individualité, dans les résultats les plus généraux, une large part?

Malgré son antipathie scrupuleuse pour les conquêtes, saint Louis est un des princes qui ont le plus efficacement travaillé à étendre le royaume de France. En même temps qu'il se refusait à la violence et à la fraude, il était d'une vigilance extrême; on le trouve sans cesse attentif à ne jamais manquer l'occasion de conclure des traités avantageux, et d'acquérir à des conditions amiables telle ou telle portion de territoire. C'est ainsi que, malgré la profonde différence des moyens, l'œuvre commencée par Philippe-Auguste trouva dans saint Louis un habile et heureux continuateur.

Dans ses domaines, il établit partout l'ordre et la régularité par des lois nouvelles, ou par de sages réglemens d'administration intérieure, qu'il chercha toujours à harmoniser selon l'état actuel des choses et des esprits.

Quant à ses rapports avec les possesseurs de fiefs, sa conduite n'a rien de systématique, rien qui semble partir d'un principe général, et tendre vers un but unique, longuement prémédité. Il n'a entrepris ni de constituer ni d'abolir la féodalité. Il ne croyait pas pouvoir empiéter sur les privilèges féodaux; selon sa manière de voir, il ne pouvait qu'en régler l'exercice. Il respectait la féodalité, comme il voulait aussi qu'on respectât le pouvoir royal; seulement, il se reconnaissait le droit, en sa qualité de seigneur suzerain, de faire des réglemens d'utilité générale. Ainsi, par exemple, il prononça l'abolition définitive des duels judiciaires dans toute l'étendue de ses domaines, parce que là il était le maître; mais il ne les abolit pas dans les domaines de ses barons, parce qu'il pensait n'en avoir pas le droit. Toutefois il usa de toute son influence auprès des seigneurs, pour obtenir, par la persuasion, ce qu'il ne voulait point leur ordonner, et quelques-uns cédant à ses instances renoncèrent en effet à cette coutume des temps barbares. Puis comme il ne pouvait arriver ainsi à une abolition générale des duels dans tout le royaume, il fit divers réglemens pour régulariser et limiter cette étrange procédure, et en rendre l'application moins fréquente. En abolissant les duels dans ses propres domaines, il en circonscrivit l'usage dans les domaines féodaux : c'était là le seul moyen d'arriver à un résultat utile et durable; car la tentative de les interdire dans tous les fiefs indistinctement était impraticable, les seigneurs n'auraient pas manqué de contester au roi le droit de bouleverser ainsi leurs institutions et leurs pratiques. Et si cette coutume, profondément enracinée dans les mœurs françaises se conserva long-temps encore après saint Louis, il faut avouer cependant que les ordonnances réformatrices de ce prince lui portèrent un rude coup.

Le code de lois, qui a pour titre *les Etablissemens de saint Louis*, et dans lequel sont réglés et définis les transactions particulières, l'état des personnes fixant les privilèges et les servitudes, et les procédures juridiques, nous révèle une foule de désordres, de confusions et d'iniquités de toutes sortes. Saint Louis n'avait pas assez de force pour détruire le mal; mais du moins en le découvrant, il en prépara le remède. Dulaure lui reproche d'avoir fondé en France une foule de monastères; il ajoute que le clergé régulier, multipliant à l'excès le nombre des hommes oisifs et inutiles, ne fit que surcharger le peuple, en levant sur lui de nouvelles dîmes. Peut-être fût-ce une faute; mais à côté du mal, il faut toujours peser le bien; sans les communautés religieuses, sans les travaux des cloîtres, où irions-nous aujourd'hui chercher les matériaux de notre histoire ? et qui donc eût aussi pour nous conservé et reproduit les héritages littéraires des temps anciens ?

Si l'on doit reconnaître des faiblesses dans le caractère de saint Louis, si l'empire de sa dévotion put l'égarer quelquefois, c'était dans la pratique de la vie, un esprit remarquablement sensé et libre, qui voyait les choses comme elles étaient. Il allait sans tergiverser au fait actuel, présent; il respectait le droit partout où il croyait le reconnaître; mais quand derrière le droit il voyait un mal, il l'attaquait directement, sans calculer d'avance ce qu'il pourrait trouver d'opposition ni de résistance ; et il attaquait, non pour se faire de cette attaque un moyen d'envahir le droit, mais pour supprimer réellement le mal même. Un ferme bon sens, une extrême équité, une bonne intention morale, le goût de l'ordre, le désir du bien commun, sans dessein systématique et sans arrière pensée, tels furent les véritables caractères du gouvernement de saint Louis. C'est par là que la féodalité fut sous son règne, prodigieusement affaiblie, et que la puissance royale fit un progrès notable.

Si dans sa vie on trouve quelques actes à blâmer, c'est qu'il sacrifia involontairement et à son insu, aux préjugés qui dominaient son époque.

II.

La réforme de la prévôté de Paris favorisa l'essor de l'industrie en donnant au commerce des formes régulières et distinctes. Cette prévôté consistait, comme la plupart des magistratures féodales, bien plus dans l'exercice de droits souvent arbitraires et toujours fort onéreux pour le peuple, que dans la protection qu'elle devait lui accorder. C'était d'ailleurs une fonction qui se vendait alors à l'enchère, et pouvait servir d'amorce à la cupidité, puisqu'elle se partageait quelquefois entre deux bourgeois, lorsqu'il ne se trouvait pas un seul concurrent assez riche pour l'acquérir. — Saint Louis nomma vers l'an 1258, Etienne Boileau prévôt de Paris, et lui assigna un traitement fixe.

Etienne Boileau était honnête homme, il apporta du zèle dans l'exercice de sa magistrature, et divisa les marchands et les artisans en différens corps qui reçurent le nom de confréries; il fit ensuite, sous la direction du roi, des réglemens de police applicables à ces diverses associations; ces réglemens qui portent le titre de *registre des Mestiers*, ont été conservés manuscrits dans les archives du royaume. Un savant historiographe, M. Depping, en a donné récemment une édition in-4º. précédée d'une dissertation remplie de faits et de recherches du plus curieux intérêt. Ce travail nous a été fort utile pour tracer d'une manière exacte et précise cette partie importante du tableau que nous avons entrepris.

La cité de Paris, toute remplie de vieux édifices, de chapelles, d'églises, de maisons peu élevées et d'une structure grossière, bizarre, resserrées dans des rues sombres, étroites et fangeuses, communiquait au xiiie siècle, par deux ponts seulement, avec les deux rives de la Seine : le Grand-Pont au nord, fortifié par le Châtelet, résidence du prévôt de Paris, et le Petit-Pont au sud, par lequel arrivaient toutes les marchandises du midi, qui, là, subissaient un péage avant d'entrer dans la ville. A l'extrémité du Petit-Pont, s'élevait une porte fortifiée qui défendait de ce côté l'abord de la Cité; au centre de l'île, il y avait un marché appelé la halle de Beauce; on y vendait les grains.

Depuis long-temps les deux rives de la Seine, vis-à-vis l'ancienne Cité, s'étaient peuplées de familles laborieuses, dont les habitations groupées autour des chapelles, des églises et des monastères, formaient des bourgs et des villages nombreux. Ces deux appendices de la vieille Lutèce, tendaient par leur accroissement rapide à devenir le véritable Paris; déjà le marché de Champeaux, à l'extrémité septentrionale, qui plus tard prit le nom des halles, était le principal entrepôt ouvert aux denrées qui affluaient à Paris. Un autre marché avait existé à la Grève; les bourgeois achetèrent cette place au roi, moyennant 70 livres, et en firent un entrepôt pour les céréales, le sel et les vins qu'on débarquait sur cette rive du fleuve.

Depuis que Philippe-Auguste avait enfermé dans l'enceinte de Paris plusieurs bourgs et villages, tels que le bourg Thiboust, le Beau-Bourg, le Bourg-l'Abbé, cette enceinte fermait, d'une part, tout ce qui environnait le Châtelet : et, de l'autre, les terrains qui avoisinaient le palais des Thermes, et les murailles hérissées de tours qui défendaient la ville nouvelle, formant un demi-cercle qui de chaque côté venait finir à la Seine, touchaient aux riches abbayes de Saint-Martin-des-Champs, de Saint-Germain-des-Prés, de Sainte-Geneviève et de Saint-Marcel ; et de même, une partie des terres dépendant de ces monastères se trouvait enclavée dans les murs construits par Philippe-Auguste, sans toutefois cesser d'être soumises à la juridiction des abbés ; de même que les terres qui appartenaient à l'évêque de Paris ou aux chanoines de la cathédrale, dans l'intérieur de la ville, ne reconnaissaient d'autre autorité que celle de leur seigneur spirituel. Il y avait donc dans cette enceinte bien des différences à observer quant à ce qui touchait l'exercice des droits juridiques : on distinguait les terres du roi, celles de l'évêque, du chapitre, des abbés ; ces distinctions ne furent pas sans influence sur l'industrie.

D'autres bourgs s'étaient formés de nouveau à l'entour des abbayes laissées en dehors de la ville ; en ne cessant de s'agrandir, ils étaient devenus des faubourgs importans.

Les deux parties de la ville commençaient sur le bord de la Seine, dont les eaux baignaient une foule de petits établissemens industriels. Le fleuve entrait dans Paris, un peu au delà de Saint-Gervais d'une part, et du port Saint-Bernard de l'autre, et il en sortait un peu avant le Louvre qui s'élevait alors vers la limite occidentale de Paris. Une rangée de pieux marquait le port de la Grève où régnait le principal mouvement de navigation, et où débarquaient les arrivages de vins, bois, grains et fruits. Un autre port, celui de Saint-Landri, approvisionnait la Cité; il existait un troisième port non loin du Petit-Pont, sur la rive gauche. Mais comme la rive droite était le lieu de rendez-vous principal où se traitaient les affaires de commerce, le port de la Grève ne pouvant plus suffire aux besoins, on en construisit un nouveau à l'extrémité occidentale de la ville, vis-à-vis l'école Saint-Germain, aujourd'hui quai de l'Ecole. Un impôt levé sur les denrées importées par eau servit à couvrir les frais de ce travail.

La navigation de la Seine eut des effets remarquables sur le sort du commerce et même du régime municipal. Il devait en être ainsi. Que l'on consulte l'histoire du moyen âge : on trouvera que toutes les villes puissantes assises sur des fleuves, abusèrent de leur position pour s'emparer de la navigation exclusive, et pour attirer à elles seules le commerce fluvial; la bourgeoisie à cet égard se permit des usurpations aussi manifestes que les seigneurs temporels et spirituels en exerçaient dans leurs domaines. Cologne et Mayence, au moyen âge, s'étaient arrogés le droit de forcer tous les bateaux chargés de marchandises qui montaient le cours du Rhin, à s'arrêter pour être déchargés pendant trois jours, afin de donner aux bourgeois le temps de choisir les marchandises à leur convenance; en sorte que les riverains du Rhin, au-delà de ces villes, ne pouvaient recevoir que les denrées et les marchandises laissées par les bourgeois de Mayence ou de Cologne.

On ne fut, à Paris, ni moins habile ni moins prompt à profiter des ressources qu'offrait la Seine, pour réserver aux habitans les principaux avantages de la navigation.

Nous avons déjà parlé ailleurs de cette compagnie de marchands (*nautæ Parisiaci*), dont l'origine est restée cachée dans l'obscurité des temps anciens, et dont l'existence légale ne date guère que du règne de Louis VI (1).

---

(1) Il y avait dans l'empire romain une institution analogue, celle des *mercatores aquæ*; peut-être, dit M. Depping, est-ce depuis le règne des empereurs qu'il se forma aussi dans la Gaule des associations pareilles. Les *nautæ Parisiaci* paraîtraient s'y rattacher.

Il nous manque bien des documens pour expliquer l'histoire de cette institution qui parvint à s'emparer peu-à-peu de toutes les affaires de la commune, et à devenir, pour ainsi dire, la commune elle-même. La hanse parisienne ne songea qu'à s'assurer la possession du commerce fluvial aux abords de la ville; mais sur ce territoire limité, dans le cercle étroit de ses spéculations, elle fut aussi rigoureuse pour l'application de ses principes et l'exercice de ses privilèges, que cette grande ligue anséatique, la plus formidable des associations commerciales qui aient précédé les compagnies des Indes, et d'autres grandes associations commerciales des temps modernes.

Le pouvoir du prévôt de Paris s'étendait sur le territoire extérieur jusqu'à la distance de six à huit lieues; dans cet espace, la Seine qui le traverse était considérée en quelque sorte comme la propriété des marchands qui en exploitaient le trajet. Ils avaient donc arrêté en principe que tout bateau chargé de denrées devait, en remontant la Seine, s'arrêter au pont de Mantes. Il ne pouvait avancer ni être déchargé, si celui qui l'avait expédié n'était pas bourgeois *hansé* de Paris, c'est-à-dire, si, outre le droit de bourgeoisie, il n'avait encore l'avantage d'appartenir à la hanse ou corps des marchands de l'eau (Charte de Louis-le-Jeune, de l'an 1170).

S'il était bourgeois d'un autre lieu, il fallait qu'à son arrivée aux limites du ressort de la hanse parisienne, il déclarât son intention de vendre ses marchandises, et alors, le prévôt des marchands et les échevins lui désignaient un marchand de Paris pour être son *compagnon*. C'est à ce tuteur imposé que le marchand du dehors était obligé de déclarer le prix réel de sa cargaison; et à ce prix, le compagnon parisien (*mercator socius Parisiensis*) avait le droit d'en prendre la moitié; ou s'il aimait mieux laisser vendre le tout, il partageait le bénéfice avec le propriétaire, jouissant ainsi des avantages de l'entreprise, sans courir aucune de ses chances. Si le marchand de la basse Seine osait passer outre au pont de Mantes pour arriver à Paris, ou si seulement, un marchand non hansé faisait embarquer au-dessous de Paris des denrées, pour les transporter vers l'embouchure, sans être assisté du *mercator socius*, il était réputé avoir enfreint les droits et privilèges de l'association; ses marchandises étaient saisies, et confisquées au profit du roi et de la hanse parisienne.

Celle-ci voulant compléter son système de monopole, jugea nécessaire d'y soumettre aussi la navigation de la haute Seine, et surtout le commerce des vins de la Bourgogne, d'autant plus important que la Bourgogne était alors la seule province de France qui exportât au loin les produits de ses vignobles. On exigea que quiconque amenerait à Paris un bateau chargé de vins, ne pourrait point le décharger s'il ne justifiait de sa qualité de bourgeois établi dans la ville; il pouvait d'ailleurs vendre sa denrée en bateau, mais les acquéreurs bourgeois de Paris avaient seuls le droit de la faire débarquer sur la Grève.

Un étranger était libre d'acheter du vin dans le port, mais il fallait que son achat terminé, il fît passer le vin du bateau dans une voiture pour le conduire hors de la banlieue de Paris. Les bourgeois de Paris étaient donc les seuls qui pussent acheter du vin pour en faire le commerce, soit dans la ville, soit aux environs.

Les Bourguignons se voyaient exclus par la même règle de la navigation sur la Marne; car cette rivière, se mêlant à la Seine dans la banlieue de Paris, ils se retrouvaient soumis au contrôle de la hanse.

Ce que faisait la bourgeoisie parisienne en grand, chaque petit seigneur dont le manoir fortifié dominait le cours de la Seine, se permettait de le faire en détail; avant de pouvoir arriver de la Bourgogne jusqu'à

Harfleur, une cargaison de marchandises avait été déjà rançonnée par une dizaine de seigneurs riverains, ou de communes bourgeoises, fort empressés les uns et les autres, de tirer profit de leur position, ou de refuser le passage. A peu de distance de Paris, le seigneur de Maisons commençait cette série, et la ville de Rouen, ne se montrait pas la moins exigeante. Les marchands étrangers ne pouvaient y débarquer des vins pour les vendre dans la ville, et aucun bateau de marchandises ne pouvait se rendre en France, sans qu'un marchand rouennais fût intéressé à l'expédition. Rouen copiait ainsi la hanse de Paris.

Ces privilèges qui n'étaient en réalité que des us et coutumes, et que ne consacrait d'ailleurs aucune loi écrite, furent la cause de véhémentes oppositions de la part de quelques villes riveraines; Rouen fut une des plus difficiles à soumettre. On voit ses marchands plaider en toutes sortes de rencontres. Sous le règne de Charles VI, ils arguaient de l'importance de leur commerce pour l'approvisionnement de Paris, et réclamaient des privilèges avec autant de chaleur et d'instance que la hanse parisienne en mettait à leur résister. Les marchands de Paris alléguaient que leur ville était, en quelque sorte, pour la France, ce que Rome avait été pour l'empire, une ville certainement digne de privilèges spéciaux, qui, bien qu'onéreux sous certains rapports, tournaient néanmoins à l'avantage public. Notre grande cité, disaient-ils, a besoin d'approvisionnemens énormes ; or, qu'arriverait-il, si le commerce était entièrement libre sur tout le cours de la Seine? Les meilleures denrées passeraient devant Paris sans que cette capitale pût en profiter ; elles seraient exportées au loin, peut-être même livrées aux ennemis du royaume, tandis que le siège de la royauté en serait privé. C'est donc, ajoutaient-ils, par les motifs les plus sérieux que Paris est doté de quelques privilèges qui ne sont d'ailleurs guère supérieurs à ceux dont jouissent plusieurs autres villes.

Rouen perdit son procès, et les privilèges de la hanse parisienne furent de nouveau confirmés par une ordonnance de Charles VI, datée de 1415. Ce ne fut qu'au XVIIe siècle que la hanse fut supprimée ou que du moins elle perdit ses privilèges, comme on en trouve la preuve dans le Traité de la Police, du commissaire Delamarre (tome II, page 14, édition de 1672), où il est dit : « Se-
« ront et demeurent les droits de compagnie française
« éteints et supprimés, sans préjudice du droit de hanse,
« et sans qu'il soit fait autre distinction entre mar-
« chands, que de forains, et de marchands de Paris. »

On aurait lieu de s'étonner que les rois aient sanctionné par des chartes des prétentions qui n'avaient aucune base; mais il faut observer, à cet égard, qu'on respectait à l'égal des titres écrits ce qu'on appelait *us* et *coutumes.* Dans les temps barbares qui précédèrent le moyen âge, on avait peu écrit, aussi n'existait-il pas beaucoup de titres originaires de cette époque; l'usage seul consacrait les droits; les rois même et les grands vassaux n'avaient souvent d'autre titre que la coutume pour justifier l'exercice de leurs droits; ils respectaient donc aussi les privilèges des bourgeois, comme ceux-ci se soumettaient de leur côté à des devoirs fondés uniquement sur l'usage. C'était une réciprocité à laquelle l'habitude prêtait force de loi; lorsqu'il s'élevait quelque différend sur l'exercice d'un droit fondé par un long usage, on convoquait dix bourgeois notables pour affirmer simplement ce qui se pratiquait de mémoire d'homme, ou pour interroger sur cette matière les vieux bourgeois ; l'avis qu'ils formulaient à la suite de cette enquête, confirmait le droit ou l'usage. On ignore qui avait conféré aux marchands de Paris le droit de retenir aux limites de la baillie de Paris les bateaux chargés, mais on savait que de mémoire d'homme ils en avaient usé ainsi ; cela suffisait pour faire respecter la coutume de Paris; les rois retiraient d'ailleurs leur part des bénéfices que réalisait la hanse parisienne ; ils percevaient la moitié des amendes infligées aux contrevenans, et plus la bourgeoisie de Paris était riche et puissante, mieux elle était à même de payer la taille et les autres impôts.

Le commerce par terre avait peu d'importance au XIII° siècle, à cause de l'état d'imperfection des routes et des moyens de transport.

Une seule route, celle d'Orléans, paraît avoir servi à un transit considérable de denrées destinées aux besoins de Paris. On lit, dans le *Livre bleu* du Châtelet, qu'il y avait, en 1255, un péage à Montlhéry dont le tarif nous a été conservé; les draps, les toiles, les peaux, les grains, les bestiaux, y étaient soumis à un octroi. Selon l'usage barbare du temps, le Juif y est assujéti aussi à l'impôt; il paie plus cher, s'il porte avec lui sa *lampe*, sans doute celle aux sept branches, qui servait à la célébration du sabbat; les livres hébreux étaient de même tarifés à Montlhéry.

Les anciens documens n'établissent pas qu'il ait existé d'autre route terrestre livrée au commerce de Paris. Il n'y avait d'ailleurs que la Seine et ses affluens qui permissent aux Parisiens de tirer aisément du dehors les denrées dont ils avaient besoin, ou d'exporter celles qu'ils avaient de trop. Le commerce fluvial dut rester ainsi fort long-temps la branche la plus importante du négoce parisien, et il n'est pas étonnant que le corps des marchands de l'eau fût considéré comme la communauté marchande tout entière ; en comparaison de son ressort, les autres affaires mercantiles n'étaient que peu de chose, et on put arriver insensiblement à considérer les chefs de la marchandise de l'eau comme les prévôts de tout le commerce parisien, comme les chefs même de la bourgeoisie qui ne se composait en effet que de marchands et d'artisans.

Dans les chartes du xiie et du commencement du xiiie siècle, les rois ne paraissent considérer encore les chefs de la marchandise de l'eau que comme ceux d'une association particulière ; mais les actes de la fin du xiiie siècle qualifient ceux-ci de prévôts et *échevins jurés* des marchands de l'eau. Un arrêt du parlement, de l'an 1273, nomme le prévôt *magister scabinorum*, maître des échevins ; un autre arrêt, de 1277, lui donne le titre de *præpositus mercatorum parisiensium*. Un peu plus tard, on voit ces magistrats négocians à la tête de tout le commerce, de toute l'industrie de la capitale. Enfin ils deviennent les chefs de la commune, et font acquérir à leur corps une consistance municipale.

Il y a quelque lieu de penser que c'est par ce motif que la ville de Paris avait alors, et conserva depuis, l'image d'un vaisseau dans ses armes; la Seine, à la vérité, ne portait pas de vaisseaux à voiles, mais la substitution du navire au simple bateau chargé de vins ou de sel, peut avoir paru plus convenable pour orner l'écusson et le sceau de la prévôté des marchands.

Les efforts continuels de la hanse parisienne pour conserver et pour étendre son monopole des denrées, a dû influer singulièrement sur la prospérité et le développement de la capitale. De grands avantages étaient attachés à la qualité de bourgeois de Paris, et surtout à celle de membre de la corporation des marchands. Outre les privilèges commerciaux, il s'était établi des coutumes civiles, avantageuses pour la communauté, et l'on conçoit aisément que les bourgeois fussent fiers de leur qualité; cependant un commerce libre d'entraves aurait également enrichi et agrandi Paris. On a dit que la corporation des marchands de l'eau avait assuré les subsistances de la ville, et pourvu sans relâche à son approvisionnement : cela peut être vrai quant à certaines denrées, à l'égard des vins et du sel; mais le grain manqua trop souvent aux besoins de la consommation; la preuve en est dans les famines effroyables qui désolèrent Paris à diverses époques fort rapprochées.

On lit, dans le registre de la *coutume de Paris,* que le prévôt des marchands donnait à des bourgeois, en temps de disette, la commission d'aller à la recherche du blé dans la baillie de Paris ; cela indique évidemment que le corps des marchands ne comptait point parmi ses devoirs réguliers celui de tenir des grains en réserve, ou d'en faire venir dans les temps de nécessité. Fidèles au titre de leur association, les marchands s'occupaient exclusivement du commerce fluvial ; celui de terre leur restait étranger ; et d'ailleurs, accoutumés qu'ils étaient à participer aux bénéfices des marchands étrangers qui expédiaient des denrées à Paris, ils se livraient difficilement aux chances d'une spéculation mercantile. Toute leur activité se bornait à veiller à ce qu'aucun de ces étrangers ne pût porter atteinte aux droits de leur hanse.

Plusieurs grandes foires alimentaient principalement le commerce terrestre ; Paris en avait trois : la foire Saint-Germain, celle de Saint-Ladre, et le Lendit.

Chacune de ces foires durait environ quinze jours. La première se tenait dans le bourg de Saint-Germain, qui retenant encore aujourd'hui l'ancien nom de faubourg, fait partie de la ville. La juridiction et les revenus appartenaient à l'abbaye du même nom, située sur le territoire où la foire avait lieu.

Celle de Saint-Ladre avait été d'abord la propriété de la maladrerie ou léproserie de Saint-Lazare, également hors de l'enceinte de Paris; depuis, on l'avait transférée au grand marché dit de Champeaux, ou des halles. C'était un vaste enclos, couvert de hangars, et ceint de murs percés de grandes portes. Les marchands y venaient par intérêt; plusieurs métiers avaient aussi l'obligation d'y exposer leurs produits. Les changeurs, les pelletiers, les marchands de foin, de cire, les selliers, et même les bouchers étaient contraints par ordre du roi, de fermer, pendant toute la durée de cette foire, leurs boutiques et ouvroirs, et de n'étaler qu'aux halles et aux environs, dans les limites de la foire de Saint-Ladre. Ce n'était plus une occasion de débit, c'était une servitude, car ils étaient soumis à une redevance; aussi, plusieurs métiers, les bouchers surtout, aimaient mieux transiger avec le roi, et lui payer une somme d'argent, que de transporter leur commerce à la foire. D'autres métiers, qui croyaient trouver une compensation suffisante pour leur déplacement et pour l'impôt auquel on les assujétissait, ne demandaient pas à entrer en composition, et fermaient leurs maisons de la ville, pour venir grossir le nombre des étalagistes des halles.

Le revenu de cette foire était souvent affermé par le roi ; pendant sa durée, le fermier devenait en quelque sorte le roi des halles ; il rendait la justice sur le terrain et percevait tous les droits. On portait alors dans l'enceinte de la foire, ce qu'on appelait le *poids du roi ;* c'étaient des balances et des poids déposés ordinairement dans un local de la rue des Lombards, où l'on s'en servait à constater, moyennant un impôt d'usage, le poids légal des denrées livrées à l'acheteur. Au XIVe siècle, le revenu du poids du roi devint la propriété de quelques bourgeois, par suite d'une de ces concessions que les rois faisaient dans les momens de pénurie.

Le Lendit se tenait pendant la plus belle saison de l'année, au mois de juin, dans la plaine de Saint-Denis. Cette foire attirait une foule immense ; de nos jours, où l'industrie étale avec profusion les merveilles du luxe, où le Palais-Royal et le quartier qui l'avoisine sont un bazar perpétuel, on aurait peine à se figurer une grande foire du moyen âge, telle qu'était le Lendit. C'était alors une époque de jouissances, de surprises et de vives émotions ; on en attendait le jour avec impatience ; on s'y préparait long-temps d'avance ; marchands étrangers et bourgeois, écoliers de l'université, baladins, cabaretiers, courtisanes, filous, tous accouraient pêle-mêle à Saint-Denis, pour prendre leur part de la fête commune. C'est là qu'on mettait au grand jour les produits de l'industrie que de sombres boutiques cachaient tout le reste de l'année, ou qu'on y aurait même cherchés inutilement, et qui se fabriquaient ailleurs. Les mères de famille venaient faire acquisition d'ustensiles de ménage, et les écoliers de parchemins ; c'est là que les étrangers étalaient orgueilleusement les progrès que les arts mécaniques avaient fait chez eux ; c'était là qu'on réunissait tous les genres de divertissemens capables d'émerveiller les bons bourgeois de la capitale; c'est là qu'on tolérait des amusemens, des débauches qu'excluaient de la ville la vie simple et monotone de l'année. Le Lendit était la fête de toutes les classes de la société ; les uns y amassaient de gros bénéfices, les autres y dépensaient leur argent en emplettes plus ou moins frivoles, et la foule qui cherche avant tout de la distraction, s'y amusait à sa manière, et à tout prix. La corruption des villes transportée à la campagne y tenait ses orgies ouvertes ; l'argent circulait, et la ruse tendait ses pièges à la simplicité et à l'ignorance.

Après quinze ou dix-huit jours de cette vie tant soit peu carnavalesque, chacun repliait bagages; marchands, taverniers, baladins, courtisanes, disparaissaient en un clin d'œil, jusqu'à l'année suivante.

Parmi les cent métiers enregistrés par Etienne Boileau, nous n'aurons à parler ici que des principaux, ou de ceux dont l'exercice présentait des particularités étrangères à nos mœurs actuelles. Le Paris d'alors était loin de ressembler au Paris d'aujourd'hui ; pour s'en former une idée, il faut aller parcourir les rues tortueuses de la Cité; celles qui se croisent encore autour de la vieille tour de Saint-Jacques-de-la Boucherie, et celles qui descendent de la montagne Sainte-Geneviève vers la Seine. Dans ces quartiers, on retrouve l'aspect conservé du vieux Paris: il y a encore des maisons noires, sombres, pressées les unes contre les autres, dans des rues sans soleil, où les voisins font la conversation par les fenêtres ou sur les portes; les voitures ne circulent jamais entre ces cloaques animés; des boutiques caverneuses y cachent des marchandises dont elles sont l'atelier; rien ne saurait mieux rappeler les *ouvroirs* dont il est si souvent parlé dans les réglemens d'arts et métiers. Le rapprochement des boutiques, le peu de largeur des maisons et des ruelles qu'elles occupent, nous expliquent aussi pourquoi ces réglemens interdisaient aux marchands d'appeler l'acheteur chez eux, avant qu'il eût quitté l'étal du voisin. Les marchands et artisans d'une même profession étaient alors très proches voisins ; ainsi les tisserands habitaient la rue de la Tisseranderie; les maçons, celle de la Mortellerie; les charrons, celle de la Charonnerie, les tanneurs infectaient trois ou quatre rues, qui portaient et gardent encore en partie le nom de la Tannerie; ceux qui pour leur travail avaient besoin de l'eau de la rivière, tels que les mégissiers et les teinturiers, s'étaient réunis sur les bords de la Seine; d'autres s'étaient groupés autour des halles et y occupaient des rues entières. A la fois amis et rivaux, ces artisans voisins et membres de la même confrérie, étaient toujours aux aguets de ce qui se passait à côté d'eux. Les fripiers, sous les piliers des halles ont conservé quelque chose des habitudes et de l'aspect des marchands parisiens du XIIIe siècle.

Presque toutes ces boutiques se fermaient quand la cloche de Notre-Dame, ou de Saint-Méry, ou de Sainte-Opportune avaient sonné l'angélus du soir. Une règle de leurs statuts fixait la fin des travaux de chaque journée au dernier coup de vêpres, ou à l'heure du couvre-feu. Il était interdit d'ailleurs à la plupart des métiers de travailler à la lumière ; un morne silence succédait, chaque soir, à l'activité bruyante de ce peuple d'ouvriers. La ville était plongée dans l'obscurité; on ne connaissait ni les cafés, ni les bals, ni les spectacles; on se couchait tôt, pour être debout à l'aube du jour, lorsque la cloche de la paroisse voisine annonçait l'ouverture des églises. Chaque samedi, le travail finissait plus tôt, comme pour rendre hommage et se préparer à la solennité du lendemain. Les dimanches, et les jours de fêtes trop nombreuses pour le bien-être de l'ouvrier qui ne travaillait pas, réunissaient dans les églises la population industrieuse de la vieille cité; l'après-midi, les bourgeois allaient se promener en famille, hors des murs : pour y arriver, on avait alors peu de chemin à faire. Les taverniers ne manquaient pas, ils affluaient dans les bourgs, autour des abbayes qui touchaient presque aux murs de Paris. On a souvent dit que ces bourgs se peuplaient aux dépens de la ville, attendu que sur les terres privilégiées des abbés, les artisans avaient plus de liberté que sur ce qu'on appelait le terrain du roi. On ne voit pourtant pas que les abbés aient fait grâce aux bourgeois établis sur leur domaine, de la taille ni des servitudes ordinaires. D'autres motifs ont pu déterminer les artisans à s'établir dans les bourgs ecclésiastiques, sans que toutefois la population de la ville en souffrît beaucoup; car dès le xiiie siècle, la plupart des métiers sont exercés dans l'enceinte même de Paris, et la rivalité entre les artisans des terres royales et ceux des terres seigneuriales ne pouvait, ce nous semble, qu'entretenir une émulation profitable aux progrès de l'industrie.

Le samedi était le jour spécial consacré aux ventes du petit commerce qui fermait ses boutiques pour se porter aux halles. Les boulangers, les drapiers, les tisserands, les marchands de cordouan des villes et bourgs de la baillie de Paris y étalaient leurs pains, leurs draps, leurs étoffes, leurs cuirs, tandis que les petits fripiers, savetiers, etc., étalaient, par terre des vieilles hardes et des chaussures pour le menu peuple. Chaque profession, chaque branche de commerce avait sa place marquée et même sa halle particulière; beaucoup de lieux manufacturiers de France y étaient représentés par leurs fabricans, qui avaient aussi des sièges fixes. Ainsi, Beauvais, Cambrai, Amiens, Douai, Pontoise, Lagny, Gonesse avaient leurs sections de halles: c'était presque pour les Parisiens une exposition continuelle des produits de l'industrie nationale.

Le même jour, il y avait un grand passage au Petit-Pont, par lequel on sortait de Paris, du côté du midi. Le péager, qui y recevait le droit du roi (d'après un tarif inséré dans la deuxième partie du registre d'Etienne Boileau), avait fort à faire de distinguer ce qui était sujet au péage, d'avec ce qui ne devait acquitter ses redevances qu'en arrivant aux halles. En parcourant la liste de ces denrées, on est surpris de voir combien les Parisiens d'alors étaient simples dans leurs besoins et dans leurs goûts. Cette bourgeoisie industrielle n'était pas riche, elle ne travaillait que pour ses besoins réels, ses gains étaient bornés, et ses dépenses d'une extrême modicité.

M. Depping, auquel nous sommes redevable des notes curieuses que nous venons de résumer, divise en trois classes les artisans de Paris, au XIIIe siècle, selon la nature de leurs professions, savoir : ceux qui s'occupaient des alimens, puis les ouvriers en métaux et en bois, puis ceux qui travaillaient pour l'habillement. Nous ne saurions mieux faire que d'abréger cette partie de ses savantes recherches.

III.

Tant que la ville avait été confinée dans l'île de la Cité, les grains de la Beauce avaient suffi aux habitans. Un four appartenant à l'évêque et construit sur la rive droite de la Seine, cuisait leur pain.

Les agrandissemens créés par Philippe-Auguste nécessitèrent de nouvelles ressources. Les halles ou marchés de Champeaux attirèrent les grains de la Brie, de la Picardie et d'autres provinces ; une classe de bourgeois, celle des *blatiers,* s'empara de cette branche de commerce. Le prévôt des marchands fut dépositaire des étalons, des mesures, et des mesureurs jurés choisis par le corps des marchands, présidaient à la garantie des ventes. Les moulins étaient amarrés sous le Grand-Pont de Paris ; les *talemeliers* ou boulangers qui achetaient du grand-panetier du roi, le droit d'exercer leur métier, cuisaient le pain dans des fours qui n'étaient plus comme autrefois des fours banaux ou seigneuriaux. Cependant les abbayes de Saint-Germain, Saint-Marcel, et Saint-Martin, continuèrent de posséder chacune un four banal, et forçaient les habitans de leur territoire, d'y cuire leurs pains ; cette contrainte ne cessa que quand la population des terres se confondit avec celle de la ville.

Les talemeliers, après quatre ans d'apprentissage, pouvaient obtenir la maîtrise, en l'achetant du grand-panetier ou de son délégué, qui avait le titre de maître des talemeliers, et en se soumettant à l'impôt hebdomadaire levé sur la boulangerie. Cette profession était la seule qui eût un cérémonial particulier pour conférer la maîtrise. Le récipiendaire portait dans la maison du maître des talemeliers un pot rempli de noix et de *nieules* (1), et jetait le pot contre le mur, après quoi les maîtres et

---

(1) Espèce de pâtisserie.

valets ou compagnons du métier, entraient et recevaient à boire, de la part du chef du métier. Il se pourrait que cet usage fût d'une grande antiquité, et remontât bien haut dans les fastes de la talemelerie en France ou dans les Gaules. Il tomba plus tard en désuétude ; mais les boulangers de Paris n'en perdirent pas le souvenir, et lorsqu'au xviie siècle ils proposèrent l'adoption d'un nouveau réglement à l'autorité publique, ils n'oublièrent pas d'y mentionner le pot d'installation des temps féodaux, en accommodant, toutefois, cette singularité aux progrès de la civilisation ; car ils demandèrent que le candidat à la maîtrise présentât à l'avenir un vase avec une branche de romarin à laquelle seraient attachés des pois percés, des oranges et autres fruits. Mais l'usage féodal ne put être rétabli, et la maîtrise fut réduite à s'en passer.

Ce qui dura plus long-temps, ce fut la juridiction exercée par le grand-panetier sur le corps des boulangers ; elle subsista pendant des siècles, et si la charge de grand-panetier n'eût été supprimée, la boulangerie serait peut-être restée dans sa dépendance jusqu'à la révolution de 1789.

Les talemeliers n'avaient pas le droit de cuire les dimanches et les jours de fêtes, en sorte que pendant plus de soixante jours par an, les fours chômaient, et les habitans de Paris étaient privés de pain frais. C'est peut-être par ce motif que le marché au gros pain se tenait le samedi sous les halles, accessibles aussi bien aux marchands forains qu'aux talemeliers de Paris. On accordait encore une faveur aux talemeliers de la banlieue; ils pouvaient avec ceux de Paris, exposer en vente, le dimanche, au parvis Notre-Dame, le pain qu'ils n'avaient pas vendu le samedi aux halles.

On ne prescrivit aucune loi aux talemeliers, sous le règne de saint Louis, pour fixer la qualité et le poids du pain ; ce ne fut que long-temps après, qu'il fallut, pour satisfaire aux plaintes multipliées du menu peuple, régler ces deux conditions. Jusque-là, les vieux usages avaient été suivis. Il y avait des pains du prix de deux deniers, d'un denier, et même d'une obole.

La première corporation de pâtissiers qui se soit formée est celle des *oubliers* ou *oublayers*, qui faisaient les gaufres, les nieules, et les feuilles légères appelées *oublies*. On criait celles-ci dans les rues au xiiie siècle comme aujourd'hui. Le roi avait son *oublier* d'office ; c'était à ce qu'il paraît un personnage assez important des cuisines royales, puisque dans l'état de la maison de saint Louis, qui nous est parvenu, on voit qu'il lui est accordé un cheval et une ration de fourrage. Du reste, la pâtisserie était un art dans l'enfance.

La corporation des *bouchers* se vantait d'une origine fort ancienne ; ce qui justifiait jusqu'à un certain point ses prétentions ambitieuses, c'est qu'elle avait conservé quelques vestiges de l'organisation créée par les empereurs romains pour l'exercice de ce métier dans les villes. Chez les Romains, les familles qui avaient commencé à s'y livrer ne pouvaient plus le quitter ; il se transmettait de père en fils, et formait une classe séparée dans la bourgeoisie. — Telle est à-peu-près la situation de la boucherie de Paris.

A l'époque où les actes publics révèlent son existence comme corps de métier, un certain nombre de familles en étaient pourvues, et léguaient leurs étaux comme un héritage à leurs descendans. Dans l'origine, les bouchers étalaient au parvis Notre-Dame, selon les anciens titres cités par le commissaire Delamarre (*Traité de la police,* tom. II, livre V, tit. XX). Le nom de l'église de Saint-Pierre-aux-Bœufs, qu'on a démolie en 1837, rappelait l'ancienne occupation de ce quartier. Lorsque Paris s'étendit vers la rive droite de la Seine, les boucheries furent transférées auprès du Châtelet, dans le quartier où le nom de l'ancienne église et de la tour encore existante de Saint-Jacques-des-Boucheries, en perpétue le souvenir. Là chaque famille du métier avait ses étaux, et les traitait comme une propriété immobilière.

Ces vieilles familles de bouchers incorporés ont continué pendant plusieurs siècles de fournir de la viande aux Parisiens. Elles devinrent comme une espèce d'aristocratie dans ce métier. A l'époque où Delamarre écrivit son traité de la police, c'est-à-dire au commencement du XVIIIe siècle, il n'en existait plus que quatre; et quoique dès le XVIe siècle, leur nombre eût considérablement diminué par suite des extinctions, elles prétendaient occuper encore tous les étaux de la grande boucherie, mais en les louant à des bouchers qui ne faisaient pas partie de la corporation.

C'est un fait curieux à observer, que la transmission de l'esprit de corps dans ces professions, à travers toutes les vicissitudes de l'industrie et du commerce. Plusieurs arrêts du parlement intervinrent pour détruire le monopole de la corporation ancienne ; et encore sous la restauration, on crut voir une tendance des bouchers pour concentrer l'exploitation de ce genre de commerce dans les mains des plus riches d'entre eux ; et ce fut probablement pour y remédier que l'on autorisa l'établissement d'un grand nombre d'étaux nouveaux, dont l'utile concurrence amena peu-à-peu la dissolution du monopole.

Tandis qu'une centaine de métiers, sous le règne de saint Louis, venaient faire enregistrer les statuts de leurs confréries, les bouchers de Paris se dispensèrent de ces formalités; et il ne se trouve dans les registres de la prévôté de cette époque, jusqu'à la fin même du xiiie siècle, aucun réglement qui les concerne. La raison en est, que les bouchers formant en quelque sorte une caste particulière, ayant ses statuts d'ancienne date et même son chef spécial pris dans la caste et nommé par elle, se regardèrent comme suffisamment constitués, et ne crurent pas nécessaire de se mettre dans la dépendance de la prévôté. Se gouvernant eux-mêmes, faisant juger leurs différends par un arbitre de leur choix, et ne rendant compte à personne de la manière dont ils disposaient des biens de leur communauté, ils ne voulaient sans doute pas s'exposer aux risques de voir modifier leurs statuts par le premier magistrat de la capitale. Il en est résulté que ces statuts qualifiés d'antiques nous sont restés inconnus ; peut-être, sans avoir jamais été écrits, se sont-ils transmis par simple tradition dans la caste. Pendant les derniers siècles, on demanda plusieurs fois en justice la production des titres écrits, qui

pussent légitimer les prétentions de l'ancienne corporation dans les procès qu'elle eut à soutenir. Elle répondit qu'elle n'en possédait point; et en effet, par un singulier contraste, la plus vieille corporation des marchands de Paris ne pouvait produire que des titres récens, datés du xvie siècle. Il y avait cependant une charte dont elle pouvait se prévaloir : c'était l'acte de transaction par lequel Philippe-le-Hardi, pour mettre un terme aux contestations en litige entre les bouchers de la Grande-Boucherie, et ceux que l'ordre du Temple voulait autoriser, accorda en 1282, à ceux-ci deux étaux, sans vouloir toutefois porter atteinte aux coutumes, franchises et privilèges de la communauté des bouchers. « Car ils disaient, porte cette charte (*Or-*
« *donnan. des rois de France*, tome III), qu'ils avaient
» et que leurs prédécesseurs avaient eu la faculté de faire
» et de constituer bouchers, à l'effet de couper et de dé-
« biter des viandes pour toute la ville, les fils des bou-
« chers existans, — sous notre autorité et avec notre
« consentement (c'est Philippe-le-Hardi qui parle), sans
« qu'aucune autre personne, dans la ville et dans ses dé-
« pendances, ait la permission de faire des bouchers, ou
« d'élever une boucherie pour la ville de Paris et ses
« faubourgs, à l'exception de ceux qui ont des boucheries

« depuis un temps immémorial. » La même charte se termine par ce passage remarquable : « en faisant con-
« cession au Temple de deux étaux, nous n'entendons
« pas qu'il soit porté aucun préjudice à nos bouchers,
« et à leur communauté, ni à leurs usages, coutumes,
« privilèges et franchises; nous voulons, au contraire,
« que ces privilèges, usages, coutumes et franchises de-
« meurent dans toute leur vigueur. »

Cette déclaration royale est, comme on le voit, bien positive; elle constate et confirme le monopole de la Grande-Boucherie vers la fin du XIIIe siècle ; mais les bouchers durent regretter, dans la suite, que cet acte ni aucun autre n'ait expliqué en détail toutes ces franchises et coutumes alléguées sommairement par Philippe-le-Hardi dans la charte de l'an 1282 ; et que leurs prédécesseurs, au lieu de jouir de leurs avantages, n'aient pas eu le soin de les faire constater légalement et confirmer par une autorité irrécusable.

Le vin était à cette époque comme aujourd'hui, la boisson commune de toutes les classes de la société à Paris. C'était principalement par cette branche de commerce que la hanse tirait partie de ses privilèges. Bien qu'il existât une corporation de *cervoisiers* qui fabriquait de la bière de grains, et qui, à ce qu'il paraît, ne connaissait point l'emploi du houblon, déjà fort en usage dans d'autres contrées (1), c'était au vin que le peuple s'adonnait de préférence. Beaucoup de bourgeois avaient, aux environs de la ville, des vignes dont ils pouvaient faire venir les vendanges chez eux, sans acquitter de péage; mais il arrivait encore plus de vins par l'Yonne et la haute Seine; on en tirait pareillement du terroir d'Orléans. C'est au port de la Grève que les *taverniers* et les bourgeois faisaient leurs achats. On voit à la fin du xiiie siècle l'existence de la classe des *courtiers* reconnue par des actes publics; ces courtiers servaient sur le port même d'intermédiaires entre les acheteurs et les marchands, et leur droit de courtage était réglé par des ordonnances.

Les classes inférieures formaient alors comme toujours le public habitué des tavernes; et il fallait que ces établissemens fussent dès-lors bien mal famés, pour que Louis IX se soit cru obligé d'en interdire la fréquentation; défense singulière, si l'on considère que les taverniers étaient d'ailleurs une corporation légalement établie, qui avait ses statuts, et qui payait des taxes assez consi-

---

(1) En Silésie, dès le xiiie siècle, il y avait des houblonnières (*humuleta*). En 1255, le duc Henri III donna à cens des terres à plusieurs paysans : *Laborantibus humulum*. En 1288, les chartes mentionnent les *humuleta* d'Oels, etc. etc.

dérables. Aussi cette rigueur du saint roi fut-elle inutile et resta sans exécution. Les tavernes dont le nombre ne cessait de se multiplier, continuèrent d'être hantées par le peuple; c'est toujours là que s'est fait, au moyen âge, le débit du vin en détail, ou, comme on disait alors, du *vin à broche*. Le peuple ne connaissait guère qu'une seule qualité de boisson, le vin vermeil; le prix en était presque aussi stable que celui du pain. Il y eut grande rumeur à Paris, au xiv⁰ siècle, lorsque les taverniers se permirent de vendre la pinte de 12 à 16 deniers; il leur fut enjoint par le prévôt de revenir à l'ancien taux de dix deniers.

Chaque pièce de vin que le tavernier entamait était grevée d'un impôt que percevait le corps des marchands, ou le Parloir-aux-Bourgeois, situé près du Châtelet. Afin de constater aussi exactement que possible le nombre des pièces entamées, et les qualités du vin débité, on avait depuis long-temps inventé un moyen supérieur à tous ceux que la perception des impôts de consommation a suggéré aux financiers des temps modernes. C'est ici le cas d'entrer dans quelques détails sur une institution qui se lie étroitement au sujet qui nous occupe.

Les marchands parisiens du xiii⁰ siècle n'avaient point

pour débiter leurs denrées les ressources de ceux du siècle actuel, qui jouissent de tous leurs avantages, sans se douter combien de siècles leurs prédécesseurs en ont été privés. N'ayant ni journaux, ni affiches, ni écriteaux pour faire connaître ce qu'ils avaient à vendre, et les nouveautés qui venaient de leur arriver, ils ne possédaient qu'un seul moyen de publicité, c'était de faire crier par la ville, les avis qu'ils voulaient communiquer au public. Ce moyen, tout bourgeois l'employait pour avertir ses concitoyens de ce qu'il avait intérêt à leur faire savoir. Ainsi on criait les denrées, les décès, les invitations aux obsèques, les effets perdus, et une foule de choses pour lesquelles les petites et les grandes affiches suffisent aujourd'hui. Ce besoin de faire crier les avis d'intérêt particulier avait donné naissance à la corporation des *crieurs,* et à ce qu'on appelait les criages de Paris.

On lit au sujet de leur emploi, le passage suivant dans une ordonnance de Charles VI, an 1415. — « Au-
« ront lesdis crieurs, pour crier corps, confraries,
« huilles, oingnons, pois, fèves, choses estranges,
« comme enfans, mules, chevaulx, et toutes autres
« choses qui appartiendront à crier en la dicte ville,
« tant par nuit que par jour, reserve, buche et foing,

« v solz parisis; et pour crier vinaigre et verjus, xvj de-
« niers parisis. Et se c'est aucune personne d'estat tres-
« passé qu'il faille crier deux fois, ilz auront viij solz
« parisis, et querront les robes et manteaulx, sarges et
« chapperons qui appartiendront à querir pour les
« obsèques et funérailles.

Les taverniers avaient probablement commencé à se servir des crieurs pour annoncer au public qu'ils allaient entamer une pièce de vin, avant que le fisc municipal songeât à tourner cet usage contre les taverniers eux-mêmes. En effet, quand la coutume de crier les vins fut bien établie, l'autorité publique trouva que c'était un excellent moyen de constater la perce des tonneaux de vin, afin de prélever sur chacun les droits d'usage. En conséquence, on obligea tous les taverniers à prendre un crieur, et à lui payer un salaire fixe par jour. Depuis lors, les crieurs furent en quelque sorte des employés de la prévôté, obligés par le devoir de leur charge à aller chez les taverniers, et à constater la quantité de vin débitée par jour; les taverniers trouvèrent cet assujétissement vexatoire et onéreux; ils réclamèrent auprès du roi; mais le droit de criage parut si commode et si ingénieusement inventé, qu'on le maintint pendant des siècles, malgré les plaintes des taverniers. Les criages de vin donnant ainsi lieu à une perception importante, devinrent une branche notable du revenu royal ; car le roi les avait possédés d'abord, et affermés ensuite au seigneur de Poissy ; Philippe-Auguste, en 1220, les céda aux marchands de l'eau, avec le droit de nommer et de révoquer les crieurs, de tenir les étalons des mesures, et d'exercer la basse justice et la police à l'égard des contraventions. Il y avait en outre des terres et des rentes affectées à la ferme des criages. Cet objet est un peu obscur dans les actes, et aucun auteur moderne ne s'est occupé de l'éclaircir.

Ce n'est qu'à dater du règne de saint Louis, qu'il est fait mention des crieurs de vins. On aurait pu les appeler crieurs détaillans, car non-seulement ils parcouraient les rues criant le vin de la taverne à laquelle ils étaient attachés pour le jour ou la semaine ; mais ils en offraient aussi aux passans dans un hanap ou vase de bois, que le tavernier leur fournissait. Les vieilles éditions des ordonnances de la ville de Paris ont eu pour frontispice une gravure en bois qui représente un de ces crieurs ayant la bouche ouverte pour crier le vin, tenant d'une main un broc, et offrant de l'autre le hanap ou écuelle remplie de vin à un bon bourgeois qui passe dans la rue ; la taverne est figurée derrière le crieur.

Ainsi le vin allait autrefois trouver et provoquer le consommateur, et le Parisien pouvait à la rigueur, s'enivrer sans risquer de désobéir à l'ordonnance de saint Louis qui proscrivait la fréquentation des tavernes.

Les crieurs faisaient les affaires des taverniers, même malgré ceux-ci, qui souvent se seraient bien passés du ministère de ces employés qu'on leur imposait. Ils allaient criant le vin toute la matinée, et la veille des grandes fêtes ils criaient jusqu'au soir les vins composés, tels que clairet, ou épicé et miellé, vin de sauge, vin de romarin et autres dont les Parisiens se régalaient alors dans les jours extraordinaires.

Le roi s'était réservé la faculté de faire débiter en automne, après les vendanges, le vin provenant des vignobles de ses domaines. Alors les tavernes cessaient d'en débiter, et les crieurs précédés du chef de leur corps, allaient presque solennellement par les rues, pour crier le vin du roi. Ils gagnaient en cette occasion quatre deniers par jour, c'est-à-dire autant qu'il leur était payé pour crier le vin d'une taverne.

La bourgeoisie, au temps de Louis IX, vivait encore trop simplement pour se régaler de vins étrangers ; mais moins de cinquante ans plus tard, il arrivait quelquefois au port de Paris des vins singulièrement recherchés par les épicuriens de la capitale. On les nommait vins de Garache, de Malvoisie, de Lieppe, d'Osaie, vin Bastart, vin de Rosette, vin de Muscadet. L'arrivée d'une *naulée* de ces boissons rares était un véritable évènement pour les bons Parisiens. Aussi procédait-on au débit avec certaines formalités spéciales. Dès que le prix en avait été déclaré et inscrit, le prévôt des marchands, accompagné des échevins, se transportait à bord du bateau pour sceller la bonde, afin d'empêcher qu'on fît aucun mélange de vins étrangers avec d'autres. Toutefois, il est à remarquer que ces dignes magistrats n'oubliaient jamais de prélever pour leurs honoraires, — le prévôt, deux quartes par tonneaux, — et chacun des échevins ainsi que le clerc de la prévôté, une quarte. Ces messieurs voulaient bien cette fois, par exception, consentir à percevoir le droit de coutume en nature.

Venaient alors les crieurs, précédés, comme pour le ban du roi, de leur chef portant un hanap doré ; ils allaient par la ville annoncer la grande nouvelle de l'arrivée d'une naule de vins exotiques, pour engager les riches à profiter de l'occasion. Une classe particulière de tonneliers, appelés *barilliers*, et dont le nom est resté à l'une des rues de Paris, faisait pour les riches des tonneaux soigneusement travaillés pour enfermer ces vins rares; et telle était l'importance qu'on attachait à leur travail, qu'on leur permettait de s'y livrer les jours fériés, alors même que les boulangers et d'autres artisans qui pourvoyaient aux premiers besoins de la vie, étaient forcés de chômer.

Les crieurs étaient donc les hérauts du commerce parisien; et ils paraissaient si nécessaires, que longtemps même après avoir découvert des moyens de publicité beaucoup plus actifs, on se servait encore fréquemment de leur ministère. Charles VI réduisit leur nombre à vingt-quatre; il voulut qu'ils célébrassent avec solennité la fête de saint Martin-*le-bouillant*, patron de leur confrérie.

Les maîtres de la corporation devaient paraître à la procession, couronnés de chapeaux de roses, et l'un d'eux portant le bâton de la confrérie. A la mort (1) d'un crieur, ses camarades, en robe de la confrérie, por-

---

(1) Et avec ce yront deux d'iceulx crieurs entour ycelui corps du crieur trespassé, l'un tenant ung pot de vin, et l'autre un beau hanap pour présenter à donner à boire à tous ceulx qui porteront le corps, et à tous autres qui boire vouldront; et mettront reposer ledit corps à chascun quarrefour sur deux tresteaux, et en icelui reposant, présenteront à boire à ceulx qui là seront présens, aux despens de ladite confrarie. (*Ordonnance des rois, de l'an* 1415.)

taient son corps au cimetière; mais en route le convoi devait s'arrêter à tous les carrefours ; on déposait le cercueil sur des tréteaux, et un des crieurs muni d'un hanap richement ciselé devait offrir à boire à tous les assistans.

Nonobstant le cérémonial et l'espèce de prestige dont cette corporation s'entourait, elle ne laissait pas que de mériter assez peu de considération. Les crieurs faisaient volontiers toute sorte de métiers, jusqu'à celui de fossoyeurs et de valets d'étuves.

Paris comptait encore parmi ses débitans de comestibles les *regratiers,* qui vendaient les légumes, et le sel auxquels ils joignaient aussi le pain, le poisson, la cire, la bière ; il y avait deux corporations de ce genre. Les regratiers tenaient lieu *d'épiciers*, qui ne se formèrent en corps qu'au xive siècle, et ne sont point par conséquent un des métiers les plus anciennement constitués de la ville. Il existait en outre deux corporations de *poissonniers ;* les uns ne vendaient que des poissons d'eau douce, tandis que les autres tenaient exclusivement la marée. Pendant quelque temps il y eut même une corporation particulière pour le débit du hareng. Ce poisson pêché en abondance sur les côtes de la Normandie, de l'Artois et de la Bretagne, offrait au

peuple une nourriture commune et au plus bas prix.
Une dizaine d'espèces de poissons sont nommés dans
les tarifs de l'octroi; les huîtres n'y sont pas; en revanche on mangeait du marsouin, et la peau velue de cet
animal servait à border certains vêtemens.

La Seine était alors plus poissonneuse que de nos
jours. Entre Villeneuve-Saint-George et Paris, elle
s'appelait l'eau du roi.

La Marne, depuis Saint-Maur-des-Fossés jusqu'au
confluent de cette rivière et de la Seine, appartenait
également au roi. Lui seul et son délégué avaient droit
d'y pêcher; mais le délégué vendait toujours le droit
de pêche à quiconque voulait le payer.

Certaines règles de police qui furent souvent renouvelées ou modifiées dans la suite, s'appliquaient au système général de l'approvisionnement de Paris; on exigeait, par exemple, que les denrées une fois chargées
fussent dirigées sur la capitale sans s'arrêter en route,
et qu'elles y arrivassent dans le plus bref délai. On défendait aux marchands d'aller au-devant de ces envois,
et lorsque les cargaisons se présentaient à l'entrée des
ports ou dans l'enceinte de Paris, il fallait qu'elles
fussent vendues en bateau et portées sur les marchés,
afin que tout se passât publiquement, et qu'on fût sûr

de ne recevoir que des denrées saines et de bonne qualité. Les bourgeois avaient la préférence sur les marchands pour l'achat des vivres, ceux-ci ne pouvaient acheter certaines denrées qu'à des heures fixes qui laissaient aux bourgeois le temps de choisir auparavant. On redoutait les accaparemens et les monopoles, et cette crainte faisait traiter avec assez peu d'égards les débitans au détail. Le soin principal de la police était de tenir les marchés bien fournis et de les rendre accessibles à toutes les classes de la population.

Les métiers qui travaillaient le bois et les métaux paraissent assez peu nombreux au XIIIe siècle; il y avait des *orfèvres* et des *batteurs d'or*; au commencement du siècle suivant, on voit aussi des *émailleurs sur or*, au nombre de quarante, s'ériger en corporation, ou plutôt enregistrer leurs statuts au Châtelet; on exigeait rigoureusement que tous les artisans qui travaillaient en or ne se servissent que d'or fin ; mais on voulait du solide, et on défendait le clinquant pour éviter les fraudes des fabricans. Cependant les ordonnances renouvellent si souvent la défense de frauder, qu'il faudrait croire que, malgré toute la sollicitude de l'autorité, on trompait beaucoup de gens en substituant l'apparence à la réalité, en vendant du *faux* pour du *vrai*.

On connaissait peu et mal les pierres fines, quoiqu'il y eût quelques *joailliers*, et on croyait avoir assez fait en défendant de vendre du verre coloré pour des pierres précieuses. C'est par le commerce avec le levant que les pierres fines furent apportées pour la première fois, et tel fut l'engouement qui s'empara d'abord de cette branche d'industrie, que bien des gens allèrent jusqu'à attribuer aux pierres orientales des qualités surnaturelles; divers ouvrages du moyen âge s'étendent beaucoup sur les propriétés prétendues merveilleuses des rubis, des saphyrs et des sardoines.

Plusieurs métiers façonnaient le cuivre, le laiton, le fer, l'acier et le plomb pour les ustensiles de ménage, pour la serrurerie, la bouclerie, la harnacherie, l'épinglerie, etc. Il est à regretter que nous n'apprenions rien par leurs statuts, de l'exploitation des mines et des premiers apprêts des métaux, suivant les procédés connus à cette époque. Au reste on travaillait grossièrement ; on ne savait guère donner que des formes sans goût aux ustensiles, à la vaisselle, et aux ouvrages en métal qu'on employait à l'habillement ; mais l'ouvrage était solide, et c'est la qualité qui paraît le plus recommandée dans les réglemens dressés pour les artisans.

Les ouvrages en bois ne se distinguaient également

que sous ce rapport. La dévotion unie au luxe avait découvert le moyen de varier beaucoup les chapelets, sans lesquels on n'allait guère à l'église; quatre ou cinq corporations subsistèrent au xiii° siècle à Paris, de la fabrication des seuls chapelets en os, en ivoire, en corail, en ambre et en jayet. Il n'en est plus question dans les siècles suivans. Ce luxe avait fait place à d'autres genres de dépenses, à d'autres fantaisies.

Le xiii° siècle nous offre aussi une corporation des *faiseurs de crucifix* en os et en ivoire; travaillant sans cesse à l'exécution d'un seul type, ils ne purent imprimer un progrès saillant à l'art de la scuplture.

La peinture sur verre n'obtenait pas non plus à cette époque le développement qu'elle acquit plusieurs siècles après.

L'architecture ou plutôt la construction des édifices réunissait plus que d'autres professions, la force à la beauté.

La chevalerie et les habitudes des nobles donnaient beaucoup d'occupation aux métiers de la *sellerie* et de la *harnacherie;* diverses corporations telles que les *selliers,* les *chapuiseurs,* les *cuireurs,* les *bourreliers,* les *lormiers,* y trouvaient leur subsistance; c'était dans l'équipement que les nobles mettaient leur luxe; on dorait et on peignait les selles; le harnois complet d'un cheval formait un attirail singulièrement compliqué. Ce n'est pas une étude facile que celle des termes employés alors dans les statuts des selliers et des *blasonneurs* ou peintres d'armoiries, car le blason était attaché à la selle : peut-être est-ce de là qu'il a passé dans l'écusson du cavalier.

Les *lormiers* étaient les fabricans des mors et des freins; ils formèrent très long-temps une corporation considérable.

Le cuir subissait une grande consommation : les artisans qui l'apprêtaient se divisaient en plusieurs classes. D'abord on avait tiré de l'Espagne les cuirs préparés et teints à la façon du maroquin, que l'on connaissait dans le commerce sous le nom de *cordouans*, qui leur venait de la ville de Cordoue dont les exportations en ce genre de marchandises étaient énormes ; plus tard on introduisit en France les procédés de la fabrication des cordouans, ou du moins on les imita pour les employer tant à l'équipement des cavaliers, qu'à d'autres usages. On distingua les artisans qui faisaient des chaussures en *basaniers* ou *savetonniers*, et en *cordouaniers*, selon les cuirs qu'ils employaient : de là l'étymologie du nom moderne des cordonniers. D'autres classes, telles que les *baudroyeurs*, les *corroyeurs*, les *gantiers*, faisaient du cuir la matière première de leurs produits industriels.

Les *tisserands* en laine, fil et chanvre, étaient nombreux à Paris. La draperie formait une des principales industries des villes du nord de la France. Elle ne donnait point lieu à de grands établissemens ; mais elle suffisait aux besoins d'un bon nombre de familles; la confrérie des *drapiers* a long-temps existé. Dans la Cité, la rue de la Vieille-Draperie indique encore le berceau de ce métier. C'est aussi dans cette rue qu'étaient situées, selon toute probabilité, les vingt-quatre anciennes maisons de Juifs que les drapiers obtinrent de Philippe-Auguste, moyennant un cens annuel de cent livres. Comme ces artisans avaient la faculté de faire travailler chez eux leurs parens, le métier se transmettait dans les familles : on était drapier de père en fils, et quelquefois tous les membres d'une même famille travaillaient en commun. Dans l'origine, les tisserands vendaient les étoffes de laine qu'ils avaient tissées; ils étaient à-la-fois fabricans et marchands ; mais dès la fin du xiii° siècle, les riches faisaient tisser par les pauvres, et vendaient les draps qu'ils avaient fait manufacturer. Tout en conservant le nom de tisserands, ils y ajoutaient le titre de *grands mestres*, tandis que ceux qui travaillaient mercenairement et pour le compte d'autrui, n'étaient plus que les *menus mestres*. Quoique les autres villes industrielles de la France eussent le droit de venir vendre leurs draps aux halles de la capitale, les drapiers parisiens soutenaient avec avantage cette concurrence ; car, quant à la draperie fine, il n'y avait que les fabriques de la Flandre qui l'eussent portée à un grand degré de perfection, et, quand on voulait avoir du *camelin* fin ou de l'écarlate, on allait chez les marchands qui apportaient du nord les draps flamands.

A Paris, comme à Saint-Denis et ailleurs, la draperie faisait prospérer la *teinturerie.* Ces deux métiers indispensables l'un à l'autre, et pourtant jaloux de leurs succès réciproques, eurent de fréquens démélés, que l'autorité publique essaya quelquefois en vain de concilier. Les drapiers voulaient teindre, pour avoir tout le bénéfice de leurs opérations, et les teinturiers, de leur côté, témoins des bonnes affaires que faisaient les drapiers, cherchaient à tisser les laines qu'ils teignaient, et à spéculer ainsi exclusivement pour leur compte. Dans la suite, les drapiers furent le premier des six corps de marchands, et quoique les *chaussetiers* ou fabricans de chausses en draps et autres étoffes de laine, voulussent faire une corporation particulière, et eussent choisi pour leur confrérie un autre patron que les drapiers, ils furent néanmoins absorbés dans cette puissante corporation, à laquelle ils parvinrent seulement à donner le nom de *drapiers-chaussetiers*.

Les *foulons* devaient aussi leur existence à la prospérité dont jouissait la draperie. Plus de trois cents foulons allèrent au-devant du cortège funèbre qui rapportait à Paris le corps de saint Louis, mort en Afrique. Ils devancèrent les autres bourgeois, pour se plaindre à Philippe-le-Hardi de ce qu'on les empêchait de se servir d'une place près de la porte Baudoyer, dont ils avaient depuis long-temps la jouissance. Mais dans ce nombre de trois cents, il faut probablement compter les ouvriers compagnons; car il est difficile de croire qu'il y ait eu trois cents foulons à Paris, tandis qu'on ne comptait qu'environ soixante maîtres-drapiers et vingt teinturiers; du moins, le nombre des maîtres nommés dans l'accord fait entre les deux métiers, l'an 1291, ne s'élève pas plus haut. Dans la place qu'on voulait leur contester, et qui, jusqu'à ce jour, porte le nom de Baudoyer, se tenaient chaque matin les ouvriers foulons qui n'avaient point d'ouvrage.

Si l'on veut comparer les trois états de la draperie, de la teinturerie, et de la foulonnerie à l'époque dont nous parlons, sous le rapport du gain et de l'aisance, il suffit de parcourir les rôles de la taille à laquelle on soumettait les marchands de Paris. Dans celui de 1313, (inséré dans la collection des chroniques nationales par M. Buchon), les foulons sont taxés à une faible somme ; les teinturiers ne paient pas non plus un impôt très élevé, mais on exige des droits très onéreux de la plupart des drapiers; quelques-uns d'entre ces derniers furent même les plus haut taxés de toute la bourgeoisie de Paris. Ainsi, le livre de la taille cite : Vasselin de Gant, drapier en gros, taxé à 150 livres, Jacques Marciau à 135 ; Pierre Marcel, drapier devant Saint-Eloy, à 127 livres ; dame Isabeau de Tremblay, drapière, à 75 livres ; Jehan Pizdoe, son gendre n'est taxé qu'à 9 livres. Les Pizdoe étaient une famille notable qui a fourni des échevins. — Parmi les teinturiers, le plus fort imposé est Jehan Bouchet qui paie 30 livres. Quelques-uns de ces marchands payèrent plus que des paroisses entières ; et les *changeurs* même, qui étaient les banquiers de ce temps-là, ainsi que les *lombards* qui tenaient le comptoir et la banque, ne purent se comparer pour le gain aux forts marchands de draps de la Cité, du Grand-Pont, et de la paroisse de Saint-Méry. Peut-être mêlaient-ils le commerce des draps de la Flandre et du Brabant avec celui des produits de leurs fabriques.

Les tisserands de couvertures de laine portaient le

singulier nom de *faiseurs de tapis nostrés*, se distinguant par là des *faiseurs de tapis sarrazinois* qui fabriquaient réellement des tapis, et dont la corporation s'adjoignit plus tard les fabricans des tapis de haute lice que l'on n'avait pas connus d'abord. C'est de la Flandre que ce genre d'industrie fut apporté aux Parisiens.

La tisseranderie en lin et chanvre occupait un assez grand nombre de bras; tous les samedis, les *liniers* étalaient aux halles, non loin des marchands de toile; les Normands y arrivaient ce jour à cheval, portant en croupe leurs marchandises; l'approvisionnement n'avait guère recours à des moyens plus compliqués. Les marchands de toile se nommaient *chavenaciers* ou *canevassiers*, parce que la toile de chanvre était celle dont se servait la majeure partie de la population : on connaissait encore peu l'usage du coton. La soie n'était à la portée que des riches; on la filait et on la tissait à Paris, en médiocre quantité : c'étaient les *merciers* qui la faisaient venir de l'étranger, et apprêter par les *fileresses* de la ville. Personne n'avait encore conçu l'idée de réunir plusieurs opérations mécaniques dans de grands ateliers. Les merciers, obligés de confier une marchandise aussi précieuse que la soie à des ouvrières du dehors, éprouvaient souvent quelque difficulté à se faire rendre intégralement la quantité de matière qu'ils avaient livrée au travail. La classe ouvrière, celle surtout qui s'occupait de la filature, n'était pas toujours aussi probe qu'on devait l'attendre de la simplicité des mœurs et des sentimens religieux qui régnaient alors. Souvent les fileuses vendaient la soie, ou l'échangeaient contre la bourre, ou la portaient en gage chez les lombards et chez les Juifs. On peut voir par le renouvellement des ordonnances contre les fraudes, combien il fallut de rigueur pour discipliner la classe des fileuses. Le prévôt de Paris fut obligé de faire comparaître à son tribunal toutes les fileuses de soie, et de les menacer en masse du bannissement et même de l'exposition au pilori. (1)

Les *brodeuses* formaient déjà une classe considérable vers la fin du XIIIe siècle; d'autres ouvrières faisaient des bourses ornées d'élégantes bordures, que les femmes portaient à leur ceinture, et qui étaient connues sous le

---

(1) Une ordonnance du prévôt René Barbou, de l'an 1283, dit entre autres choses — « et s'il avenoit que il venissent en la vile de Paris, puisque èles au-
« roient esté banies, avant que grès eust été fait à celui qui la dite soie lor au-
« roit ballié, nous les metrions en pilori pour ij jours. »

nom d'*aumonières sarrazinoises,* nom qui rappelait sans cesse aux dames la destination bienfaisante de ces bourses, quoiqu'elles servissent également à serrer d'autre monnaie que celle destinée à soulager les pauvres.

Les hommes portaient aussi des bourses à leur ceinture ; mais elles étaient de cuir et sans ornemens. Cet usage faisait vivre la corporation des *boursiers.*

Les coutumes et les habitudes qui plus tard ont fait naître la mode, ce caprice de chaque jour trop souvent ruineux, ont tour-à-tour amené par leurs changemens la naissance et la ruine des branches d'industrie qui spéculent sur les besoins factices de la vie.

Il y aurait ici matière à de sérieuses et tristes pensées, à propos de ce luxe envahissant toutes les classes et jetant dans leur sein les germes de démoralisation, qui préparent lentement, à travers les ans, la décadence des sociétés. Nous avons besoin de nous souvenir qu'il ne doit y avoir dans ces pages que l'esquisse de quelques traits d'un large tableau historique ; — pour ce qui touche à la satire des vices inhérens à l'existence des grandes cités, lisez Mercier ; les huit volumes qu'il a laissés n'ont pu suffire à tout noter, et pourtant son livre, comme il a pris soin de le dire lui-même, n'est ni un inventaire ni un catalogue : c'est un recueil d'impressions recueillies à vol d'oiseau; mais dans ces impressions d'une âme ardente, il y a çà et là de hautes pensées, dont on voudrait espérer que l'avenir tirera un peu de fruit.

A Paris, dit Mercier, et ceci s'écrivait en 1780, à une époque où le luxe était loin d'être encore ce qu'il est aujourd'hui,—à Paris, il est presque impossible de vivre heureux, parce que les jouissances hautaines des riches y poursuivent de trop près les regards de l'indigence. Il y a lieu de soupirer, en voyant ces prodigalités ruineuses qui n'arrivent jamais jusqu'au véritable pauvre. Car le pauvre de Paris est bien au-dessous du paysan le plus gêné; c'est l'homme de la terre qui trouve le moins de ressources pour satisfaire à ses besoins; ses facultés sont abâtardies comme ses jours sont précaires. Il doit s'interdire les affections et les jouissances de la sociabilité. S'il fait des enfans, c'est dans un grenier, et n'y a-t-il pas une déplorable contradiction entre *naissance* et *non-propriété?* Les spectacles, les arts, les doux loisirs, la vue du ciel et de la campagne, rien n'existe pour le pauvre de Paris; car dans cette ville géante, il n'y a point de liens qui rattachent l'une à l'autre les diverses conditions de la vie. Ce qu'on appelle *médiocrité*, qu'est-ce à Paris? misère cachée, et voilà tout; car il y a dans la capitale des passions, des goûts, des fantaisies, qui passent, en naissant, à l'état de besoins aussi pressans que ceux du boire, du manger, du vêtement et du logis. La vue des jouissances luxueuses est un mal contagieux qui se propage comme la peste.

Quel étrange spectacle que cette fourmilière immense, peuplée d'individus toujours changeans, à l'exception de ceux que la pénurie cloue au sol. On retrouve à Paris tous les peuples du monde, représentés par leurs mœurs, leurs usages, leurs caractères, et aussi leurs travers. Il y a des Asiatiques, couchés tout le jour sur des piles de carreaux ; des Lapons qui végètent dans des cases étroites ; des Japonnais qui se font ouvrir le ventre à la moindre dispute ; des Esquimaux qui ignorent le temps où ils vivent ; des Nègres qui ne sont pas noirs, et des Quakers portant l'épée. On voit passer tour-à-tour, le chimiste adorateur du feu ; — le curieux idolâtre de statues, de tableaux, d'antiquailles qu'il achète à tout prix ; — l'Arabe vagabond qui dort au coin de la borne, tandis que l'Indien oisif remplit les cafés, les boutiques, et les rues. Ici demeure un charitable Persan qui donne gratis des remèdes aux pauvres; et près de lui, sur le même pallier, habite un usurier anthropophage.......

Il y a plus de cinquante ans que Mercier disait tout

cela avec une causticité que l'on surpasserait beaucoup aujourd'hui, loin de la trouver exagérée; jamais la satire ne se montra plus amère que de nos jours; il est vrai qu'elle s'attaque au vice moral, à l'esprit du temps plus qu'à la réalité des misères positives, qui rampent autour de nous; mais presque toujours aussi, hâtons-nous de le dire, la satire est la gangrène des vices qu'elle stigmatise; ses dents et ses ongles déchirent les plaies au lieu de les guérir. Ce n'est pas non plus en attaquant de front les abus, que l'on parvient à les détruire.

Après tout, il y a de belles observations à faire au milieu des prestigieuses merveilles de la grande ville, que toutes les régions de la terre viennent enrichir de leurs tributs, comme pour en faire un abrégé de l'univers. Entrez de nos jours, dans une de ces demeures où s'étalent à l'envi toutes les jouissances que procure la richesse. Vous y faites à propos d'une tasse de thé le tour du monde; le Japon et la Chine ont fourni la porcelaine où bouillonne devant vous le thé odoriférant de l'Asie. Vous prenez avec une cuiller d'or, arrachée aux mines du Pérou, le sucre que de malheureux noirs transplantés d'Afrique, ont fait croître en Amérique. Vous êtes assis sur une étoffe brillante, originaire de l'Inde, et pour laquelle trois grandes puissances se sont fait une guerre longue et cruelle; en étendant la main, vous saisissez sur une feuille volante, l'histoire récente des quatre parties du monde, dont chaque jour vous apporte la suite, sans dérangement et sans fatigue de votre part; on y parle d'un congrès et d'une bataille; d'un visir étranglé et d'un nouvel académicien; enfin jusqu'au singe et au perroquet que possède quelquefois la maison, tout vous rappelle les miracles de la navigation et de l'ardente industrie de l'homme.

En mettant la tête à la fenêtre, poursuit Mercier que nous aimons à citer encore, on considère l'homme qui fait des souliers pour avoir du pain, et l'homme qui fait un habit pour avoir des souliers ; plus loin, l'homme qui ayant un habit et des souliers, se tourmente encore pour avoir de quoi acheter un tableau. On voit le boulanger et l'apothicaire, l'accoucheur et celui qui enterre, le forgeron et le journalier, travailler pour aller successivement chez le boulanger, l'apothicaire, l'accoucheur et le marchand de vin.

C'est en définitive le peuple qui travaille et qui produit. C'est le commerce des choses de première nécessité, ou d'un usage commun qui le fait vivre ; tant que ses mœurs restent simples il prospère; dès que l'aspect du luxe des riches éveille en lui des besoins nouveaux, qu'il était heureux d'ignorer, sa démoralisation est prochaine. C'est alors qu'il se croit misérable, qu'il se sent humilié; c'est alors qu'il invente l'émeute, pour que le pillage lui fasse une part forcée des biens dont la privation lui semble une injustice. Pauvre peuple que celui de nos jours, qui envie quelque chose au-delà du travail qui amène le pain quotidien, et qui, bon an, mal an, lui assure vêtement et logis !

Pauvre peuple, que celui qui prend au sérieux ce niais paradoxe devenu proverbe, — « que les enfans sont la richesse du pauvre ». Oui, sans doute, le peuple des villes est pauvre, mais pauvre de sens, pauvre de cœur et d'énergie ; car en dehors de ces villes où il s'entasse, il y a, parmi toute la France, de la terre à féconder qui réclame des bras. C'est l'agriculture qui fait les hommes libres, tandis que le salaire de la semaine oblitère le sens moral de la population ouvrière ; pour elle, l'année n'a que sept jours : c'est pour la nation agricole seule que l'année à réellement trois cent soixante-cinq jours. Et puis, l'ouvrier des villes qui n'a d'autre avenir à léguer que la nécessité d'un travail précaire, à salaires flottans et variables; l'ouvrier, race famélique, ennuyée, asservie, s'amuse à faire des enfans. L'homme qui vit de la terre qui, compte son revenu, qui améliore ses produits, qui possède, en un mot, desire maintenir cette position à ses enfans. Avec un accroissement de bien-être remarquable, la population reste presque stationnaire; les familles y sont peu nombreuses, les mariages tardifs, mais fondés en raison, et les mœurs plus pures. Ce sont les montagnardes faméliques du pays de Galles, les Irlandaises, les Allemandes, sur leur tas de pommes de terre, qui font pulluler une portion misérable de l'espèce humaine. Ce sont des nations déshéritées, qui en donnant la vie et deux bras à l'individu, le dotent de tout ce qu'il pourra jamais obtenir en ce monde, le salaire, qui fait de l'individu la *chose* du maître.

Voilà ce qui crée, d'un côté, nos dangers, nos secousses politiques, et de l'autre ce bon sens réfléchi, qui est le véritable palladium de notre existence sociale. Tout ce qui tient à cette nation éphémère liée aux spéculations à court terme, au mouvement rapide des fortunes, toute cette classe aventureuse, qui influe tellement par sa position dans nos capitales, est menaçante pour la sécurité du pays. On sent en sa présence, le besoin d'élever la voix, de s'adresser aux populations agricoles, de rappeler leur importance, de rallier leurs forces, de leur faire comprendre qu'il n'est rien à espérer d'hommes dépendans de circonstances instantanées, d'hommes à qui on ne peut livrer un avenir qu'ils méconnaissent, qu'ils ont borné à la série passagère des évènemens de l'année, de la semaine, du jour ; ils ne sauraient comprendre ni défendre les intérêts généraux, et ce n'est point parmi eux, qu'Henri IV eût choisi son Sully. L'industrie exploite partout, elle n'a point de patrie, parce qu'elle n'a point affaire du sol. Elle crée les orages politiques, mais elle ne s'associe point à l'intérêt national.

L'industrie est aussi la mère de l'émigration qui disperse les forces d'un pays. Prenez au hasard aujourd'hui un recueil d'adresses ; feuilletez ce pêle-mêle de noms italiens, germaniques, anglais ; et vous reconnaîtrez que la transplantation est récente, et que rien n'en garantit la durée. La Restauration en fixant ses adhérens à Paris, en les rendant capitalistes, en les détachant du sol, a énervé d'un seul coup la vigueur de son parti. Ce sont quelques paysans du Bocage vendéen qui ont porté leurs têtes sur l'échafaud : qu'on cite un indemnisé qui ait ainsi payé sa dette de dévoûment ?

Créer des richesses, au lieu de les déplacer, c'est la politique rationnelle ; une fois dans cette voie, elle marche à son but sans encombre ; car le travail productif s'alimente de lui-même. Et, pour rappeler une époque de grandeur militaire dont les souvenirs ont tant d'écho parmi nous : — que n'eût-on pas fait de ces forces employées à étendre nos limites, vain avantage qui ne remplacera jamais l'intensité des moyens et l'énergie des forces concentrées ? que n'eût-on pas fait, pour la prospérité du pays, avec les ressources d'une génération telle que celle qui a succombé dans les luttes ambitieuses de l'ère Napoléonienne ; avec cinq millions d'hommes fixés sous les drapeaux de la civilisation qui féconde au lieu d'envahir ; avec dix milliards dépensés en fumée, et la force croissante que de tels moyens eussent acquise de nos pacifiques conquêtes : le développement de l'intelligence, et l'ennoblissement de l'homme associé à la création ?

Ces considérations sont vivaces ; il y a en elles quelques reflets d'une immense question que les plus hautes époques de l'histoire passée ont déjà résolue ; nous y reviendrons plus tard ; les disgressions quelque fondées en vérité qu'elles apparaissent, sont peut-être une faute. Achevons d'un trait qui pourra paraître un contraste puéril : — tandis que les nations libres et intelligentes, appliquées aux travaux d'intérêt général, s'habillent d'étoffes neuves, et n'ont pas de vagabonds, les populations qui s'usent dans les ateliers, ces vastes hôpitaux des générations manufacturières sont encombrées de fripiers, et rongées par l'usure; elles ont inventé ces léproseries de la civilisation appelées *dépôts de mendicité*, dont le nombre ne suffit jamais aux parias qu'on y entasse.

Nous nous sommes éloignés, sans y prendre garde, de la revue que nous avions commencée des corps de métiers de Paris au xiiie siècle.—Reprenons notre étude où nous l'avons laissée. Aussi bien, tout-à-l'heure nous parlions de misère; la misère était alors exploitée comme elle l'est aujourd'hui, par des trafiquans de bas étage, le corps des *ferpiers* était fort nombreux dans Paris; obligés d'étendre leur commerce, plus encore que les fripiers de l'époque actuelle, et soumis à de vieux statuts, ils vendaient, pêle-mêle, des tissus de laine, du linge, du cuir, et mêlaient aussi parfois un peu de neuf au vieux; leurs boutiques occupaient les environs des halles, et la paroisse de Sainte-Opportune; une classe particulière de fripiers était celle des marchands de chiffons, et de vieux souliers, ainsi que celle des fripiers ambulans qui criaient dans les rues la *cote* et la *chape*, ou bien *cote* et *surcote*. Il faut que la friperie ait été d'un grand débit, pour avoir pu faire vivre cette foule de petits marchands qui sont portés comme tels sur le rôle des tailles.

Le Petit-Pont et ses avenues étaient peuplés de *pelletiers*. Il n'y avait que les riches qui pussent faire border leurs vêtemens de fourrures d'hermine; mais tous les bourgeois qui jouissaient d'une médiocre aisance portaient des habits fourrés de *vair* et de *gris*, c'est-à-dire de peau d'écureuils et autres animaux sauvages de nos contrées, ou d'amphibies, tels que le marsouin. La plupart de ces pelletiers se contentaient forcément d'un gain très modique; il y avait parmi eux très peu de riches marchands.

Les robes étaient taillées sur le même modèle, quel que fût d'ailleurs le rang des personnages. Tous les bourgeois s'habillaient uniformément; mais le goût de la vanité s'emparait de la coiffure. Quatre corporations de *chapeliers* s'en occupaient sans cesse très activement. Les chapeaux et chaperons, en drap ou en feutre, recevaient diverses formes, et les dames de ce temps-là se montraient aussi coquettes que les nôtres. Leurs *couvre-chiefs* de soie étaient fabriqués par une classe spéciale d'ouvrières, et à défaut de marchandes de modes et de nouveautés, c'étaient les merciers qui tenaient les articles de parure, ainsi que les parfums, les arômes, et une foule d'instrumens, d'objets de luxe et de nécessité. Un poème du moyen âge, *le dit d'un mer-*

cier, énumère longuement les marchandises de la mercerie; et la mémoire suffirait à peine à contenir tous ces détails. Chez le mercier, le riche se pourvoyait de *siglaton* et de *sendal*, deux soieries du Levant et de l'Italie; il y trouvait l'hermine et le vair: les femmes élégantes faisaient emplette de *molequin*, fin tissu de lin; de fraises à cols, attachées avec des boutons d'or; de *tressuns* ou *tressoirs*, qu'elles entrelaçaient dans les cheveux; d'*orfrois*, ou broderies en or et en perles, qui appliquées à la coiffure, rehaussaient l'éclat de la parure entière, ou servaient à border la robe de soie ou de velours. La rue Quincampoix, ou comme on disait alors *qui qu'en poist*, d'autant plus riche et plus brillante que les boutiques d'orfèvres et de joaillerie s'y mêlaient à celles des merciers, était alors ce que sont aujourd'hui les rues Richelieu, Vivienne, et quelques boulevards, c'est-à-dire le rendez-vous des dames de la haute société. La famille des Epernon était la plus splendidement assortie de toutes les fournitures de luxe que la mode mettait en vogue.

Les merciers ne bornaient pas leur commerce aux environs de la rue Saint-Martin: on lit dans Sauval (*antiquités de Paris*, tome II, art. des *corps marchands*), qu'ils avaient encore obtenu l'autorisation d'étaler leurs produits au Palais, dans la galerie qui s'appelait encore naguère la galerie aux merciers, et dans un lieu dit la *Grange* de la mercerie, au faubourg Saint-Antoine, sur la route du château de Vincennes, afin d'être toujours à portée de la cour, dont ils ne pouvaient pas plus se passer, que les gens de la cour ne pouvaient se passer d'eux.

Aux xvie et xviie siècles, cette corporation était devenue fort riche et puissante; tenant le troisième rang dans le corps des marchands, elle se grandissait, par le fait, au premier; — si bien, poursuit Sauval, qu'on ne doit pas s'étonner que cette classe fût nombreuse, et plus riche à elle toute seule que les cinq autres corps de marchands réunis. En 1557, Henri II passant une revue des bourgeois de Paris, compta sous les armes trois mille merciers; nombre qui pourrait à la vérité, être taxé d'exagération, s'il ne fallait remarquer que la mercerie comprenait, autrefois, bien des branches d'industrie et de commerce, qui sont devenues de nos jours des spécialités dont chacune a pris son titre.

Les dames de Paris faisaient quelquefois surmonter leurs coiffures de plumes de paon, apparemment assez rares en ce temps-là; ce qui avait donné lieu à un métier particulier, celui des *paoniers*, ou *chapeliers de paon.* Une seule plumassière paraît s'être distinguée dans son art; dans le livre de la taille de 1313, elle est nommé *Geneviève la paonière.* Elle fit fortune, et consacra aux frais d'une chapelle sous l'invocation de sa patrone, l'argent qu'elle avait gagné à satisfaire la coquetterie des dames de haut parage.

Une coiffure, aussi simple que gracieuse, consistait en chapelets de fleurs naturelles, surtout de roses, que préparaient les *herbiers,* ou chapeliers de fleurs, dont il y avait aussi une corporation. C'était dans des enclos hors des murs de la ville, qu'ils cultivaient les fleurs et les herbes qui servaient à cette parure, ainsi qu'à joncher l'intérieur des appartemens, aux jours de fêtes solennelles. L'idée de se parer de fleurs a dû naître dès les temps les plus éloignés de nous. La jeunesse raffina cet art d'assembler les fleurs ; elle mit dans le choix de celles destinées à être tressées en *chapelets,* des emblèmes mystérieux, qui exprimaient les espérances, les craintes ou les chagrins d'amour. Puis l'usage de ces chapelets se perdit, quand l'opulence dédaigna une parure que tout le monde pouvait se procurer à peu de frais. On continua long-temps à porter des couronnes, mais on les ornait de rubans et de bandelettes d'étoffes d'or ou d'argent. La corporation des chapeliers de fleurs s'efface dans le courant du xiv⁵ siècle. Le luxe de l'art chassa celui de la nature.

Le xiii⁵ siècle ne nous offre guère dans Paris d'autres professions dont l'exercice exige plus de science ou plus d'adresse ; du moins, ceux qui s'en occupèrent alors ne formèrent-ils point de corporations. Les *peintres* habitaient la rue Saint-Jacques, parmi les selliers et les lormiers. Leur art se rattachait communément à la peinture des selles et des armoiries. Il y avait aussi quelques *enlumineurs*, mais il est probable que les meilleurs ouvrages en ce genre furent exécutés dans les cloîtres.

Quant au commerce des livres écrits, il était si peu important, que les libraires en très petit nombre d'ailleurs, avaient tous d'autres états pour subsister. Ainsi le livre de la taille de 1313, nomme entre autres Thomas de Sens, libraire et tavernier ; — mestre Thomas de Mantes, libraire et sa femme *ferpière* (fripière).— Nicolas Langlois, libraire et tavernier, etc., etc.

Quelques praticiens, hommes et femmes, exerçant l'art de guérir, s'appelaient *mires ;* mais il paraît que leur science était courte ou leur talent bien mal payé, car ils étaient taxés fort légèrement ; — mestre Geoffroy le mire, payait 12 sous ; — Améline la miresse, 8 sous.

La chirurgie qui se bornait alors à très peu d'opérations, était du ressort des barbiers, qui l'exercent encore de nos jours en France, au fond de quelques campagnes isolées, et dans les petites villes de plusieurs états de l'Europe. A la fin du XIII° siècle, on les forma en corporation en France, et les plus habiles dans l'art de la chirurgie furent chargés d'examiner la capacité des autres.

Au commencement du XIV° siècle, on ne comptait qu'un seul dentiste, nommé Martin le Lombart.

Les jongleurs (*menestreus* et *jugleurs*) existaient en corps avant 1321: c'étaient les ménétriers, les musiciens et les chanteurs d'alors; ils popularisaient dans toutes les classes de la société les poésies romanesques et burlesques qui faisaient les délices de la foule.

Enfin le livre de la taille fait mention de deux hommes dont l'un, Guillaume le Devin, vendait la bonne aventure, et l'autre, mestre Jehan d'Aire, *quéreur de pardons,* allait pour de l'argent, chercher à Jérusalem la rémission des péchés d'autrui.

L'industrie en voie de progrès fait peu-à-peu argent de tout.

Au XVI° siècle, les indulgences se vendirent dans Rome la sainte.

C'est alors qu'on vit un moine obscur d'un petit couvent d'Allemagne, apprendre au monde qu'il s'appelait Luther, et préparer à son insu, pour l'avenir, le carnage de la Saint-Barthelémy, les fureurs de la Ligue, le meurtre d'Henri IV, les massacres d'Irlande, la révocation de l'édit de Nantes, et les dragonnades.

III.

Quand, par l'extinction de tous les descendans directs de la famille de Hugues Capet, en 1328, la succession à la couronne de France devint un objet de litige entre Philippe de Valois et d'autres prétendans, le roi d'Angleterre fut plusieurs fois sur le point de réunir à son apanage la couronne de France, comme autrefois les ducs de Normandie avaient réuni la couronne d'Angleterre à leurs domaines.

On a si souvent répété que les Français et les Anglais étaient destinés à être des ennemis toujours en présence, et qu'ils s'étaient montrés ainsi depuis les temps les plus anciens, que nous avons fini par accepter cette idée comme un axiome ; et rien n'est cependant plus éloigné de la vérité. Du temps de l'ancienne Gaule ils étaient unis par la même langue et la même communauté d'origine : sous la domination romaine, ils partagèrent les mêmes chances de soumission et de rébellion ; au temps des barbares, ils furent en proie aux incursions des peuplades venues des mêmes régions, et les Saxons s'établirent en Angleterre comme les Francs en France. Sous le système féodal, enfin, l'Angleterre, qui était déjà en liaison intime avec la France et qui en adoptait la langue comme langue de la cour, devint, par suite de la conquête des ducs de Normandie, partie intégrante du même système, dans lequel les rois de France se plaçaient au premier rang. Dès ce moment la même langue fut parlée dans les deux pays, et les poètes français de la cour anglo-normande devancèrent même d'un siècle les poètes de la France septentrionale. Les plus anciens poètes français sont de la fin du xiie siècle ; les plus anciens poètes anglo-normands sont de la fin du xie, et leurs compositions l'emportent de beaucoup par l'importance historique et par le talent sur les nôtres. Ce ne fut qu'au xiii° siècle que la France littéraire commença à reprendre un peu l'ascendant ; mais ce siècle est aussi celui où éclata simultanément la lumière sur tous les autres points de l'Europe. Dans le midi de la France les troubadours continuaient à fleurir; l'italien se formait tout perfectionné d'un seul jet avec le Dante; le catalan, le castillan et le portugais développaient déjà toute leur force et toute leur grâce, et enfin la nouvelle langue qui devait naître un jour du mélange des nobles normands avec leurs sujets de langue saxonne, sous le titre d'anglais, commençait déjà à avoir des interprètes populaires, inconnus aux conquérans, mais qui faisaient les délices des sujets conquis. Ces premiers indices de la séparation des deux peuples ne s'étaient toutefois pas manifestés hautement encore, et jusque-là leur langue, comme leurs lois, leurs coutumes et leurs rois, avaient conservé l'empreinte de la même origine. Mais le temps approchait où une scission allait s'opérer. Les rois d'Angleterre, depuis la conquête, avaient puisé une telle force dans la richesse de leurs domaines de France, qu'il ne s'était trouvé en Angleterre aucun grand vassal qui pût lutter de puissance avec eux, et que jamais encore la monarchie n'y avait été transformée de fait en république féodale. Les nobles, pour résister aux empiétemens tous les jours croissans de l'autorité royale, avaient été obligés de recourir à une alliance avec le peuple. Ces deux forces réunies pour amener la royauté à compter avec elles, avaient dû naturellement, pour marcher d'accord, se faire des concessions réciproques, et après la victoire plaider réciproquement auprès de la couronne pour les intérêts l'une de l'autre, afin de se ménager au besoin un renouvellement d'alliance. De là était résulté la conservation des grandes assemblées nationales et leur autorité dans le pays ; de telle sorte que ce fut la puissance même de la couronne qui fut la cause de la plus grande liberté politique. Les rois, toujours en présence d'une nation compacte, furent obligés de la respecter, et le peuple, habitué à comprendre que son appui était nécessaire aux grands, en reçut une plus grande dignité personnelle, et prit plus d'intérêt à la chose publique.

En France, les choses s'étaient passées autrement. Le roi, qui n'était souverain que de nom, et était entouré de grands vassaux plus puissans que lui, s'était uni aux bourgeois contre les nobles pour parvenir à asseoir l'autorité royale, et les bourgeois, cédant au droit de se venger de leurs petits châtelains, ne firent pas attention qu'ils se donnaient un maître à l'autorité duquel il leur serait bien plus difficile de résister un jour. Les nobles anglais avaient aidé le peuple à limiter l'autorité royale pour se protéger eux-mêmes ; le peuple de France aida les rois à étendre démesurément l'autorité royale pour se protéger contre les nobles. Philippe-Auguste et saint Louis, qui avaient été les premiers à jouir des avantages de cette nouvelle position, songèrent à la régulariser et à l'affermir par l'autorité des lois : des jurisconsultes furent appelés. Cette puissance, apportée par le peuple à la couronne, devint une puissance de droit. Quelques années plus tard, elle devint d'origine divine. Les légistes, seuls instruits au milieu d'une noblesse ignorante, devinrent, sous le nom de parlemens, une autorité politique, une sorte de haut conseil national. Mais comme la sanction populaire manquait à leur autorité, ils ne furent jamais investis du caractère national qui eût pu faire respecter leurs décisions.

Si en 1328, au moment où tous les héritiers mâles en ligne directe de Hugues Capet étaient éteints, le parlement français eût été investi de la même confiance que le parlement national d'Angleterre, bien des maux eussent pu être évités à la France par une décision légale, contre laquelle personne n'eût eu assez de popularité pour protester avec succès. Mais sa partialité envers tout souverain régnant était reconnue, et frappait tous ses actes de nullité. On a écrit des volumes sur la question qui divisa alors la France : les uns prétendaient que, si les filles étaient exclues de la couronne en vertu de la loi salique, qui n'avait pas empêché cependant les femmes de succéder à la même époque à beaucoup de grandes seigneuries et royaumes, leurs fils ne pouvaient être dépossédés de leur droit, qui n'était que dormant jusqu'à ce qu'il se manifestât en eux ; les autres prétendaient qu'au défaut d'héritier mâle de la branche aînée, il fallait prendre le plus prochain héritier mâle de la branche cadette. Ce fut en vertu de cette dernière opinion que Philippe de Valois, déjà en possession de la régence, s'empara du titre et des fonctions de roi, dès que la reine eût mis au monde une fille. A ce moment le roi Édouard d'Angleterre, qui, dans la première supposition, eût eu des droits à faire valoir sur la couronne de France, n'était âgé que de seize ans, et sa mère se contenta de protester en faisant la réserve des droits de son fils.

Édouard III grandit et songea à venir présenter lui-même ses réclamations à la tête d'une armée.

L'histoire de ces sanglans débats, depuis l'année 1338,

où Edouard commença une invasion qui devait être suivie sitôt après des désastreuses batailles de Crécy en 1346, de Poitiers en 1356, et d'Azincourt en 1415, jusqu'aux batailles de Fourmigny en Normandie, en 1450, et de Châtillon en Guyenne, en 1453, où la France se vengea de tant de désastres par la destruction complète de l'armée anglaise, est pleine des traits les plus brillans de bravoure de l'un et de l'autre peuple.

La bataille de Crécy est la première où il soit fait mention de l'artillerie.

Dix ans s'étaient à peine écoulés depuis cette fameuse bataille, et le roi Jean, qui avait succédé aux prétentions despotiques de Philippe de Valois, avait encore augmenté les désordres des finances en dépit des décisions des états-généraux fréquemment convoqués, lorsqu'un nouveau coup, plus terrible, fut encore porté à la monarchie des Valois par la bataille de Poitiers. Le roi Jean conduit prisonnier en Angleterre, abandonna la France à une anarchie véritable. Pendant que les parens du roi se disputaient les lambeaux de l'autorité royale, les nobles pillaient leurs paysans pour se rançonner eux ou les membres de leur famille prisonniers des Anglais. Les paysans avaient jusqu'alors regardé avec assez d'indifférence les affaires générales de l'État; mais l'obligation de payer tant de rançons, et les oppressions des gens de guerre, contre lesquels aucune autorité ne songeait à les protéger, les obligèrent bientôt à s'occuper de leur propre défense.

A cette même époque, les vices et la fierté du clergé supérieur avaient rapproché de la cause populaire les moines mendians, sortis la plupart des rangs du peuple, et plus rapprochés de ses habitudes que de celles des grands; et il était résulté de cette communauté de souffrance des deux classes une liaison très étroite.

En Allemagne, en Flandre, en Livonie, en Angleterre, on vit dans ce siècle les moines mêler les questions de réforme religieuse aux efforts des paysans en révolte. Le même mouvement se manifesta en France, lorsque les paysans se révoltèrent pendant la captivité du roi Jean. L'égalité entre les hommes et la nécessité d'une réforme religieuse, furent simultanément prêchées; mais la rage des paysans déchaînés fut comprimée par la meilleure organisation des autres classes; et la crainte des bûchers dans lesquels les inquisiteurs, alors répandus dans toute la France, se hâtaient de précipiter les novateurs ardens, parvint à retarder de plus d'un siècle les progrès de la réforme religieuse.

La classe des bourgeois s'organisait pendant ce temps. Étienne Marcel, prévôt des marchands de Paris, homme entreprenant et courageux, avait beaucoup contribué à cet agrandissement de la force bourgeoise par les conseils qu'il lui avait donnés, et il eut une grande part aux sages mesures prises par les états-généraux en 1357.

Les révolutions qui furent la suite de cette assemblée des états-généraux, font connaître l'étendue des abus auxquels on voulait remédier. Conformément aux décisions des états, le dauphin s'engagea à ne plus détourner l'argent destiné à la défense du royaume; à ne plus accorder de lettres d'abolition pour les crimes atroces; à ne plus entraver ou différer l'action de la justice; à ne plus vendre ni affermer les offices de judicature; à ne plus autoriser les juges à recevoir de l'argent pour les crimes des grands; à chasser de son conseil les hommes indignes et insuffisans; à réformer la prévarication de la chambre des comptes; à ne plus altérer les monnaies; à ne plus lever d'approvisionnemens pour lui et les siens. Il interdit aux juges les empiétemens sur les tribunaux indépendans; il autorisa à résister, même par la force, aux soldats royaux qui viendraient piller; il promit d'assembler les états deux fois l'an, et autorisa les députés à porter des armes soit en allant aux états, soit en revenant, pour se mettre à l'abri de ceux dont ils auraient provoqué la colère en dénonçant leurs malversations.

Ces sages mesures ne furent malheureusement pas exécutées, et le désordre alla croissant de telle manière pendant la folie de Charles VI et l'adolescence de Charles VII, par suite des rivalités entre les parens du roi, par la puissance que la possession du duché de Bourgogne donna aux quatre ducs de la maison de Valois qui en furent successivement revêtus, par la dévastation des gens de guerre et des brigands que les seigneurs tenaient à leur solde, par les maladies et par la famine qui furent le fruit de la misère générale, que la France, où l'on avait cessé d'ensemencer les terres livrées partout au pillage, devenait comme un désert, dont tous les habitans se hâtaient de fuir, pour ne pas succomber aux maux qui les accablaient. Le traité de Bretigny, en 1360, avait introduit les Anglais dans nos plus belles provinces, en leur cédant en toute souveraineté le duché d'Aquitaine, le Poitou, la Saintonge, l'Aunis, l'Agenois, le Périgord, le Limousin, le Quercy, le Bigorre, l'Angoumois, le Rouergue, les comtés de Ponthieu et de Guines, avec le vicomté de Montreuil et la ville de Calais. La bataille d'Azincourt, perdue en 1415 contre les Anglais, très inférieurs en nombre, et dans laquelle périrent 8000 gentilshommes, l'élite de la noblesse française, acheva de porter le découragement dans tous les cœurs. Mais la reine Isabeau de Bavière fit pis encore, en faisant substituer le roi d'Angleterre au droit de son fils Charles VII à la couronne, et en l'introduisant jusque dans Paris. Dès ce moment il parut évident que l'époque n'était pas éloignée où la couronne de France deviendrait une annexe de la couronne d'Angleterre. Charles VII, encore dauphin, abandonné à la mollesse et complètement découragé, n'était plus que le roi de Bourges, tandis que son heureux rival régnait sans crainte à Paris, reconnu par le plus grand nombre des princes du sang, par l'université et le parlement de Paris, et par la majeure partie du clergé et de la noblesse. Mais au moment où tout paraissait désespéré, la fortune changea tout-à-coup.

Une jeune fille des environs de Domremy, en Lorraine, eut la gloire d'éveiller dans ses compatriotes le sentiment de ce qu'ils devaient et de ce qu'ils pouvaient, et ce fut véritablement à elle que la France dut son indépendance. Ce siècle, naturellement porté aux croyances superstitieuses, a rattaché à l'apparition de Jeanne d'Arc des idées de merveilleux, qui ont pu concourir puissamment au succès de cette jeune fille, mais qui sont appréciées aujourd'hui à leur vraie valeur.

Elle alla trouver le roi, qui s'endormait dans les plaisirs de Chinon. Sa virginité devint la preuve de la divinité de sa mission; la simplicité de ses mœurs, sa bonté parfaite, sa gravité si voisine de la dignité, en imposèrent à tous ceux qui la virent. Le peuple crut à des miracles, et ceux qui avaient une foi moins robuste, cherchèrent à les amener en redoublant de valeur à côté de Jeanne d'Arc. Dunois, qui l'accompagna constamment, sut sans doute la guider avec sagesse dans les momens difficiles. Les premiers succès de Jeanne d'Arc, en exaltant le courage des Français, frappèrent au contraire les Anglais d'une terreur tous les jours nouvelle. Charles VII fut couronné à Reims, et désormais il n'y eut plus qu'à marcher de victoire en victoire. La pauvre fille ne vécut pas assez pour voir les derniers soldats anglais évacuer le sol de la France. Prise dans une rencontre à Compiègne par les troupes du duc de Bourgogne et achetée par les Anglais, elle fut livrée comme sorcière aux tribunaux ecclésiastiques, condamnée à mort et brûlée sur la place publique de Rouen.

Trois autres personnages de cette époque ont eu,

après Jeanne d'Arc, une grande influence sur l'affranchissement de leur pays : Dunois, qui, avec le maréchal de Lafayette et plusieurs autres braves, resta constamment fidèle à la bannière nationale; Jacques Cœur, célèbre négociant, qui fournit de sa bourse l'argent nécessaire à la guerre, et Agnès Sorel, qui sut profiter de l'amour de Charles VII, pour éveiller son patriotisme endormi, et lui faire un devoir de l'indépendance de la France.

Les Anglais furent repoussés de toutes les provinces. La bataille de Fourmigny, le 15 août 1450, leur fit perdre toute la Normandie; la bataille de Châtillon, le 17 juillet 1453, dans laquelle périt le fameux Talbot, leur fit perdre la Guyenne. Le duc de Bourgogne abandonna leur parti; leurs querelles intérieures occupèrent toutes leurs forces, et la France, réunie pour la première fois sous un seul monarque, put songer à réparer les maux que lui avaient faits tant d'années de guerres civiles. Les libertés de l'église gallicane, établies pour la première fois par la pragmatique sanction donnée à Bourges, en 1438, à la suite des délibérations du concile de Bâle, qui était venu apporter d'heureuses limites à l'autorité pontificale; la réforme de l'université de Paris en 1452, qui donna plus de force aux études et une autorité plus respectable aux gens de loi; l'affluence des bannis de Constantinople, à la suite de la prise de cette ville par les Turcs en 1453; le besoin senti par toutes les classes de se rapprocher par les fêtes, les représentations dramatiques et les plaisirs de toute nature, après avoir été si long-temps comprimées et séparées par les désordres de la guerre; tout donna à la fin de ce siècle une marche plus rapide et plus précipitée vers les améliorations de la civilisation.

Les princes issus du sang des Valois et surtout du roi Jean, formaient à eux seuls une nouvelle espèce de féodalité, qui avait beaucoup contribué aux désordres des cent dernières années. Le service de toutes les autres fractions de la noblesse, tout-à-fait volontaire et irrégulier, avait forcé Charles VII à substituer au corps de la gendarmerie, en 1445, les quinze compagnies d'ordonnance, composées chacune de cent hommes d'armes, avec six chevaux par homme d'armes, ce qui donnait un corps de neuf mille cavaliers toujours prêts à se porter partout où il serait besoin, et toujours sous les drapeaux. L'institution par le même Charles VII du corps des francs-archers, avait complété en quelque sorte l'affranchissement de la couronne. Ce n'était pas sans beaucoup de jalousie que la noblesse de France avait vu s'organiser une force armée qui rendait son appui moins indispensable. Aussi vit-on éclater le mécontentement des princes et des nobles dès les premiers jours de l'avènement de Louis XI au royaume conquis par son père. Presque tous s'associèrent sous prétexte du bien public. Ils voulaient, disaient-ils, faire réformer les impôts et les mauvaises lois. Mais le résultat fut bien différent; car par l'arrangement qu'ils conclurent avec Louis XI, ils se partagèrent les dépouilles du peuple qu'ils prétendaient avoir voulu protéger. Cet oubli de leur parole tourna dans la suite contre eux-mêmes; car personne ne songea plus à les secourir, lorsque plus tard Louis XI les attaqua isolément, les ramena sous le frein des lois, les jeta dans les cachots, les retint dans des cages de fer, les fit périr par trahison ou fit tomber leurs têtes sur les échafauds. Les autres nobles, inférieurs en rang, virent leur puissance déchoir encore sous le règne de Louis XI, par l'organisation des milices bourgeoises, dont les officiers étaient nommés par les bourgeois eux-mêmes, et au commandement desquelles les nobles n'eurent aucune part, pendant que d'un autre côté l'indépendance des bourgeois croissait avec ce moyen qui leur était donné de se défendre eux-mêmes, et par l'agrandissement d'autorité des administrations communales, librement élues par les citoyens, et conférant la plupart des prérogatives de noblesse.

Une nouvelle puissance, sortie de la classe bourgeoise, vint se placer entre elle et la noblesse, qui en reçut un nouvel échec : ce fut la classe des gens de robe. Louis XI, en déclarant par un édit l'inamovibilité des officiers royaux, créa en effet, sans le vouloir, une magistrature forte et indépendante. Les magistrats, qui avaient déjà reçu, par un édit de Charles VII, la faculté de se recruter eux-mêmes, en désignant pour tout emploi vacant dans leur sein trois candidats, parmi lesquels le roi s'obligeait à en choisir un, purent se livrer plus consciencieusement à une étude qui devait être celle de toute leur vie ; et c'est peut-être à cette mesure qu'il faut attribuer les lumières et les vertus que commença dès ce moment à montrer la magistrature française. Louis XI éprouva lui-même les premiers effets de cette indépendance de la magistrature. Un jour le premier président du parlement de Paris, Jean de la Vacquerie, se présenta à lui et lui remontra fièrement le mal que faisaient au pays des édits qu'il venait de rendre. Louis XI s'emporta d'abord en menaces contre lui ; mais la Vacquerie, qui était accompagné d'un grand nombre de conseillers et de présidens en robes rouges, répondit gravement : « Sire, nous remettons nos charges entre vos mains, et nous souffrirons tout ce qu'il vous plaira, plutôt que d'offenser nos consciences en vérifiant des édits que nous croyons contre le bien du royaume. » Louis, étonné de cette noble résistance, écouta les raisons qui lui étaient alléguées, et retira ses édits.

La fermeté montrée dans cette occasion par le parlement, était du reste assez peu gênante pour ses volontés dans le cours ordinaire de la justice; car il avait l'habitude, toutes les fois qu'il voulait se défaire d'un ennemi, de créer des commissions qui s'empressaient d'aller au-devant de ses desirs. Souvent même ses formes de justice étaient plus sommaires. Il avait pour grand-prévôt un nommé Tristan l'Hermite, qui l'accompagnait partout avec des exécuteurs habitués à se défaire promptement de leur monde; et au moindre signe, Tristan faisait sur-le-champ pendre ou noyer, sans songer à s'enquérir de la cause qui avait attiré la colère du roi.

Ces actes d'une justice si expéditive avaient jeté une grande terreur dans l'esprit des citoyens de toutes les classes; et comme, malgré son ordonnance pour régler le cours des monnaies et celle pour la protection des foires, la misère publique allait toujours en augmentant, par les exactions continuelles du fisc, une haine universelle poursuivit Louis XI pendant les dernières années de sa vie inquiète et agitée. Quoique Louis XI ait laissé d'utiles institutions, telles que celle de la poste aux lettres, par exemple, son caractère superstitieux et méfiant lui fit commettre tant de cruautés, que ne peuvent excuser même les attaques dangereuses des princes de son sang, qu'il a laissé après lui une mémoire odieuse. Son antagoniste, Charles-le-Téméraire, duc de Bourgogne, dont la mort seule put lui donner quelque sécurité, était bien aussi cruel; mais son audace et sa témérité donnaient plus de relief à son caractère, en même temps que la prospérité plus grande de la Flandre lui permettait de faire plus de sacrifices, sans peser autant sur les bourgeois et les paysans de son duché.

La minorité de Charles VIII, fils de Louis XI, obligea la régente à recourir à l'appui des états-généraux de la monarchie, qui furent assemblés à Tours, en 1484. Depuis ceux qui se tinrent pendant la captivité du roi Jean, en 1355, les assemblées nationales, qui avaient été convoquées par les rois de France, avaient été de simples conseils royaux. Dans tous les embarras de l'État, les rois s'en entouraient pour y trouver un appui; mais ils ne pouvaient leur donner une force qu'ils n'avaient pas, et pour en recevoir un appui, il eût fallu commencer par leur donner l'autorité toute nationale dont ils avaient été successivement dépouillés par la méfiance des souverains, les progrès croissans de la royauté et l'isolement social d'époques malheureuses. Les états-généraux de 1484 furent les seconds, depuis les grandes assemblées de la première race, où la nation put faire entendre franchement ses plaintes et ses vœux.

Dans leurs délibérations finales, ces états-généraux déclarèrent qu'on serait tenu de les convoquer deux ans après : « n'entendant pas, disaient-ils, que aucuns deniers soient imposés, si les états ne sont appelés et n'ont donné leur consentement exprès, en conservant les libertés et privilèges de chaque province. » Ils stipulèrent également plusieurs réformes d'abus administratifs, qu'on s'empressa de leur promettre, et qu'on oublia aussitôt qu'on eut obtenu d'eux les secours d'argent qu'on leur demandait.

Avec la forme adoptée par les états-généraux pour intervenir dans la législation du pays, on ne pouvait en effet arriver à rien ; car, comme ils se contentaient d'exposer leurs doléances, une fois congédiés, on restait maître de n'adopter que ce qui semblait bon. C'est ainsi qu'ils tombèrent en désuétude, et que bien que le souvenir s'en fût perpétué dans tous les siècles, comme d'une institution fondamentale de la monarchie, ils n'apparurent jamais que pour obéir servilement, ou pour menacer et même bouleverser l'ordre de choses qu'ils étaient appelés à soutenir.

L'argent qu'ils avaient fourni servit pendant tout ce règne et les règnes suivans, non pas à la meilleure administration intérieure, mais à des expéditions en Italie, qui n'avaient pas moins d'attraits, il faut l'avouer, pour le peuple que pour le souverain. Dès le règne de saint Louis, une branche de la maison royale de France avait possédé le royaume de Naples, où déjà s'étaient établis long-temps auparavant des aventuriers français. Les récits emphatiques de tous ceux qui arrivaient de ce beau pays, où les arts avaient pris un développement inconnu aux autres peuples, entretenaient et échauffaient encore l'esprit d'aventure. Louis XI lui-même, qui desirait tant éviter les occasions de guerre, avait convoité les moyens de s'y introduire, et sous son successeur toutes les ressources de la France s'y portèrent et s'y ensevelirent. Les règnes de Charles VIII, de Louis XII et de François Ier se passèrent tout entiers dans ces luttes désastreuses, et les plus brillantes victoires ne purent jamais compenser les désastres d'une seule défaite. Quelques hommes, tels que Bayard, illustré sous le nom de chevalier sans peur et sans reproche, ajoutèrent une nouvelle palme à notre réputation de bravoure ; mais cette gloire était sans but et sans fruit.

Pendant que la noblesse française allait perdre dans des guerres sans résultat une activité que, depuis Louis XI, elle avait été obligée de ne plus tourner contre son pays, il se préparait sourdement une de ces grandes révolutions qui forment une ère nouvelle dans les destinées des peuples.

C'était la réforme religieuse du seizième siècle.

Chapitre cinquième.

Paris depuis François Ier jusqu'à Louis XIV. — Secousses de la Réformation. — Passage des temps de terreur aristocratique et religieuse au règne de la monarchie absolue.

> .... Des siècles ont passé. La lumière a pénétré de toute part ; l'instruction a pris la place de l'ignorance : les abbayes, les châteaux, les couvens, tout a disparu. ...
> .... Au ciel, demandez les secrets de l'avenir ; — à la terre, les secrets du passé. ...
> .... Les ruines, cette sauvage et bizarre alliance de dévastation et de renaissance, nous disent que le sol qu'elles foulent, a été remué tour-à-tour par les révolutions de la nature, et par les passions des hommes.
>
> Madame Mélanie Waldor.

Dès le onzième siècle, l'esprit d'examen religieux s'était fait remarquer dans le midi de la France, moins tourmenté que le nord par les incursions sans fin des barbares. Jusqu'à ce moment la France avait été trop bouleversée pour que ses habitans pussent être occupés d'autres soins que de celui de veiller à leur propre défense. L'ignorance avait fait d'ailleurs des progrès graduels pendant les quatre derniers siècles, et ce n'est que dans le cours du seizième qu'on put jouir, dans le midi de la France surtout, d'un peu plus de cette sécurité qui prépare les progrès de l'intelligence.

De loin en loin on vit s'élever des sectaires qui relevèrent le drapeau de la réforme religieuse, et revendiquèrent le droit du libre examen. Les moines et le clergé inférieur étaient souvent à la tête de ces réformateurs, auxquels les vices du haut clergé donnaient beaucoup de consistance. Pendant tout le quatorzième siècle, on vit les moines mêler leurs doctrines religieuses à toutes les insurrections politiques, en France comme en Angleterre et en Allemagne. Les tribunaux de l'inquisition, établis partout dans nos provinces, et composés de moines dominicains, les poursuivaient sans pitié; mais malgré les flammes des bûchers, de nouveaux prédicateurs succédaient promptement aux premiers. La fin du quinzième siècle fut l'époque où l'inquisition reprit une ardeur nouvelle. Mais ce ne fut plus seulement comme hérétiques, ce fut comme sorciers que furent brûlés à cette époque ces malheureux bourgeois d'Arras, appelés Vaudois.

Le tribunal d'inquisition d'Arras fit brûler tant de personnes dans l'année 1460, que le parlement de Paris fut enfin forcé d'intervenir et d'appeler à lui tous les procès commencés.

En même temps que les religieux Dominicains se montraient si zélés à poursuivre tout ce qui pouvait porter atteinte à l'autorité de Rome, les moines Augustins, leurs rivaux, se distinguaient en toutes circonstances par leur esprit d'opposition à la cour de Rome et au haut clergé. Il ne fallait qu'une occasion et un homme pour faire éclater des dissentimens qui couvaient depuis long-temps. Martin Luther, moine Augustin, fut cet homme. Martin Luther, imbu des doctrines de Jean Huss, était entré avec ferveur dans les querelles de son ordre contre les Dominicains, et dans un voyage à Rome, sept ans seulement après la mort du scandaleux Alexandre Borgia, il avait vu par ses yeux l'étendue des abus qu'il était destiné à combattre. Dès l'année 1516, Luther avait semé les germes de sa doctrine. En peu d'années elle s'étendit, et fit des progrès considérables en Allemagne. En détruisant la hiérarchie de l'église, tous les biens amoncelés par la succession des siècles entre les mains de clergé, rentraient ainsi dans la propriété commune, et ce premier appât dut agir avec force sur les princes et le peuple. Ajoutons à cela que des études plus fortes et plus persévérantes, des lumières plus répandues, et le progrès des sciences, des lettres et des arts, avaient donné une impulsion nouvelle à l'intelligence humaine, et l'avaient excitée à marcher avec plus d'indépendance dans la carrière des recherches. La doctrine de Luther fut en peu d'années adoptée par une grande partie de l'Allemagne.

L'Angleterre avait abdiqué le catholicisme avec Henri VIII. Ces idées religieuses trouvèrent un accueil favorable en France, où le concordat conclu, en 1512, entre Léon X et François Ier, avait donné lieu à quelques discussions très vives entre les autorités ecclésiastiques.

Les parlemens prirent part à cette lutte. L'ardeur des novateurs religieux s'en accrut, en même temps que l'autorité monarchique devenait plus impatiente de toute espèce de contrôle. Dans toute la France des bûchers s'allumèrent. Ce fut dans ces momens d'agitations que parut Jean Calvin, qui, dès ses premières études à l'université de Bourges, avait commencé à manifester quelques-unes des opinions avec lesquelles il s'acquit depuis une si haute réputation. Forcé, en 1533, par la persécution, de chercher un refuge près de Marguerite de Valois, reine de Navarre et sœur de François Ier, il déposa dans son esprit les germes de ses réformes, et publia l'année suivante une instruction chrétienne qui est le premier ouvrage dans lequel soient nettement exposés les principes de la foi nouvelle. Les croyances de Calvin trouvèrent accès jusqu'auprès de François Ier, qui, trouvant utile à sa politique de se lier avec les princes luthériens contre Charles V, croyait expier cette faute en faisant brûler les luthériens en France. Sous aucun règne on n'avait vu encore tant de sanglantes exécutions, et les années 1545 et 1546 furent signalées par les plus atroces persécutions.

On se demande aujourd'hui comment ce même prince qui montra tant d'amour pour les lettres et les arts, qui fonda le collège de France, fut ami de Marot, de Budée, de Du Bellay, de Lascaris, frère et père des deux Marguerite, qui appréciait l'esprit d'Érasme et de Rabelais, encouragea Le Primatice et Benvenuto Cellini, fit commencer le Louvre, et bâtir Fontainebleau et Chambord, fit venir des manuscrits de Grèce, se distingua surtout par l'élégance de ses manières et par son goût pour les plaisirs délicats, et qui reçut enfin le nom de père des belles-lettres, ait été le même homme qui ait permis de si atroces persécutions contre les sectaires de toute nature ; c'est qu'en effet, comme dans la plupart des hommes de son siècle, ses lumières n'étaient point au niveau de son goût; c'est que la vanité qui était le mobile principal de son caractère lui faisait un devoir de ne pas se montrer moins ennemi que Charles V des réformateurs, avec lesquels il était pourtant obligé de s'allier à l'étranger. Habitué d'ailleurs, comme tous les Valois, à exercer une autorité non contestée, il ne pouvait supporter la moindre résistance à ses volontés; et son zèle était encore rehaussé par l'ambition de mériter le titre de fils aîné de l'Église.

Mais un protecteur plus puissant que lui pour l'église catholique venait d'apparaître dans le célèbre Ignace de Loyola, qui, après avoir servi avec quelque distinction dans l'armée espagnole, était venu recommencer ses études à l'âge de trente-trois ans, au collège Sainte-Barbe, à Paris, et avait jeté, dès 1534, les bases de l'association approuvée par le pape en 1540, et qui fut si célèbre depuis, sous le nom de Société de Jésus. Le but des membres de cette association était de défendre la papauté contre les luthériens et les calvinistes, et de se dévouer entièrement à la propagation et à la protection de la foi catholique.

Il est aisé de concevoir tout ce que préparait de maux à l'avenir le conflit entre des enthousiasmes si intraitables. Aussi l'histoire de France à cette époque n'est-elle qu'une longue série de persécutions religieuses. Henri II alla encore, s'il est possible, plus loin que son père François Ier.

Sous les trois fils de Henri II et de Catherine de Médicis, qui succédèrent à leur père sans laisser d'enfans après eux, et avec lesquels s'éteignait la tige des Valois, les querelles religieuses prirent un autre caractère. On avait bien d'abord créé dans chaque parlement une chambre particulière, connue sous le nom de Chambre Ardente, pour faire brûler les protestans; mais le chancelier de Lhospital, homme vertueux et éclairé, qui eut trop peu de temps une part principale aux affaires publiques sous François II, époux de Marie Stuart, et dans les premières années du règne de Charles IX, parvint à arrêter la fureur des persécutions judiciaires. Les protestans obtinrent même des concessions assez étendues, et on pouvait espérer que peu-à-peu la confiance allait renaître dans le pays.

A ces élémens de combustion religieuse se trouvaient réunis des élémens de troubles politiques qui s'associaient mutuellement pour se donner une nouvelle force. Au moment où la branche des Valois paraissait prête à s'éteindre par la faiblesse de ses derniers rejetons, deux familles rivales se présentèrent, soit pour hâter leur chute, soit pour les remplacer, avec des droits inégaux, il est vrai, mais avec une puissance et une popularité qui mettaient plus d'égalité entre elles. L'une était étrangère à la France et venait de la Lorraine ; c'était la famille des Guises. Leur chef, François, duc de Guise, par ses victoires chevaleresques en Italie, et par la facilité merveilleuse avec laquelle il avait repris aux Anglais la ville de Calais; par son désintéressement, sa générosité de cœur, et toutes ses brillantes qualités, s'était acquis une telle puissance qu'il était devenu, comme les anciens maires de palais, propriétaire, sous le nom de lieutenant-général, de toute l'autorité royale. Son fils Henri paraissait devoir succéder avec plus d'ambition encore à sa puissance et à ses qualités. Les Guises s'étaient jetés avec ardeur dans le parti des catholiques furieux, qui étaient mécontens des ménagemens que la cour avait pour les protestans, et ils se flattaient de remplacer sous peu d'années la famille usée des Valois.

Une autre famille, avec des droits réels à la couronne héréditaire de France, s'était acquis une grande autorité en se rangeant sous la bannière des opprimés. C'était celle des Bourbons, descendant d'un fils de saint Louis, rapprochée par des alliances de la cour des Valois, et entrée depuis peu en possession du trône de Navarre. Les Bourbons de Navarre et le prince de Condé étaient protestans, et disposaient de toutes les places du parti protestant en France.

Placée entre ces deux familles, la reine Catherine de Médicis conçut le dessein de s'en débarrasser successivement. Le chef des Guises fut assassiné.

Quant aux protestans et au roi de Navarre, le roi Charles IX et Catherine de Médicis, sa mère, formèrent le projet de les anéantir tous à-la-fois pour mieux s'assurer de l'avenir. Ce fut l'année 1572 qui fut signalée par cet affreux attentat. Dans la nuit de la Saint-Barthélemy, le signal du carnage fut donné par l'horloge de Saint-Germain-l'Auxerrois. Charles IX présidait au massacre dans ses appartemens du Louvre, pendant que des ordres expédiés partout prescrivaient les mêmes assassinats dans les provinces. Plus de cinq mille personnes furent égorgées à Paris seulement. Le roi de Navarre abjura pour sauver sa vie.

Malgré l'étendue des massacres, il avait été impossible de frapper à-la-fois tous les protestans. Ceux qui survécurent se réunirent dans le but de leur protection commune, et le roi de Navarre qui se sauva et vint les rejoindre, après avoir repris sa religion, devint un adversaire plus formidable.

En même temps le parti des catholiques violens, qui avait poussé au carnage de ses ennemis, sentit la nécessité de se réunir pour se protéger aussi mutuellement contre la vengeance que les protestans pourraient avoir à exercer; c'est ce qui donna lieu à la confédération connue sous le nom de *la sainte ligue*, et à la tête de laquelle se hâta de se placer le fils du duc de Guise en 1576.

La réconciliation n'était plus possible, et la cour, placée entre ces deux partis, qu'au lieu d'étouffer elle n'avait fait qu'enflammer, se voyait forcée de se mettre à la tête de l'un d'eux pour pouvoir être comptée pour quelque chose. La guerre civile dévorait toutes nos provinces: elle prit une force nouvelle sous le règne du faible Henri III, dernier des enfans de Henri II, qui, en croyant se placer à la tête de la ligue catholique pour la guider, ne fit que se laisser entraîner lui-même et devint le jouet des factions. Les jésuites, déjà puissans si près de leur berceau, introduisirent un nouvel élément de discorde, en appelant l'ambition politique de l'Espagne à l'appui de son intolérance religieuse. L'assassinat de l'efféminé Henri III donna une activité plus grande encore aux intrigues de cette puissance en augmentant ses espérances de succès. Les Guises ne pouvaient déjà plus lutter d'importance avec elle, depuis l'assassinat de Henri de Guise et du cardinal de Guise, son frère, par l'ordre de Henri III qui les redoutait. La France se trouva ainsi divisée en deux camps. D'un côté le camp catholique, espèce de république démocratique dont les Guises paraissaient les chefs, mais où la principale autorité appartenait en effet au roi d'Espagne; d'un autre côté le camp protestant, espèce de république aristocratique, où plusieurs chefs puissans concouraient, avec une autorité souvent indépendante, bien qu'ils marchassent réunis sous l'étendard de Henri de Béarn. Dans ces momens de crise, la reine Elisabeth d'Angleterre joua un noble rôle en faveur de l'indépendance de la France. Pressée par le roi d'Espagne de s'unir à lui dans des vues de conquête et de partage de la France, cette reine habile, qui regardait la France comme un boulevard contre l'Espagne et l'Empire, répondit qu'elle se garderait bien de contribuer à la ruine de la France, parce que le jour de sa chute serait la veille de la chute de l'Angleterre. Elle assista au contraire Henri IV de toute son amitié.

Henri IV, bien qu'il se fût empressé de revenir une

seconde fois au protestantisme après sa conversion au catholicisme, extorquée de lui au milieu du carnage de la Saint-Barthélemy, et bien qu'il fût le chef d'une faction politique et religieuse, n'avait cependant aucune trace d'intolérance dans les idées.

Maître de Paris, en 1594, Henri sut gagner par sa loyauté et la familiarité de ses manières les chefs les plus violens du parti ennemi, en même temps qu'il sut conserver l'affection de ceux de son parti, même en les éloignant de la cour, pour ne pas donner ombrage à ses nouveaux amis, dans l'esprit desquels sa brusque conversion eût pu entretenir sans cela des sentimens de méfiance. L'édit de Nantes, en 1598, leur assura les moyens de professer leur religion sans crainte de réaction nouvelle. Aussi la restauration de Henri IV fut-elle la seule qui n'amena avec elle aucun regret ni aucun fâcheux retour sur le passé.

L'intelligente économie de Sully, et la persévérance avec laquelle il poursuivit les abus, ramenèrent bientôt l'aisance et la prospérité dans toutes les provinces. Avant lui les impôts étaient onéreux pour les peuples, sans apporter aucun fruit au trésor. La plupart avaient été abandonnés, tantôt par la nécessité des transactions politiques, tantôt par la trop grande facilité de Henri IV, à des hommes de cour qui les percevaient à leur profit. Sully parvint à les arracher successivement de leurs mains pour les réunir à l'administration de l'État, et on peut dire qu'il est le premier qui ait fondé en France la régularité de la comptabilité financière. Les soins de cet infatigable ministre et habile homme d'État ne se bornèrent pas là. Il voulut que toutes les branches de l'administration fussent soumises au même ordre, et il sut les réunir entre ses mains. L'administration de la justice avait déjà fait quelques progrès marquans. Le chancelier de Lhospital l'avait entièrement séparée de l'administration politique. Les parlemens et cours judiciaires avaient reçu sous lui une meilleure organisation. Les justices particulières avaient été réformées, et quant aux justices communales, elles avaient été fort restreintes. L'édit de 1563, qui établit des juges de commerce, avait enlevé aux conseils municipaux la connaissance des procès commerciaux. L'ordonnance de Moulins, en 1566, par laquelle le chancelier de Lhospital réforma toutes les branches de la justice, leur avait interdit les jugemens de toutes causes civiles, et l'ordonnance de Blois, en 1579, leur enleva la connaissance des affaires criminelles. Tout avait donc été ramené dans les attributions régulières des tribunaux royaux.

Le chancelier de Lhospital, auteur de ces réformes judiciaires, et Sully, qui opéra si hardiment les réformes administratives, doivent être regardés comme les hommes qui ont rendu les plus grands services à leur pays.

C'est avec le règne de Henri IV que commence la forme tout absolue conservée sans interruption à la monarchie française, depuis l'élévation de la maison de Bourbon à la couronne, jusqu'à la chute du trône de Louis XVI.

Après la reddition de Paris et la conversion de Henri au catholicisme, la France, fatiguée des désordres qui l'agitaient depuis si long-temps, n'aspirait plus qu'à se jeter pour ainsi dire, sans condition, dans les bras du premier souverain qui lui promettrait le repos. Le souvenir si récent de la désastreuse influence de l'Espagne faisait redouter d'affaiblir le pouvoir en présence de l'étranger; la sanglante anarchie dans laquelle avait précipité l'ambition des Guises, faisait desirer l'unité et l'affranchissement de l'autorité au dedans; les Seize avaient inspiré le dégoût des assemblées populaires; les intrigues et le défaut de patriotisme des parlemens avaient décrédité les corps politiques; les excès de la Ligue avaient ouvert les yeux sur le peu de piété du haut clergé et sur sa complicité avec l'étranger; tout concourait donc, ainsi que cela se voit habituellement après les troubles politiques, à faire faire abandon de toutes les garanties civiles à celui qui saurait user de l'autorité. Toutes les libertés, telles qu'on les concevait alors, furent ainsi livrées aux mains de Henri IV, pour prix de la bonne administration qu'on réclamait de lui. Henri IV usa honorablement, il faut le dire, du dépôt remis à sa libre disposition par un peuple confiant. L'édit de Nantes fut la véritable charte de cette époque, et pendant que la bonne harmonie se rétablissait entre les divers ordres de citoyens, Sully s'occupait à la cimenter en régularisant la bonne administration du pays. Il raconte, dans ses Mémoires, qu'il paya, en seize ans, 200 millions de dettes avec 35 millions de revenus, et qu'il avait amassé 30 millions, qui se trouvèrent à la Bastille quand il partit. A l'aide de cette puissance pécuniaire, et de cet immense crédit de considération que donnaient à Henri IV sa bonne administration intérieure et la moralité de son propre caractère, il se vit en état de faire respecter la puissance de la France au dehors. C'est de son règne que date véritablement la science diplomatique, dans laquelle il sut toujours allier la politique et la probité.

Tout l'avenir du pays reposait malheureusement sur un seul homme, et cet homme était, selon l'expression d'une femme d'esprit, un heureux accident. Le couteau de Ravaillac détruisit avec Henri IV toutes les garanties déposées sur sa tête.

La régence de Marie de Médicis, femme de Henri IV et mère de Louis XIII, fut la principale cause des désordres du règne de son fils. Lorsque Henri périt, en 1610, son fils Louis XIII n'avait que neuf ans. Marie de Médicis, proclamée régente, continua dans le gouvernement le système qu'elle avait suivi dans sa conduite privée avec Henri IV, d'être en opposition perpétuelle à toutes ses volontés, à tous ses plans, à tous ses amis. Sully fut éloigné des affaires, et les finances si heureusement rétablies par lui, furent livrées au gaspillage et à la prodigalité. Tous les hommes capables dont Henri s'était entouré, furent promptement remplacés par ceux qui s'étaient montrés ses adversaires ou par des aventuriers de tous les coins de l'Italie. Les protestans, justement effrayés, se mirent sur leurs gardes. L'insolence des favoris excita le peuple à des vengeances atroces. Le maréchal d'Ancre, assassiné par ordre du jeune roi, qui n'osait se soustraire à son influence, fut déterré et traîné par le peuple, après avoir été frappé par le poignard des hommes les plus considérables de la cour, qui se disputèrent le partage de ses bijoux et de ses biens, et sa femme fut brûlée par ordre du parlement de Paris, comme juive et sorcière. Après cette horrible vengeance, Louis XIII se crut roi, mais il était destiné à ne jamais sortir de minorité pendant toute sa vie, qui fut une sorte d'indolence maladive. Ses minorités d'âge et de caractère devaient se continuer pendant un demi-siècle, et être souvent accompagnées de tous les maux qui signalent les luttes d'ambition dans un pays où rien n'était encore assis. La France avait l'air d'un pays entièrement abandonné à l'anarchie, lorsque Louis XIII voulant s'affranchir complètement de la tutelle de sa mère, l'exila, et se livra tout entier aux conseils d'un nouveau tuteur, sous le nom de premier ministre.

Le cardinal de Richelieu, qui gouverna la France sous le nom de Louis XIII, eut pour double objet de briser au-dedans toute entrave à l'autorité souveraine, de quelque part qu'elle vînt. Pressé d'arriver, et craignant toujours d'être renversé avant d'être parvenu au but, il ne se montra jamais scrupuleux sur le choix des moyens. Il commença par arracher aux protestans leurs dernières places fortes, qui étaient un asile assuré pour tous ceux qui avaient cherché à prolonger les guerres civiles. Il s'appliqua ensuite à ramener les hommes les plus puissans de la cour sous le joug de son autorité absolue, et ceux qui montrèrent quelque résistance, payèrent de leurs biens, de leur liberté et de leur vie ces velléités d'indépendance. Les tribunaux réguliers se montrèrent trop souvent disposés à seconder ses vengeances; mais quand il pensait avoir quelques difficultés de ce côté, il créait des commissions, qui s'empressaient de le débarrasser de ses ennemis. Jamais Louis XIII ne songea à désapprouver ces abus d'autorité, tant il était convaincu que le délégué de sa puissance était investi de tous ses droits.

Après avoir dépossédé les protestans de leurs places fortes, Richelieu leur laissa la liberté de leur culte et quelques autres privilèges. Ils cessèrent seulement d'être un parti armé, et ils furent pendant toute la vie de l'habile cardinal traités avec la tolérance qu'il accordait volontiers à ceux qui ne lui semblaient plus dangereux. Les nobles et les grands qui environnaient le roi et qui le menaçaient à chaque instant dans la conservation de son autorité, furent moins bien traités, et jamais il ne se départit avec eux de sa jalouse rigueur. Il avait fait un devoir à Louis XIII, de ne recevoir aucune confidence sur son premier ministre, sans la lui révéler et sans lui nommer l'accusateur, devoir dont le roi s'acquitta toujours scrupuleusement en lui livrant les noms et les personnes de tous ceux qui l'avaient sottement pris pour confident de leurs projets de le débarrasser de son premier ministre. Cinq-Mars, de Thou, le duc de Montmorency et beaucoup d'autres payèrent de leur tête leur présomption et leur confiance, et le roi, dominé malgré lui, n'osa jamais faire entendre à Richelieu que des paroles de soumission à ses volontés.

Si les particuliers avaient à se plaindre des habitudes despotiques du premier ministre, les affaires politiques générales, et surtout les rapports avec l'étranger, recevaient une direction meilleure. Richelieu voulut mettre à exécution le système politique conçu par Henri IV et rehausser, au préjudice de l'Autriche, la considération extérieure de la France. La persévérance de ses efforts réussit à amener ce résultat. L'Empire qui, sous Charles-Quint, aspirait à la domination universelle, n'avait été réprimé et arrêté que par la ligue protestante, appuyée par les armes de Henri IV; car déjà la politique de la France franchissait le Rhin, les Alpes et les Pyrénées. Richelieu vit, comme Henri IV, dans la liberté de l'Allemagne la sûreté de sa patrie. Le résultat de ce plan fut le traité de Westphalie, par lequel la France jeta les fondemens de la grandeur de la Prusse, qu'elle n'a jamais laissé depuis échapper une seule occasion de cimenter, soit par la conquête, la cession et la garantie de la Silésie, soit par la tranquillité même du partage de la Pologne, et elle fit perdre à la maison d'Autriche la haute prépondérance dont elle avait si souvent abusé depuis Charles V. La liberté politique de l'empire germanique et la liberté religieuse des protestans, consacrées par ce traité vaste et systématique, œuvre d'un cardinal premier ministre si absolu, ravirent enfin à l'Autriche son ascendant dominateur. Richelieu eût vivement desiré ajouter à la France les Pays-Bas jusqu'à Anvers et Malines, ainsi que la Franche-Comté; mais les succès de la guerre ne répondirent pas à son attente, et il dut se contenter d'avoir humilié l'Espagne et l'Autriche.

Malgré les guerres civiles qui avaient si long-temps ravagé le pays, la France n'était pas restée étrangère aux progrès des lettres et des arts qui avaient illustré l'Espagne et l'Italie. Catherine de Médicis avait appelé autour d'elle un grand nombre d'artistes de son pays, et Marot, Montaigne et Rabelais avaient signalé glorieusement nos premiers débuts dans la carrière des lettres. Richelieu, qui se piquait aussi de talens littéraires, voulut rassembler en un faisceau, et sous son patronage, tous les hommes distingués qui avaient succédé à nos premières illustrations. L'Académie française lui doit ses premiers élémens, et le grand Corneille lui consacra ses premiers travaux. Après tant d'années de troubles intérieurs, toutes les classes de la société n'aspiraient plus qu'à jouir du bien-être nouveau qu'une civilisation rapidement progressive leur apportait. L'âpre rudesse des vieux ligueurs et des farouches huguenots s'adoucissait par le contact avec une société plus tolérante et mieux cultivée, et déjà s'annonçait l'aurore du grand siècle littéraire qui a illustré notre patrie, illustrée aujourd'hui par les sciences utiles à tous.

Le cardinal Mazarin recueillit l'héritage du pouvoir que lui avait transmis Richelieu, et voulut compléter son système politique à l'étranger. Ce fut sous son ministère que la France s'augmenta de l'Artois, de l'Alsace et du Roussillon, et qu'une frontière plus sûre donna de meilleures garanties contre les chances futures de la guerre.

Mais son système politique intérieur fut tour-à-tour signalé par des excès de despotisme, de fourberie et de faiblesse. Avec les désordres de la ligue, le parlement de Paris s'était habitué à se croire un corps tout politique, et s'était en quelque sorte substitué aux états-généraux, qu'il prétendait représenter dans leur absence. Tout le règne du cardinal Mazarin se passa dans des débats où chaque parti gagnait tour-à-tour, mais où le peuple perdait toujours. La lutte fut commencée contre Mazarin par quelques hommes de cour, que l'on ridiculisa bientôt en leur donnant le nom de *cabale des importans*. Ce parti se composait, à en croire un de leurs amis, de cinq ou six esprits mélancoliques qui avaient la mine de penser creux, qui sont morts fous, et qui dès ce temps-là ne paraissaient guère sages.

Le mauvais état des finances amena bientôt la création d'un parti plus dangereux que celui des importans. L'épuisement du trésor était tel qu'on avait été obligé, pour se procurer quelques ressources, de vendre les charges de l'état.

Les charges une fois vendues et l'avenir sacrifié ainsi au présent, il fallut avoir recours à d'autres moyens, et on vendit la noblesse. On établit des charges de conseillers de roi crieurs de vin, de contrôleurs de vin, de langueyeurs de porcs, etc. De nouveaux édits de finances mirent le comble au mécontentement, et enfin le parlement lui-même ayant été attaqué dans ses intérêts particuliers par la création de douze nouvelles places de maîtres des requêtes, qui diminuaient la va-

leur et la considération des anciennes, donna le signal de la célèbre insurrection connue sous le nom de *Guerres de la Fronde*. Le parlement prétendait qu'il avait le droit d'examiner les édits qui lui étaient envoyés et de contrôler le gouvernement. Mazarin déclarait que la volonté du roi devait être tenue pour loi, quelle qu'elle fût. « Si le roi, disait-il, ne voulait pas « qu'on portât des glands à son collet, il n'en faudrait « pas porter ; ce n'est pas tant la chose défendue que la défense qui fait le crime. » Le 13 mai 1648, toutes les cours souveraines mirent en commun leurs intérêts et leurs résistances par le fameux arrêt d'*union*, que le peuple, pour se moquer de la prononciation italienne du cardinal Mazarin, appelait l'édit d'*ognon*. Le célèbre cardinal de Retz, qui a pris une part si active aux troubles de cette époque, s'exprime ainsi : « Le parle-
« ment gronda, et sitôt qu'il eut seulement murmuré,
« tout le monde s'éveilla. On chercha comme à tâtons
« les lois; on ne les trouva plus ; on s'efforça, on cria,
« on se les demanda ; et dans cette agitation, le peuple
« entra dans le sanctuaire, et leva le voile qui doit
« toujours couvrir tout ce que l'on peut dire et tout ce
« que l'on peut croire du droit des peuples et du droit
« des rois, qui ne s'accordent jamais mieux ensemble

« que dans le silence. La salle du palais profana tous
« ces mystères. » Bientôt la belle duchesse de Longueville, le prince de Conti, le prince de Condé, le duc de Larochefoucault, le célèbre cardinal de Retz, et une foule de nobles de cour figurèrent dans les rangs des défenseurs des prérogatives parlementaires, où le président Mathieu Molé joua lui-même un si grand rôle par sa fermeté et son courage. Les uns comprenaient le besoin d'un corps intermédiaire entre le souverain et le peuple, les autres voulaient se substituer aux anciens états-généraux, qui, pour n'avoir été convoqués que dans les grandes calamités, avaient été accusés des maux qu'ils ne pouvaient guérir, et ils prétendaient devenir ce corps intermédiaire. Quelques années de lutte agitèrent le pays sans décider la question. Mazarin, tantôt chassé de Paris et de la France, tantôt triomphant, finit par l'emporter sur les parlemens et sur les princes, et l'autorité monarchique, relevée par Henri IV, fortifiée par Richelieu, et mise un instant en doute par les parlemens, desireux de réunir la puissance politique à leur puissance judiciaire, put prendre de nouvelles forces par la lassitude des querelles de la fronde, aussi funeste à l'ascendant des parlemens que la ligue l'avait été à l'influence du clergé.

A la mort de Mazarin, Louis XIV donna un nouvel essor à l'autorité royale. Débarrassé de son premier ministre, il aspira à être seul maître.

Sa vie peut se diviser en deux époques très distinctes. Dans la première, Louis XIV, beau, jeune, habile, réalisa avec grandeur son évangile politique : « l'État, c'est moi. » Dans la seconde, qui date de 1686, affaibli, maladif, mélancolique, superstitieux, il détruisit lui-même l'ouvrage qu'il avait fondé. A la première partie de ce règne se rattache le traité de Nimègue, le ministère de Colbert, et l'élan donné au commerce et aux lettres; à la seconde, les défaites, la domination de madame de Maintenon et du jésuite le Tellier, l'incendie du Palatinat, les intrigues pour les princes légitimés, la révocation de l'édit de Nantes et les dragonnades.

Dès que Louis XIV se vit seul en possession de l'autorité royale, il se rappela les périls dont la maison de Lorraine avait entouré le trône des derniers Valois, et la part prise par Condé aux troubles de son enfance, et il résolut de contenir la noblesse; il se rappela la ligue, et résolut de contenir le clergé; il se rappela l'affectation d'indépendance de quelques villes protestantes, et il voulut que le tiers-état n'eût plus que des concessions temporaires et révocables; il se rappela enfin l'insurrection parlementaire de la fronde, et il voulut que le parlement, qui était devenu comme une branche nouvelle du pouvoir à ajouter à celle des trois états, ne fût plus qu'un corps judiciaire. Pour réduire au silence tant d'intérêts et d'habitudes, il fallait à Louis XIV une administration excellente qui garantît la jouissance des intérêts matériels des masses, une police active qui séparât les hommes; une armée disciplinée, toujours prête à se porter contre toute résistance à l'intérieur comme à l'extérieur. Ces trois moyens il les créa, et il sut les mettre en mouvement. L'influence du clergé et du parlement avait cessé après les désordres de la ligue et de la fronde; il ne lui restait plus qu'à ménager la noblesse et à donner un aliment à l'activité du peuple. Les biens ecclésiastiques servirent à doter la noblesse pauvre; les récompenses honorifiques gagnèrent la noblesse de cour; les talens de Colbert trouvèrent de nouveaux germes de prospérité pour toutes les classes. Ébloui des facilités que lui donnait la prospérité croissante du pays pour satisfaire à ses goûts de luxe, Louis XIV s'imagina que c'était son luxe qui amenait cette prospérité, et il commença à accroître démesurément l'un dans le but de donner plus d'intensité à l'autre; mais les évènemens ne tardèrent pas à démontrer la fausseté de ce calcul. Quant à l'éclat momentané des fêtes, il voulut substituer les dépenses régulières des constructions d'édifices et des guerres, les besoins du trésor se firent sentir et la misère du peuple alla croissant. C'est la seconde époque du règne de Louis XIV.

En 1682, la maladie altéra ses facultés sans altérer son goût pour la domination. Il avait alors quarante-sept ans. Son administration, qui est la meilleure partie de son règne, continua toujours à être régulière et compacte; mais les finances furent désorganisées par les guerres et par sa manie de bâtir. La dévotion arriva, et de même qu'il se croyait le maître des personnes et des biens, il se crut aussi le maître des consciences et des volontés.

Le 22 octobre 1685, à l'instigation de Louvois et de madame de Maintenon, il révoqua l'édit de Nantes qui assurait aux protestans la tolérance de leur culte. Une immense population industrieuse se vit chassée de France, et obligée d'aller en Prusse et en Angleterre demander un asile. Elle y porta avec elle son industrie et ses richesses.

Chapitre sixième.

Paris aux XVIIe et XVIIIe siècle. — Louis XIV. — La régence. — Louis XV. — Mouvement littéraire et philosophique.—Présages de la révolution française.

> Quand il n'y a plus ni liberté, ni passion des arts; quand les âmes vulgaires sont éteintes par le malheur ou plongées dans le matérialisme d'un grossier bien-être, alors celles qui se détachent de cette tourbe rampante aspirent vers un autre monde.
>
> VILLEMAIN.

Il est impossible de comprendre la révolution de 1789, sans avoir étudié le siècle dont Louis XIV est le type.

A sa naissance, le moyen âge était effacé. La force gigantesque de cette époque ne se révélait plus que dans ses ruines, dans les entraves qu'elle opposait à une nouvelle conception de l'histoire, et dans des habitudes que des temps plus récens ne sont pas encore parvenus à déraciner. Louis XI avait déjà soumis les nobles rebelles, et rêvé le projet d'une vaste monarchie. Par la suite, Henri IV s'était attaché de nouveau à ce plan, qu'il exécuta du moins dans ses principes, après les troubles des guerres de religion. La royauté française avait jeté ses fondemens. Le bras puissant de Richelieu venait de niveler le sol, et Louis XIV n'avait plus qu'à élever l'édifice monarchique sur la base déblayée. Si en Allemagne le moyen âge expire avec la guerre de trente ans, il n'a plus alors en France de retentissement que dans les agitations de la fronde, qui tombent dans les premières années de la vie de Louis XIV, et qui ne lui laissent d'autre impression que celle d'une époque finie, dont le contraste avec les besoins actuels lui indique d'avance son rôle de créateur d'une ère nouvelle. La France n'était pas arrivée, pendant le moyen âge à une constitution précise, régulière et arrêtée. Les prérogatives formelles qu'avaient autrefois exercées les nobles, se concentrèrent enfin dans la royauté dont elles agrandirent le pouvoir. A force d'envahissemens la puissance royale avait affaibli les états-généraux, et l'influence que ceux-ci avaient eue dans les premiers siècles de la monarchie, devint nulle par le fait. Sous Louis XIII on pouvait, en parlant de constitution, se représenter sous ce nom tout ce qu'on voulait. Chacun la définissait au gré de ses préjugés, de sa caste ou de ses intérêts. Suivant qu'on prenait pour point de départ telle ou telle période de l'histoire de France, il était également facile aux auteurs de prouver que la monarchie était limitée par le peuple et ses droits, ou d'argumenter en faveur du pouvoir absolu. Les anciens monumens sont sous ce rapport d'une confusion qui n'admet aucune solution, et l'on peut dire en général que les droits furent toujours équivoques, tandis que les faits ne manquèrent jamais de trancher les difficultés. Une seule chose nous paraît ici hors de doute, c'est que la forme monarchique devait être non-seulement pour un temps mais pour tout l'avenir, du goût d'un peuple qui par caractère tend à la splendeur extérieure et vise à l'effet historique. Il y a en France un double élément qu'il faut bien se garder de confondre, l'opinion et les mœurs. La première y a dans toutes les époques secoué tout frein; ne tenant compte ni de l'habitude ni de la manière d'être, ni des conditions historiques, elle a marché en avant, ne prenant pour guide que le syllogisme avec ses formes sévères et ses conséquences. Dans le siècle de Louis XIV et de ses successeurs, l'opinion enfante et propage impunément l'incrédulité religieuse, elle mine la royauté qui semble pousser encore de vigoureuses racines ; elle prépare toutes les castastrophes. Quant aux mœurs, elles conservent encore ajourd'hui l'empreinte de l'ancien caractère français. Les positions brillantes n'ont point cessé d'être le centre vers lequel gravitent les affections les plus opposées. L'austérité républicaine conviendrait mal à l'esprit de la nation, qui réclamera sous le gouvernement le plus libéral possible un appui monarchique, lors même qu'il lui serait donné de se constituer uniquement dans son propre intérêt. Or le fondement de l'édifice monarchique n'avait jamais été plus solide que sous Louis XIV ; car les bases formidables de l'ancienne indépendance des nobles s'étaient transformées en pierres de taille, qu'il devenait loisible au souverain d'adapter à son œuvre. L'éducation négligée qu'il avait reçue d'une mère espagnole et d'un cardinal italien, n'avait pas étouffé en lui les dispositions naturelles et le talent nécessaire à l'établissement d'une monarchie absolue; mais pour réussir dans une pareille entreprise, il lui fallait des circonstances favorables.

Quel était alors le principe fondamental de la monarchie? Le clergé ne se faisait pas faute d'en appeler à je ne sais quelle royauté théocratique, d'exiger que le chef de l'État se soumît aux décisions supérieures de l'Église, et de stipuler, pour prix de sa fidélité, le pouvoir d'intervenir dans les affaires politiques comme bon lui semblait. En revanche, les parlemens n'admettaient comme principale règle de la puissance souveraine que les thèses du droit romain; ils soutenaient à côté de la royauté l'omnipotence du droit et leurs prérogatives particulières. La noblesse remontait en dernière instance aux violences du moyen âge, et rappelait les dynasties primitives, afin de ressusciter des avantages et des libertés, qu'elle ne possédait plus que sous le titre de privilèges octroyés. De pareilles prétentions ne s'accordaient pas avec les vues de Louis XIV, qui repoussait une restauration de la monarchie féodale, entourée des vassaux du moyen âge. L'origine de sa nouvelle création n'était ni dans les institutions historiques, ni dans les argumens puisés dans les citations de l'école, mais dans une pensée qui seule devait démontrer son droit. Elle dérive d'une conquête morale du siècle, de l'idée de l'État dépouillé des travestissemens qui jusqu'alors en avaient comprimé l'essor. Cette idée inconnue à l'antiquité, dans son unité parfaite, Louis XIV la convertit en axiome gouvernemental, le jour où il osa dire : *L'État c'est moi.*

Ce mot hardi révéla les changemens que la forme du

gouvernement devait éprouver sous son règne. C'est encore aujourd'hui l'expression qui peint le mieux la transformation politique de son siècle. Les privilèges déchus ou effacés s'étaient peu-à-peu fondus dans l'idée collective de l'État, qui à son tour se trouvait représenté par une individualité puissante, réunissant comme en un faisceau les divers élémens de l'ensemble.

L'absolutisme qui allait s'implanter dans la nation, et qui, à dire vrai, s'annonçait comme le résultat nécessaire de l'histoire précédente, devait être précis et tranché. Le roi n'était pas séparé de la royauté : l'un et l'autre se rattachaient au ciel et au droit divin ; l'obéissance passive rejaillissait partout de cette connexité. Voilà la pensée motrice de Louis XIV, dont le cachet se retrouve plus encore dans ses écrits que dans ses actes. Il prétend que les rois n'ont de compte à rendre qu'à Dieu ; que les sujets sont tenus de les respecter comme les dépositaires de la puissance divine, et que tout ce qui ressemble à un blâme de la conduite des princes, est criminel. Il se proclame la source de toutes les grâces, de tous les pouvoirs, de toutes les juridictions ; il n'y a pas de gloire qui ne se rapporte à lui ; celle qu'il n'a pas reconnue est censée une usurpation.

En resserrant ainsi la nation dans la personne du

roi, Louis XIV ressentait péniblement le contraste que formait, en comparaison de la France, l'Angleterre enlacée dans ses institutions féodales. Il ne peut assez énergiquement flétrir dans ses écrits la soumission du roi d'Angleterre à la loi du peuple; il la regarde comme le plus sanglant outrage qui puisse frapper un homme de son rang. Le vice radical de la constitution de ce pays, il le découvre dans un pacte qui défend au monarque de lever des impôts d'hommes et d'argent sans le consentement du parlement. Aussi se donne-t-il beaucoup de mouvement pour rétablir, sous les Stuarts, la monarchie absolue avec la religion catholique, dont elle est le principal soutien; et plus tard il reçoit en France la dynastie expulsée, dans l'intention de lui assurer un point de résistance contre la patrie qui l'a chassée.

Une création jusqu'alors inconnue, les armées permanentes, se montre en première ligne avec un prodigieux développement, comme le secours le plus efficace des projets absolutistes. Entre le moyen âge, où les seigneurs féodaux faisaient la guerre avec des vassaux et des lansquenets stipendiés qu'ils renvoyaient dans leurs foyers après le combat, et les temps modernes où l'armée, plus rapprochée du peuple, en est pour ainsi dire une émanation, nous trouvons les bataillons permanens du xviie et du xviiie siècle, non-seulement comme une garantie du gouvernement absolu, mais comme la raison suffisante et irrésistible de tous ses décrets. Des légions, chaque jour renouvelées, entourent le trône, le soutiennent et lui promettent une durée continuelle. La domination du bon plaisir demeurera inattaquable, jusqu'à ce que les barrières élevées entre le peuple et la milice soient près de crouler. Comme c'est le mérite essentiel de l'état de Louis XIV d'avoir substitué l'unité et l'universalité politique au fractionnement du moyen âge, l'armée permanente est de même le principe agissant de la centralisation des intérêts particuliers. Cette conception se développe sous tous ses rapports; elle a désormais ses traditions, ses doctrines, ses sectes. L'uniforme en est le signe sensible et précis, qui marque encore de nos jours dans les pays militaires la distinction rigoureuse entre la troupe et le citoyen; l'armement, la tenue du soldat, la tactique, se généralisent par des règles scientifiques. La faculté qu'avaient usurpée en France les lieutenans de province de recruter des soldats, cessa peu-à-peu pour passer entre les mains du monarque. Lui seul fut dèslors le dispensateur des grades, des dignités, de l'honneur militaire. Des ordres nouvellement créés jetèrent de l'éclat sur la carrière des armes; des retraites convenables pour l'infirmité et la vieillesse donnèrent à l'état militaire une sécurité qui finit par le détacher de plus en plus du peuple où il avait pris son origine. Les victoires remportées sous ce long règne, les défaites même, formèrent la discipline et l'esprit de corps que l'on pouvait, par son type invariable, comparer à l'uniforme qu'on revêtait. La tâche de l'armée ne se borna plus à s'user dans les combats : on s'en servit encore pour forcer ou pour faciliter la rentrée des impôts, pour comprimer l'esprit de mécontentement et de révolte, pour imposer silence aux controverses religieuses des sectes. Partout où il fallait une intervention de l'état ou une manifestation catégorique de la couronne, on s'adressa à l'armée, et les populations s'accoutumèrent si bien à la voir constamment en présence, que bientôt le pouvoir royal n'eut plus besoin de ce moyen pour faire valoir ses volontés. Il suffisait qu'au besoin il la tînt en réserve pour fixer les plus incertains sur la justice de ses prétentions. La noblesse autrefois indépendante n'eut plus qu'une valeur d'emprunt; ce qui lui avait appartenu comme essence de sa condition, le courage guerrier, l'amour des combats, l'occasion de remporter des succès, fut circonscrit dans des limites de grades et de dignités, qu'il fallait ou acquérir par des services ou se faire octroyer par la faveur. La hiérarchie militaire introduisit dans l'avancement une certaine lenteur, une régularité, qui stimulaient le zèle en affermissant la fidélité. Le titre de maréchal de France finit par devenir plus honorable que ceux de duc ou de marquis ne l'avaient jamais été.

L'unité compacte que nous remarquons dans l'armée naît à son tour dans l'administration civile. Les vieilles libertés des provinces connues sous le nom de pays d'États, s'effacent et font place à un système de centralisation que la révolution n'a fait que perfectionner. Une obéissance prompte et uniforme annonce que le même joug pèse sur tous les points du royaume; le despotisme des ministres n'est que l'organe de l'autocratie qui se déploie dans le cabinet. Les parlemens, muets, s'inclinent devant ce fait converti en maxime, et les mesures de concussion se multiplient en raison de la soumission des peuples sous l'omnipotence du bon plaisir. Louis XIV comprit cependant qu'en absorbant ou en laissant tomber en désuétude les libertés féodales, il devait au peuple une compensation dont l'administration seule pouvait lui fournir les moyens.

Sully, Richelieu, Mazarin, avaient déjà gouverné dans ce sens ; mais le temps leur avait manqué pour fondre les élémens partiels dans l'unité gouvernementale, et de plus, ils ne possédaient pas la méthode qui réduit en système la routine administrative. Louis XIV était doué d'un tact admirable pour attirer à lui et pour manier à son gré tous les ressorts de la grande machine politique ; il savait employer une énergie infatigable pour l'animer d'une vie nouvelle, à l'aide du dogme qui consacrait son pouvoir comme un dépôt de la Divinité ; personne plus que lui n'entendait le secret d'exciter plutôt que d'humilier par l'absolutisme le sentiment national des Français. Son gouvernement, enfin, fut le premier qui fit mouvoir deux puissans leviers à-peu-près ignorés avant son avènement : la police et les finances.

Après avoir soustrait la décision des affaires aux corps privilégiés, il ne lui convenait plus d'abandonner une foule de conflits journaliers à la solution lente et réfléchie des cours de justice, comme d'un autre côté l'intervention de l'armée dans toutes les relations de la vie sociale présentait à la longue de graves inconvéniens ; tandis que le juge-soldat, comme on pourrait appeler l'agent de la police, appartenait aux deux ordres. L'uniforme, l'armement, la discipline, lui donnaient un air militaire, la mission dont il était chargé, les formes d'après lesquelles il devait procéder, lui conféraient un certain caractère de magistrat. Les citoyens qui auraient vu dans des commissions exceptionnelles une violation de la liberté, s'accoutumèrent à la police permanente. On se félicitait d'ailleurs de la tranquillité qu'elle entretenait dans les villes. Elle protégeait le riche dans ses plaisirs et veillait à la salubrité publique. Il n'en fallait pas davantage pour persuader à tout le monde qu'elle était une branche indispensable de l'administration. Par l'activité de la police, l'État eut la conscience de sa force, un œil qui pénétrait partout, la faculté de mettre de l'ensemble dans les manifestations isolées les plus disparates. L'autorité royale descendait ainsi dans les classes inférieures, et le despotisme, personnifié dans le chef, réagissait dans toutes les directions, anéantissait jusqu'aux plus timides démonstrations de la volonté individuelle, et s'infiltrait dans toutes les veines de l'organisme politique. La police, dont la complication mystérieuse et systématique est une invention de d'Argenson, qui avait fait son apprentissage parmi les Vénitiens, se propagea bientôt dans le reste de l'Europe, sans que cependant elle y gagnât la même influence et la même vigueur qui la caractérisent en France.

En second lieu, une meilleure théorie des finances vint seconder les vues du roi absolu. Je comprends sous cette catégorie le commerce, les arts et métiers, l'industrie, les encouragemens qui contribuent au perfectionnement dans la fabrication. Dans le moyen âge, il n'y avait pas plus d'ensemble dans le mouvement de la population qu'en toute autre chose. Le roi n'étant alors que le premier de ses pairs, les impôts étaient simplement des subsides, c'est-à-dire des secours momentanés que les vassaux venaient en différentes occasions offrir à leur chef. Les contributions, considérées comme une des fonctions vitales de la société, ne sont l'objet d'une étude scientifique et sérieuse que depuis la consécration de l'unité politique en France. Il est vrai pourtant que les Français ne sauraient pas précisément revendiquer l'honneur d'avoir inventé l'administration financière, bien qu'ils l'aient développée au plus haut degré de perfection. La guerre du petit état hollandais contre la France avait déjà prouvé ce que pouvait le commerce, et le crédit qui en est une condition essentielle, lorsque Louis XIV fut réduit à vendre son argenterie pour subvenir aux frais de la seconde campagne. Les transactions mercantiles, les spéculations manufacturières furent dès-lors exploitées comme une source intarissable de richesses, destinées à remplir, non les caisses du particulier, mais bien celles du fisc.

On ne s'occupa de l'industrie qu'autant qu'elle promettait d'augmenter les ressources du trésor; ce qui n'avait été qu'un simple moyen, devint le but capital. Le nom de Colbert acquit dans cette branche administrative une réputation que ses conceptions grandioses couronnées par le succès, ont justifiée, malgré les erreurs qu'il ne sut pas toujours éviter. On apprit à distinguer le simple artisan de l'artiste; on décerna de glorieux hommages à la partie intellectuelle de l'industrie, au génie créateur. Des manufactures en tout genre, tant pour la confection d'étoffes communes que pour fournir au luxe de l'homme opulent, se multiplièrent dans une progression surprenante. Des Flamands et des Italiens furent appelés dans le pays; mais ils ne produisirent que les premiers essais; la vivacité de l'imagination française les remplaça bientôt par des formes plus élégantes, et par ces gracieux modèles qui, peu après la révocation de l'édit de Nantes, éveillèrent dans d'autres contrées du continent le goût de l'industrie, l'esprit de commerce et le talent des artistes. Par l'agrandissement de la sphère commerciale, on vit prospérer les revenus publics: la population s'accrut malgré les guerres; la nation supporta long-temps les prodigalités de la cour. L'établissement d'un système financier eut donc ses inconvéniens; la certitude d'avoir assuré le renouvellement périodique des fonds publics entraîna de grands abus; mais ces inconvéniens et ces abus paraissaient inférieurs aux avantages que l'on recueillit du développement indéfini de la puissance nationale. Le tiers-état surtout prit une consistance dont ceux qui ne s'en servaient que comme d'un instrument de leurs desirs, furent loin de pressentir les suites. Terminons ce tableau des progrès de l'industrie, en rappelant la fondation des colonies et l'organisation d'une flotte régulière. En cela le gouvernement français suivit l'exemple de plusieurs peuples qui avaient augmenté leur prospérité par l'exploration des continens de l'Asie et de l'Afrique. Quoique la marine française n'ait jamais été à même de rivaliser avec les puissances maritimes, elle pouvait suffire à un peuple qui n'a pas à craindre de s'appuyer de préférence sur ses troupes de terre.

L'État ainsi régénéré, il restait une dernière tâche à remplir: celle de l'adapter aux corporations isolées qui n'avaient point disparu avec la réforme politique. Depuis le commencement du dix-septième siècle, il n'y avait plus en de convocation des états généraux. Le clergé, la noblesse, la magistrature, le tiers-état, fortifiés par l'esprit de caste que l'isolement rendait de plus en plus tenace, auraient difficilement consenti à se réunir. Toutefois leur division exposait les corporations à de continuelles attaques du souverain. Il est intéressant de connaître les efforts qu'il mit en jeu pour les assujettir, et pour en faire des membres subordonnés de l'organisme social.

Le sacerdoce, que des connaissances variées et une érudition solide avaient anciennement élevé au premier rang de la société, commençait à se voir dépassé par des savans étrangers aux fonctions de l'église. Il conservait cependant la jouissance d'énormes richesses, léguées par la piété du moyen âge. Des privilèges considérables étaient attachés aux charges que conférait l'ordre ecclésiastique. Or, par cela même que la feuille des bénéfices dépendait désormais de la faveur du roi, le clergé devenait naturellement servile et courtisan. Quelque riche qu'il fût, il ne pouvait se dispenser de solliciter à chaque vacance l'usufruit d'un bien qu'il avait dans d'autres temps administré sans contrôle. L'arbitraire et le caprice décidèrent ordinairement de la collation des prébendes. Des pensions accordées aux nobles et aux laïques furent assignées sur les revenus des abbayes et des évêchés. Il n'y eut pas une famille de renom qui ne se crût autorisée de réclamer, pour quelque parent tonsuré, la possession de ces saints trésors. On ne compta plus guère d'évêques plébéiens, et l'église, cette unique puissance intellectuelle et démocratique du moyen âge, se trouva dans le dix-septième siècle, envahie par l'aristocratie avide de s'approprier toutes ses dignités élevées et lucratives. Les prêtres, alliés ou parens de hauts fonctionnaires, avaient à la cour des relations plus ou moins intimes; ils adoptèrent insensiblement ce ton poli, aimable, qui relevait doublement le commerce de ceux qui brillaient par quelque talent; il n'y avait pour eux rien de plus insipide que les sciences théologiques, rien de plus indifférent que la religion, rien de plus étranger que le saint-siège : les libertés de l'église gallicane, dont on a fait tant de bruit il y a quelques années, ne doivent leur origine qu'au grand art de Louis XIV d'avoir détaché son clergé du centre de Rome, en cherchant adroitement à l'englober dans les petites intrigues de la cour et dans les intérêts de la France. Il n'en est pas moins curieux que ce roi, plus dévot que religieux, n'ait jamais confié l'administration directe des affaires aux gens d'église ; car, depuis Mazarin, il n'a plus eu de prêtres dans ses conseils. Le pouvoir spirituel sauva, dans cette époque, quelques lambeaux de ses libertés féodales, qu'il sut faire valoir sous le titre d'immunités. N'oublions pas cependant que, si les prélats et les grands bénéficiaires nageaient dans l'opulence, le bas clergé demeurait dans des rapports continuels avec le peuple, dont il ne songeait nullement à se séparer.

Quant à la noblesse, il n'était pas tout-à-fait si facile de l'absorber dans un système de gouvernement absolu. Mais Louis XIV triompha de toutes les difficultés. Les nobles de son temps n'appartenaient plus aux souches antiques des seigneurs indépendans qui se disaient les égaux du roi de France, qui combattaient pour leur propre compte, et disposaient de leurs serfs comme ils jugeaient à propos. Il n'existait plus qu'un simulacre méconnaissable de féodalité décrépite. Au lieu de vassaux on rencontrait de petits cliens, des hobereaux, des aventuriers, se traînant à la remorque d'un très petit nombre de courtisans grands seigneurs. Les noms historiques ne reposaient pour la plupart que sur les mystifications des généalogistes ou sur la bâtardise. La civilisation, après avoir battu en brèche les manoirs des chevaliers, et autorisé la loi à punir le pillage et les injustices commises envers les classes inférieures, avait assigné à la noblesse un rang secondaire; elle était privée de sa juridiction suprême, ses droits prenaient la qualification de privilèges, et son rôle dans l'armée se bornait à l'obéissance passive. Les quartiers de noblesse le cédaient pour l'avancement à l'ancienneté de service, et le dissolvant le plus actif de l'esprit de cette caste consistait à la dépayser, en l'engageant à quitter ses châteaux et ses contrées natales, pour venir prendre part aux distractions journalières et à l'enivrement des plaisirs de la cour. Mais ce moyen, tout en détruisant l'aristocratie comme pouvoir, ne laissait pas que de la ruiner pécuniairement, et l'état, afin de la soutenir, se grevait en revanche de dettes accablantes. Un luxe effréné, des besoins nouveaux nécessitaient des dépenses toujours croissantes; le trésor particulier ne suffisait plus pour les couvrir, et les pensions mises à la charge des deniers publics s'accumulèrent d'une manière effrayante. Usée par la luxure et l'oisiveté, la noblesse ne se livrait dans son impuissance qu'à la seule profession des armes, et concourait, à force de prétentions exorbitantes, à l'épuisement et à la chute finale de la monarchie.

En s'efforçant de séduire et de corrompre l'aristocratie nobiliaire, la cour devint peu-à-peu le théâtre de la plus scandaleuse licence, et le xviiiᵉ siècle nous déroule d'un bout à l'autre le spectacle d'une dissolution totale des mœurs, qui, procédant de l'entourage du trône pour se communiquer à la noblesse, finit par réagir sur la royauté, en préparant à l'une comme à l'autre la sanglante punition dont la révolution les a frappées.

Les parlemens, encouragés par les conjonctures du siècle, s'arrogeaient une autorité que, dans les temps précédens, ils n'auraient jamais pu exercer. Quand les états généraux furent tombés dans l'oubli, les parlemens essayèrent de se substituer aux assemblées des notables, et s'attribuèrent, à l'aide des formes de l'enregistrement exigées pour la sanction des lois, l'équivalent d'un droit de concession. On leur donnait parfois le sobriquet d'états généraux au petit pied ; aussi justifièrent-ils par des refus réitérés une dénomination que l'ironie avait mise en usage. Quoique la magistrature appartînt au fond à la classe bourgeoise, l'inamovibilité des emplois les avait rendus héréditaires de fait, et l'espèce de propriété qui y était attachée, leur assurait une certaine noblesse, connue sous le nom de noblesse de robe. L'administration de la justice et la science qui distinguait les hommes de loi, leur conféraient une importance égale à celle des nobles, surtout après la ruine de leurs châteaux. Mais la magistrature, trop pénétrée peut-être de la conscience de sa dignité, préta souvent aussi l'oreille aux inspirations de l'égoïsme et d'une vanité puérile. Lors des évènemens de la fronde, les parlemens avaient fait pour la dernière fois acte de pouvoir politique; il en était de même du clergé, qui paraît avoir abdiqué son indépendance vers la fin des guerres de la ligue. Le roi ne put jamais effacer les souvenirs de son enfance orageuse, et tel qu'à l'âge de dix-sept ans il osa chasser, une cravache à la main, l'assemblée de ses tuteurs, nous le voyons commander en maître pendant soixante ans à cette même magistrature jadis si rebelle, qui ne donnait plus signe de vie. Relancée dans la sphère du Droit civil, privée de son importance législative, elle se consumait en vœux stériles de ressaisir son ancienne splendeur. Une humeur chagrine et morose couvait au sein de cette corporation, et tout dans son attitude faisait craindre qu'elle ne s'emparât de la première occasion favorable pour rentrer en possession de ce qu'il lui plaisait d'appeler ses prérogatives. Elle fit des théories sur les attributions que la force des circonstances lui avait enlevées, et le principe que la monarchie n'avait de stabilité qu'en s'appuyant sur des corps intermédiaires, devint le thème de prédilection des parlemens et des professeurs du Droit public. Quoi qu'il en soit, l'autocrate continua son œuvre d'envahissement, sans se soucier des systèmes d'une caste qu'il avait paralysée dans son action.

On n'eut pas de grands efforts à faire pour gagner le tiers-état, son existence n'ayant encore à cette époque ni éclat ni fixité. Il n'y a donc rien à dire sur les moyens qui furent employés dans l'intention de l'attacher au char de l'absolutisme.

Ce n'est pas que des prêtres estimables, des jurisconsultes savans, des littérateurs distingués, ne surgissent en assez grand nombre dans le tiers-état; mais ces hommes de mérite prenaient immédiatement rang parmi la noblesse et le clergé. Le moyen âge avait fondé les immunités des villes ; des droits notables avaient été octroyés aux communes ; mais ce que la couronne avait accordé par jalousie de la noblesse, elle pouvait le retirer après la défaite de l'aristocratie, qui venait d'être absorbée dans le système de l'unité politique. Il est évident que le tiers-état ne pouvait guère s'arrêter à l'importance que lui donnaient ses libertés municipales, ses prérogatives de localité. Il lui restait à conquérir des droits indépendans dans le domaine de l'industrie, des beaux-arts et des lettres. Il pouvait par son travail se rendre nécessaire, et s'approprier ainsi la position qu'on lui avait assignée jusqu'ici par grâce et par exception. Pour ce qui est des habitans de la campagne, leur condition était encore mille fois plus insignifiante que celle des citadins bourgeois. Dépendans en tout de leurs seigneurs, ils ne jouissaient pas même de cette considération humaine qui est le premier degré de notabilité dans l'ordre social.

Nous venons de passer en revue l'État de Louis XIV. Vis-à-vis des autres constitutions de l'Europe, la France revêtit la forme d'un régime absolu intelligent. La personne du roi, qui en était la représentation vivante, devait avoir de hautes qualités guerrières. Jusque vers le déclin du dix-huitième siècle, l'opinion que, dès l'instant où un roi de France met son épée dans le fourreau, il a cessé de régner, demeura la devise favorite de cette dynastie. Plusieurs guerres, entreprises par Louis XIV, n'ont eu d'autre but que d'opposer la nouvelle création, dont il est l'auteur, aux institutions vieillies du moyen âge ; son royaume régénéré doit briller par le contraste avec les ruines d'un monde qui s'en va. Bien que dépourvu des capacités éminentes qui font les grands généraux comme les grands écrivains, il avait du moins le rare talent d'imprimer son impulsion aux tacticiens les plus renommés, et aux littérateurs les plus influens de sa nation. Il savait s'y prendre avec une incomparable habileté pour attirer toutes les célébrités dans le mouvement collectif qu'il représentait. Chaque élément utile était à ses yeux une partie de l'ensemble qui se résumait en lui, de manière que, sans être soldat, il obtint la gloire d'un conquérant; sans avoir enrichi les lettres par ses écrits, il répandit sur la littérature de son siècle un éclat impérissable, en lui prêtant son appui et son nom. Ce n'est plus, comme sous Henri IV, une armée pauvre et vaillante qui combat sous les ordres de Louis XIV, c'est au contraire un corps étroitement lié à la noblesse et à la cour, qui se livre à tous les excès de luxe et de volupté, dont on affiche le scandale jusque sur les marches du trône. Le règne suivant nous montrera comme une conséquence nécessaire de cette aberration, la démoralisation générale qui gangréna successivement, en partant des hautes classes de l'ordre civil, tous les rangs de l'armée française.

Voilà comment cette monarchie absolue, née de la pensée de Louis XIV, s'éleva par les institutions de l'armée d'une part, et de la police de l'autre, par la fusion des castes, par l'administration financière et par la gloire du prince. Façonnée de la sorte, elle exerça tout son charme sur l'esprit des Français, parce qu'elle réveilla dans toute son énergie le sentiment national, et qu'elle eut une vaste influence sur les mœurs populaires. Le même principe qui fut la base de la monarchie renouvelée, la conduisit irrésistiblement à sa chute.

Examinons quelle fut la force morale des différentes corporations que Louis XIV voulait soumettre à l'action de l'absolutisme, et jusqu'à quel point il pouvait espérer d'assimiler à la longue l'esprit de caste à l'esprit de centralisation. Apprécier les diverses faces de l'État, et les coordonner au mouvement monarchique : voilà sans doute par où il fallait commencer ; mais pour que l'autocratie royale devînt une réalité, les intérêts individuels avaient besoin de se confondre tellement avec la personne du souverain, qu'ils ne formassent plus que les parties inséparables de l'organisme national. C'est là précisément ce qui distingue essentiellement le mécanisme politique au dix-septième et au dix-huitième siècle, de l'ordre actuel des choses.

Le clergé, par ses lâches condescendances pour les prétentions de la cour, avait perdu le sentiment de sa propre dignité : il avait cessé d'être une puissance qui servît d'appui au trône ; son rôle se bornait à prêter un plus grand éclat à la royauté, qu'il avait l'obligation de flatter sans relâche, comme la source unique de ses prérogatives et même de son existence. La cour nommait à la plupart des emplois du sacerdoce. Si à une époque antérieure on avait vu des prêtres, sortis des derniers rangs de la société, s'élever aux plus hautes fonctions de l'église catholique, l'avancement dans l'ordre ecclésiastique n'était plus, depuis Louis XIV, que le résultat de combinaisons politiques, de basses intrigues et de mille considérations qui n'avaient pas le moindre rapport avec le bien de la religion. Pitoyable instrument du pouvoir séculier, le clergé se présentait en quelque sorte comme le prisme destiné à jeter sur l'autorité du roi les rayons de l'autorité divine, qu'on se plaisait à dénier au sacerdoce. L'horreur qu'inspirait le crime de lèse-majesté grandissait ainsi en raison du peu d'importance que l'on attachait au blasphème et à l'impiété; mais à la fin ce clergé, vivant dans le monde et pour le monde, n'était plus d'aucune utilité dans l'administration. Tandis qu'il expédiait des mandemens à l'effet de délivrer le gouvernement des tentatives ruineuses des contrebandiers, nous lisons dans des écrits publiés sous le règne de Louis XIV, que les prélats eux-mêmes fraudaient les douanes, et faisaient, par l'entremise des évêques établis en pays étrangers, des achats de marchandises prohibées, qu'ils se faisaient parvenir sous le cachet inoffensif de l'église. La cupidité, l'avarice et la dépravation du sacerdoce sont dépeintes par les auteurs contemporains sous des couleurs très sombres. Le respect, la vénération, qu'il est dans la nature des fonctions spirituelles d'inspirer au peuple, s'affaiblirent à vue d'œil : une ligne de démarcation déplorable fut tracée entre le haut et le bas clergé; une opposition violente, née au sein des prêtres subalternes contre les prélats, menaçait pour l'avenir les intérêts les plus chers de l'église. Ses chefs, dépouillant tout égard pour le caractère sacré dont ils étaient revêtus, avaient l'air de valets de cour en costume ecclésiastique, tandis que les simples curés des villes et des campagnes, réduits à la mendicité par l'exiguïté de leur revenu, compromettaient d'une autre façon la sainteté de leur ministère. Confondant leur cause avec celle du peuple et des sociétés éloignées du tourbillon de la cour, ils se familiarisaient avec les croyances, les opinions et les préjugés de la multitude, s'habituaient à les exprimer dans un langage plus ou moins philosophique, suivant le degré de science qu'ils avaient atteint, et s'érigeaient pendant le dix-huitième siècle en chauds défenseurs de théories nouvelles et de tendances libérales. D'une part nous voyons le haut clergé se suicider, en respirant avidement l'atmosphère corrompue des courtisans; d'autre part, le bas clergé, tourmenté par la misère et la pauvreté, travailler à sa ruine, en oubliant les devoirs de son état, et en s'efforçant de rentrer dans la condition générale des citoyens.

Quant à la noblesse, annihilée dans la possession féodale de ses terres et de ses châteaux, humblement soumise aux coteries courtisanesques de Versailles, elle était pour le gouvernement tout à-la-fois une entrave de moins et un embarras de plus. Comme corps, la noblesse avait encore une existence, mais elle n'avait plus de position. N'étant rien par son propre mouvement, la cour se voyait dans la nécessité de lui assigner un rang, et de la doter de tous les avantages dont elle pouvait disposer sans faire tort à l'éclat de la couronne. Mais comment la cour aurait-elle pu satisfaire à toutes les exigences de cette tourbe d'aventuriers dont le nombre se multipliait à l'infini? Comment serait-elle parvenue à augmenter les emplois militaires et civils, au point de nourrir cette classe immense de postulans, que l'on s'imaginait attirer dans la seule vue de peupler les administrations de créatures dévouées? Il devenait urgent de trouver les moyens de contenter les prétentions les plus extraordinaires, justifiées d'ailleurs par l'insuffisance des ressources particulières de l'ancienne aristocratie territoriale. On délivrait en conséquence aux seigneurs titrés, aux ducs et pairs de France, des brevets d'affaires qui les autorisaient à s'associer à des négocians, et à participer à toute espèce d'entreprises commerciales et industrielles. Des gentilshommes, fondant sur l'impunité de quelques crimes ignorés par la justice une industrie honteuse, acceptaient le rôle d'espions, et venaient réclamer leur part des amendes prononcées contre les délinquans. Souvent la délation pouvait compromettre l'innocent, et lui donner une apparence de culpabilité. Dans ce cas le dénonciateur, faisant valoir son influence ou son rang, promettait le secret, et extorquait à sa victime des sommes considérables. Des hommes qui se montraient si peu scrupuleux sur le choix de leurs moyens de subsistance, ne devaient être ni économes dans leurs dépenses, ni délicats dans l'emploi de leurs bénéfices. La fureur du jeu, qui absorbait les momens du roi comme la vie du dernier gentilhomme; la gloriole qui s'attachait au nom de celui qui jouait gros jeu, surtout lorsqu'il était connu pour avoir gagné beaucoup d'argent; l'honneur que l'on mettait à faire des dettes; la réputation avantageuse qui précédait le misérable qui avait dupé ses créanciers : ce sont là des symptômes de la plus profonde corruption, que le voile transparent des titres et la faible barrière qui arrêtait encore l'émancipation des classes inférieures pouvaient à peine pallier.

Une grande dette publique et les emprunts étant aux yeux des économistes la condition la plus favorable pour le gouvernement, les particuliers, pour sortir d'un embarras momentané, recouraient également à l'expédient des emprunts, et l'on professait assez généralement la maxime, que les grandes familles, les maisons d'ancienne souche se consolidaient davantage par des fictions. Or ces fictions n'étaient autre chose que de grossières fourberies, que l'on se permettait principalement à l'égard de personnes qui n'avaient aucun droit de s'en plaindre devant les tribunaux. La noblesse des sentimens, la probité, la pureté de conscience, disparaissaient de la haute société, et toutes les expressions qui désignent une âme honnête se coloraient d'une teinte de mépris et de ridicule, qui les fit proscrire pendant tout le dix-huitième siècle. La noblesse, privée de ses vertus antiques, brisée dans son indépendance, livrée aux jeux de hasard, entraînée dans les chances d'une vie aventureuse, flottant au gré de tous les caprices de cour, pouvait-elle raisonnablement occuper une place moins abjecte que le clergé ? Encore l'ordre ecclésiastique se couvrait-il du masque de la religion, tandis que la noblesse ne représentait pas même en apparence un intérêt national quelconque.

Quoique les parlemens, pliant sous le joug de Louis XIV, eussent perdu leur haute importance politique, il ne faut pas oublier que leur action n'était pas anéantie, comme cela serait arrivé après un mouvement révolutionnaire, dont le résultat eût été de bouleverser tous les rapports sociaux. Les parlemens, arrêtés de fait dans leur influence indéfinie, n'avaient nullement abandonné les souvenirs de leur puissance d'autrefois : ils avaient conservé toute la vanité qu'inspirait cette magistrature à leurs prédécesseurs, toutes les espérances qu'elle pouvait justifier. En matières spirituelles (et elles étaient alors l'objet de discussions politiques fort compliquées), les parlemens montraient encore, sous Louis XIV, une énergie et une fermeté qu'on ne saurait méconnaître. La plupart d'entre eux firent enregistrer les quatre propositions de l'Eglise gallicane de 1682, quand le roi, démoralisé par les excès d'une vie orageuse, demanda pardon au pape Innocent XII, pour en avoir souffert la transcription officielle et la promulgation. Il est vrai que le parlement de Paris et quelques autres cours souveraines enregistrèrent aussi la bulle *Unigenitus;* mais ce fut avec des restrictions, qui ne laissèrent pas que de montrer la répugnance qu'ils en ressentirent. Rappelons-nous enfin le bruyant réveil des parlemens après la mort de Louis XIV, et nous y verrons la preuve que leur action, loin d'être anéantie, n'avait été qu'assoupie. Non-seulement ils se permirent aussitôt de casser le testament du monarque, mais en même temps ils publièrent un édit qui annulait toutes les dispositions qu'il avait prises en faveur de ses enfans naturels. Certes, rien n'indique mieux que ce seul fait la prétention toujours vivace des parlemens, de représenter les états-généraux au petit pied. Si la noblesse et le clergé consentirent à s'effacer devant la cour, à s'identifier avec elle, il en fut autrement de la haute magistrature, qui conservait son esprit d'isolement et de raideur, saisissant avec empressement toute occasion favorable de recouvrer de vieilles prérogatives, jalouse des douceurs de l'opposition et des suffrages populaires, jusqu'au moment où elle se trouva surprise et stupéfaite d'avoir fomenté une effervescence qui aurait dû s'arrêter au terme de sa vanité satisfaite.

Après tout, le gouvernement de Louis XIV avait frayé la carrière au tiers-état, dont il secondait le développement, sans lui assigner une position déterminée. La bourgeoisie n'étant point reconnue dans l'État, grandissant à l'ombre par la concentration inaperçue de toutes ses forces, formait peu-à-peu ce contraste formidable avec la cour, qui finit par culbuter la monarchie du dix-septième siècle. Le mot prononcé par Sieyes, immédiatement avant la révolution de 1789, que *le tiers-état était la nation même*, contenait une vérité grandie depuis plus d'un siècle : il était la nation non-seulement parce qu'il en renfermait les élémens, et qu'il avait les moyens de se constituer comme telle, mais parce qu'il en exerçait réellement toute l'influence. Les nouvelles doctrines en finances avaient fourni la conviction que l'État, afin d'améliorer son existence et d'enrichir le trésor, devait faciliter les établissemens d'industrie. Or, puisque la noblesse aimait bien les bénéfices obtenus par association avec les manufacturiers et par les gains du jeu, tout en dédaignant les opérations laborieuses du commerce et de la fabrication, elle ne pouvait se dispenser d'intéresser à ses différentes entreprises des roturiers, des Italiens et des Juifs. Une certaine opulence, et le sentiment du bien-être, qui en est inséparable, enfantèrent dans la classe moyenne des idées de liberté hostiles au pouvoir absolu. Le commerce est forcément libéral jusqu'à un certain point, bien qu'il ne lui arrive pas facilement de dépasser les limites que sa prévoyance lui trace dans son opposition. Rien ne lui répugne autant que le despotisme qui veut soumettre à ses règles invariables ce qui est essentiellement sujet au changement. Il n'y a que le commerce des caravanes, avec ses lenteurs et ses traditions stationnaires, qui puisse prospérer dans un pays gouverné despotiquement. Mais au xviie siècle, le commerce, destiné à servir d'organe à la société, menaçait inévitablement de devenir une puissance dont les prétentions ne cesseraient de harceler le gouvernement, en réclamant une plus grande somme de liberté que celui-ci ne croirait prudent de lui accorder. Dans l'intention de relever le tiers-état, la science et les arts, les connaissances du clergé inférieur et l'érudition des gens de robe faisaient cause commune avec l'esprit de commerce, affranchi de ses entraves surannées. Cette masse de forces, rassemblées dans l'obscurité, broyait en silence, pendant le xviiie siècle, tout ce que le xviie avait encore laissé subsister de droits, d'illustration et d'autorité : on dirait une puissance occulte, sapant jusqu'aux fondemens un édifice rempli de fantômes gothiques, prêt à crouler au premier signal de la révolution, pour couvrir un espace immense de décombres, qu'il serait à jamais impossible de rétablir dans des rapports analogues. Le tiers-état proclamant qu'il était, lui, la nation, — le clergé, la noblesse, les parlemens disparaissaient comme des spectres que l'on peut encore évoquer un instant, mais que le souffle vivant a quittés pour toujours.

Somme toute, la monarchie de Louis XIV périt, parce qu'elle était un gouvernement de transition ; elle périt par les mobiles qui l'avaient établie. La conception du *moi* royal demandait un souverain doué de capacités supérieures, et nous savons que les génies ne se reproduisent pas souvent dans la succession des temps. L'armée ne pouvait se maintenir qu'à l'aide de cette vigoureuse individualité du chef: du moment qu'elle en fut délaissée, la démoralisation dut se propager dans ses rangs. L'administration civile, paralysant l'individualisme des corps politiques, eut à combattre l'individualisme des personnes qui s'étaient mises à leur place. La police, forcée de se cacher, devint un objet de mépris. L'art des finances, dégénérant en dilapidation, détruisit le crédit, qui en était la seule base. Le clergé n'ayant plus de racines dans le peuple, la noblesse dépouillant ses nobles sentimens, les parlemens végétant sur de vaines et immobiles traditions, le tiers-état se développant spontanément et en sens inverse des tendances royales : telles sont les conditions peu favorables qui empêchèrent l'idée monarchique de pénétrer dans la vie intime des populations, et de les assimiler organiquement à l'unité gouvernementale.

L'on s'étonnera peut-être de ce que cette monarchie eut tout un siècle à traverser, depuis le jour de son déclin jusqu'à sa ruine totale. Ce phénomène s'explique cependant par la dissolution des mœurs et par la diversité des formes du droit privé, que l'on aurait eu trop de peine à changer ou à abroger. Rome, devenue le règne des intérêts privés; Rome, centre d'un vaste empire, subit pendant cinq siècles d'innombrables métamorphoses de son individualisme, dont la fin n'arriva qu'après une agonie prolongée qui dura plusieurs siècles. De même il a fallu qu'en France toutes les transformations du libertinage se succédassent, dans une progression plus rapide à la vérité, jusqu'à ce que le mal eût épuisé toutes ses forces morales et matérielles. Sous Louis XIV, l'étiquette espagnole introduite par Anne d'Autriche, servait encore de barrière entre la dissolution des mœurs publiques et la cour, qui la secondait de son mieux. Cependant, sous ce règne, nous voyons aussi la violation de l'union conjugale et tous les vices résultant du mépris des liens domestiques; la manie de courir après la fortune; la fureur d'amasser promptement, et par les voies les plus aventureuses, d'énormes richesses; l'esprit d'impiété, qui ébranlait la religion sans se borner au blâme des abus du sacerdoce. Mais alors, quoique le débordement général s'étendît de concert avec la pensée intime et les projets politiques du gouvernement, il n'était cependant pas encore l'idée motrice, le principe, la mesure décisive et absolue de ses manifestations.

L'art des finances converti en système de banqueroute, les excès les plus honteux, l'immoralité en un mot, but et mobile à-la-fois de l'administration : voilà le caractère distinctif de la régence du duc d'Orléans.

II.

La Régence est l'époque du libertinage systématique, affranchi de la contrainte que lui imposait autrefois l'étiquette. Renonçant à toute espèce de portée d'avenir, le dévergondage de la société vint se montrer au grand jour du dix-huitième siècle.

Après la mort de Louis XIV, le royaume de France avait perdu son chef, personnification de sa gloire, de sa force et de ses besoins pendant le dix-septième siècle. L'enfant royal ne figurait que nominalement, n'avait de représentation que celle que lui donnaient les fêtes officielles, et la Régence n'avait de soutien que les édits arbitraires du parlement. Attaquée au dehors par les prétentions de Philippe V, harcelée au dedans par le parti des bâtards de Louis XIV, son existence devenait assez précaire. Avec le caractère décidé de Richelieu ou de Cromwell, l'absence d'une personnification royale aurait trouvé dans la volonté du régent une large compensation; mais le duc d'Orléans, faible et chancelant dans ses déterminations, avait, selon le témoignage du duc de Saint-Simon, tellement l'habitude de vivre dans le monde, qu'il lui était impossible de se recueillir et de rentrer en lui-même. Ce n'est pas qu'il manquât de certaines qualités brillantes; il était ce que l'on appelait alors brave et chevaleresque, doué d'un sens juste pour apprécier le dévoûment noble et généreux : il avait le goût des sciences; il cultivait avec succès la chimie, et l'on sait qu'il demanda au roi, du temps de sa régence, la direction future de l'académie des sciences; la peinture, la musique charmaient une partie de ses loisirs; des vues d'ensemble, une amabilité entraînante et l'art de la parole lui assuraient une place distinguée dans la société. Mais toutes ces qualités ne se rattachaient nullement à un centre commun, principe et mobile prépondérant de ses actions; elles n'étaient point le reflet ni le résultat d'un esprit indépendant; au contraire, ses bonnes dispositions, fortuitement acquises, s'abandonnaient sans frein au gré des circonstances. Souvent sa bravoure passait de l'audace à la pusillanimité; son cœur, naturellement généreux, se livrait parfois à des accès d'une colère féroce; l'amour de la science et des arts dégénérait par intervalle en une espèce de sybaritisme qu'on pourrait qualifier de stupide, et l'amabilité de ses manières en libertinage déhonté. Le duc d'Orléans n'avait, par conséquent, ni l'énergie nécessaire pour imprimer à ses actes le cachet de son esprit, ni le talent de s'approprier, comme Louis XIV, les œuvres d'autrui, afin de les faire passer sous le sceau de l'unité gouvernementale.

Ce qui constitue le caractère de la Régence, ce n'est ni une grande influence au dehors, telle que le sentiment national pouvait la revendiquer, ni un changement administratif à l'intérieur, dont la conséquence inévitable eût été de renverser les bases du système de Louis XIV : c'est une transformation dans les mœurs, opérée par l'abandon successif des formes de l'étiquette; c'est la transition de l'esprit politique suranné au régime absolu de l'intérêt propre. De là cette manie de spéculation financière, cette soif du gain, cette vile cupidité, qui saisirent comme par enchantement toutes les conditions de la société.

Au commencement du xviiie siècle, l'art des finances était encore très imparfait. On connaissait peu en France les banques dont la Suède, la Hollande, Gênes et Venise avaient retiré des profits considérables, et dont les avantages se trouvaient confirmés par l'extension que l'Angleterre donnait chaque jour à leur établissement. Les dettes énormes que Louis XIV avait laissées, et le déficit qui menaçait d'écraser l'administration de la Régence, nécessitaient de promptes ressources pour le trésor. Une route nouvelle s'ouvrit alors au devant des économistes.

Law, Ecossais d'origine, avait fait une étude approfondie de la théorie du crédit national; ses résultats, assez connus de nos jours, exercèrent sur son siècle un charme d'autant plus séduisant, que son système paraissait plus mystérieux et moins accessible au vulgaire. Law, doué d'un esprit de combinaison prompt et précis, joint à une rare pénétration, mais en même temps à beaucoup de légèreté et de présomption, se chargea d'établir entre les finances publiques et les richesses particulières des rapports tellement intimes, que l'accroissement du trésor augmenterait nécessairement la productivité des fortunes privées, et que l'action de celles-ci réagirait dans le même sens sur les deniers nationaux. Sa banque devait créer un papier-monnaie qui servît au mouvement usuel du commerce. Cette mesure lui paraissait indispensable à cause des tracasseries que la législation suscitait continuellement à l'évaluation fixe des monnaies d'or et d'argent, dans l'intention de les apprécier à l'avantage des effets de banque. Une perspective non moins brillante fut ouverte à la confiance des financiers par la compagnie des Indes, qui fraya des carrières jusqu'alors inconnues au génie mercantile, et au besoin des spéculateurs de placer favorablement leurs capitaux. Les plus vastes espérances, fondées sur la colonisation de la Louisiane, ainsi que des entreprises immédiates, ayant pour objet les manufactures, les pêches, le monopole des tabacs, les fermes et les recettes générales, entrèrent dans le compte de la compagnie. Elle ne se contenta pas d'encourager le commerce des particuliers, mais elle accapara l'exploitation presque exclusive de l'industrie, en ne permettant aux capitalistes qu'une participation secondaire à ses bénéfices en qualité d'actionnaires. Jamais concurrence aussi redoutable n'avait existé, jamais le desir de s'associer aux affaires d'une compagnie ne fut aussi général que durant la période financière de Law. Mais en revanche la compagnie des Indes excita par ses opérations les mauvais penchans du jeu des fonds, l'agiotage, l'esprit d'égalité, qui fait abstraction de la différence des conditions sociales pour appliquer à tout le monde la seule mesure de la valeur numéraire. Des gentilshommes et des juifs, des évêques et des abbés, des dames d'honneur au service de la cour et des femmes publiques, des seigneurs et des valets, des Français confondus avec des étrangers, encombrèrent chaque jour l'espace étroit de la rue Quincampoix, soit pour faire des affaires, soit pour observer les rapides oscillations du crédit. L'État disposait alors d'une infinité de ressources pécuniaires, qui lui donnaient les moyens de satisfaire ses anciens créanciers, et d'engager ceux-ci, par la restitution de leurs capitaux, à courir les chances de bénéfices incalculables, résultat présumé d'entreprises qui ne se soutenaient qu'à l'aide d'un crédit universel et inébranlable. Comme il n'y a pas de peuple plus confiant, plus crédule, plus enthousiaste dans le bonheur que les Français, de même que dans les revers ils se livrent à tous les excès de la méfiance et du désespoir, il ne faut pas s'étonner de ce que les premiers succès dépassèrent toutes leurs prévisions. L'Europe entière s'intéressa aux affaires de la banque et de la compagnie des Indes, comme plus tard elle s'intéressa aux suites de la révolution. Des souverains sollicitèrent des actions, qui ne leur furent pas toujours délivrées avec trop d'empressement; bref, toutes les conceptions politiques, toutes les discussions sur le gouvernement s'effacèrent un instant, pour céder la place au mouvement gigantesque et inouï des finances.

Malheureusement le système de Law ne fut point conçu dans ce qu'il avait de vrai, mais seulement dans ce qu'il promettait de succès merveilleux. Au lieu d'en faire ressortir le côté négatif, en tant que système de crédit, on s'efforça de voiler ce dernier caractère sous des promesses de gain formelles. Law fut lui-même effrayé des résultats extraordinaires de sa combinaison; car il ne put se dissimuler que les opérations, ayant dépassé les limites qu'il s'était posées dans le projet primitif, ne manqueraient pas de porter un coup mortel à son entreprise. Plusieurs d'entre les actionnaires, stupéfaits de leurs bénéfices exorbitans, cherchèrent à réaliser en secret une partie de leurs profits. Law, dans l'intention d'empêcher le mauvais effet que produirait la défection de ces capitalistes, s'avisa de réunir en une seule institution la banque et la compagnie des Indes, qui jusqu'alors avaient été séparées, et qui faisaient entre elles un échange de papiers tout différens. Forcé de recourir lui-même à l'agiotage dont il pouvait auparavant abandonner les bénéfices chanceux à d'autres, il lui fallut invoquer la plus rigoureuse exécution des statuts protecteurs de sa banque. La possession de pièces d'or et d'argent fut punie de la confiscation des biens; l'agiotage pour le compte privé des spéculateurs de la rue Quincampoix fut défendu, et quand on vit que toutes ces mesures n'aboutissaient à rien, on réduisit de moitié la valeur des billets de banque et des actions. Quoique l'on retirât par la suite l'édit de réduction, et que l'enquête ordonnée contre Law tournât à sa gloire et à son avantage, il n'en est pas moins vrai que le crédit public fut ébranlé pour long-temps. La confiance disparut; les parlemens irrités et vindicatifs, comme nous les connaissons, refusèrent l'enregistrement de plusieurs édits royaux, et les fictions dont on avait encore su fasciner les regards du peuple, s'évanouirent bientôt devant une triste réalité. Les billets de banque et les actions subirent le sort des assignats créés dans la révolution, et Law dut se trouver trop heureux de quitter la France en pauvre fugitif, après avoir jeté sur elle, pendant quelques instans, la lumière trompeuse d'un météore passager.

Cette première crise financière en France nivela tellement les diverses conditions sociales, que des changemens notables dans les mœurs, dans les usages, dans les distinctions, devenaient désormais inévitables : ce fut à ne plus s'y reconnaître pour ceux qui avaient encore présent le siècle de Louis XIV. Comme sous la minorité de Louis XV il n'y avait pas de représentation de cour, il était assez naturel que le laisser-aller de la vie privée s'introduisît jusque dans les sommités du gouvernement. Le nom de *roués*, que le régent donnait à ses compagnons de plaisir, indique de reste le genre d'étiquette dont on se glorifiait dans les réunions du Palais-Royal. La noblesse, autrefois pleine d'aversion pour les affaires du commerce, abjura ses répugnances, que tous les efforts de Colbert n'avaient su vaincre : on la vit s'associer à des spéculations que les actions de la compagnie des Indes, dont elle avait augmenté la fortune, rendaient d'autant plus attrayantes, que les opérations de la société ressemblaient davantage au mouvement animé d'un jeu de hasard. Les classes commerçantes acquirent par le système de Law une si haute importance, qu'il devenait impossible de les réduire à leur ancienne obscurité après la chute de l'économiste écossais, et les financiers occupaient de plus en plus, à l'égard de l'État, le rang que le moyen âge avait attribué à l'église. La Bourse, fondée à cette époque dans la ville de Paris, releva considérablement les prérogatives de la capitale, en assignant aux classes moyennes une condition égale à celle que la cour réservait aux nobles, et l'église au clergé. Paris devint le centre de tout ce qu'il y avait d'industrieux dans les provinces, le pôle d'attraction pour tout homme qui cherchait à faire fortune. Peu-à-peu cette cité rassembla tous les élémens dont l'explosion dans un foyer commun rendit la révolution seule possible. L'extension donnée au commerce national multiplia les voies de communication, nécessita la construction de nouvelles chaussées, et contribua nécessairement à l'entretien régulier des routes, que le gouvernement de Louis XIV avait abandonnées au gré du hasard, et qui ne furent soumises à la surveillance de l'autorité que sous la Régence.

Tant de modifications survenues dans les relations sociales réagirent singulièrement sur les mœurs. La profession des armes, à laquelle on prodiguait des attentions d'autant plus minutieuses, qu'on avait moins l'occasion de la faire valoir sur le champ de bataille, affichait un air d'importance et de fatuité qui sied tout au plus à une armée de paix, dont l'inaction prolongée finit par détruire jusqu'au souvenir de son ancienne valeur. Partout on travaillait ouvertement au renversement de la religion, qui avait eu pendant des siècles la conduite et la direction du monde : les pompes sacrées n'étaient plus respectées que pour la forme. La bigoterie et le libertinage s'alliaient souvent dans le même individu de la manière la plus bizarre, comme pour prouver qu'en toutes choses les extrêmes se touchent. A la place de la foi religieuse, une grossière superstition dirigeait les esprits vers les pratiques puériles du sortilège et de la magie divinatoire. L'amour du mysticisme, le penchant pour les sociétés secrètes, favorisaient alors l'établissement des loges maçonniques, dont le but, voilé sous l'enveloppe mystérieuse du symbole, cadrait mal avec la frivolité de la nation. Le peuple, qu'on tenait éloigné des fonctions publiques, des dignités militaires et de toutes les positions élevées, se mêlait aux conditions supérieures dans les maisons de jeu; car on ne jouait plus alors, comme du temps de Louis XIV, dans les salons des particuliers, mais dans des lieux publics, auxquels on donnait le nom pompeux d'*académies des jeux.* Les banques de roulette, qui ont si long-temps subsisté en France, et qui, par les impôts prélevés sur leur exercice, sont devenues une source de bénéfices pour le trésor, datent de la même époque. Des plaisirs d'une autre nature, des jouissances ignobles et ruineuses, un luxe effréné, conséquence naturelle des opérations faites sous le système de Law, venaient faire diversion à la monotonie des jeux. Les bals masqués, avec leurs mille intrigues amoureuses, n'étaient point faits pour resserrer les liens de la vie domestique, déjà trop relâchés. La débauche avait ses repaires, où les gens comme il faut se dédommageaient impunément de la contrainte qu'ils pensaient devoir garder chez eux; la dissipation délirante des riches consistait surtout à s'entourer d'une valetaille nombreuse, comme jadis les seigneurs féodaux avaient mis leur orgueil à se montrer au milieu d'un brillant cortège de vassaux. L'ivrognerie était le vice habituel auquel se livraient sans réserve l'un et l'autre sexe dans leurs splendides repas. Les cafés, établis depuis peu, foisonnaient dans les quartiers fréquentés de Paris, et achevaient de bannir le goût pour les occupations paisibles et pour les jouissances calmes et innocentes de la vie domestique. Toutes ces modifications, plus ou moins graves dans l'esprit du siècle, travaillaient de concert à déterminer une sourde fermentation de tous les élémens de l'État. Il se formait à l'insu des gouvernans et des gouvernés cette communauté de sentimens, cette connexité d'intérêts parmi les sectes les plus opposées, qui provoquèrent enfin ce phénomène moral, si puissant dans l'histoire moderne, que nous appelons *conscience nationale, opinion publique.*

Lorsque finit la lutte de l'aristocratie avec la couronne, celle de la démocratie commença. La royauté qui avait favorisé le peuple, afin de s'en faire un soutien contre les nobles, reconnut trop tard qu'elle s'était créé un adversaire formidable. L'église, la magistrature, le haut commerce étaient devenus le partage des plébéiens. La première dignité civile, celle de chancelier était roturière. Les ambassadeurs du grand roi n'étaient pas tous choisis parmi les grands seigneurs : — Fabert, Gassion, Vauban et Catinat furent maréchaux de France; — Colbert et Louvois, — Bossuet et Massillon sortirent du peuple.

Le siècle de Louis XV, précédé des grandeurs et des désastres du règne de Louis XIV, suivi des destructions et de la gloire du siècle de la révolution, disparaît étouffé dans les orgies du Parc-aux-cerfs. Madame de

Pompadour gouverna sous le nom du duc de Choiseul, homme habile, courtisan adroit, dont elle avait fait sa créature, et qui fut chassé, en 1770, par madame Du Barry. La nouvelle favorite monta plus tard sur l'échafaud, comme une victime de triste expiation.

L'exil des parlemens acheva le règne de Louis XV. Ce fantôme de roi s'éclipsa le 10 mai 1774, âgé de soixante-quinze années de minorité et de débauches.

Tandis qu'il s'en allait mourant, la société entière se décomposait. Les mœurs en dissolution réclamaient une révolution prochaine. Tandis que le peuple perdait son ignorance, la cour se plongeait de plus en plus dans le despotisme qui allait lui échapper. Sourde aux bruits précurseurs de sa chute, sa politique se resserrait dans un cercle de préjugés battus en ruine par l'esprit populaire, qui s'éclairait aux lueurs de l'avenir.

L'influence littéraire accélérait l'essor de la pensée. Montesquieu, Voltaire, Buffon, les deux Rousseau, Raynal même et Diderot, fixaient par leurs écrits l'attention de la foule sur les droits de la liberté politique qui n'était pas encore engendrée, mais qui devait naître à son heure, pour vivifier de sa vie la race humaine régénérée. Le génie de Voltaire sapait à coups redoublés les fondemens de l'idée religieuse; mais de ses excès même devait surgir une transformation qui ramenerait aux principes du véritable christianisme.

La pensée marchait à l'insu même de ceux qui lui servaient d'organes. Les vices qui avaient souillé les dernières années de Louis XIV, les débauches fantastiques de la Régence et du siècle de Louis XV ne pouvaient rien contre l'esprit de liberté qui s'élevait à l'horizon de l'avenir, parce que la liberté n'a point sa source dans la pureté des mœurs, mais dans les lumières de l'intelligence agrandie.

La révolution de 1789 fut l'écueil où vint se briser la vieille civilisation française. Après cet immense naufrage de la royauté moderne, les flots de cette mer rouge de sang s'ouvrirent pour laisser passer Napoléon, qui portait l'arche de l'avenir, et qui vint dompter par le despotisme du sabre les orgies de l'échafaud.

Le lion populaire gorgé de sang se laissa museler par surprise; Napoléon l'apprivoisa pour le jeter ensuite dans le cirque de l'Europe, où ses blessures achevèrent de l'abattre.

Chapitre septième.

Esprit de la révolution française de 1789. — La République, l'Empire et la Restauration.

> Il fallait établir l'empire des lois sur les débris des anciennes mœurs, des anciens privilèges; il fallait à la France une loi de liberté qui pût satisfaire les idées et les espérances du siècle ; la Charte, transaction solennelle qui garantit les intérêts nouveaux, est désormais inséparable de la monarchie. Plus elle sera puissante, et plus la monarchie elle-même s'affermira : — L'inviolabilité de la loi assure celle du trône.
>
> VILLEMAIN.

A l'avènement de Louis XVI, le rôle de prince réformateur était à la mode. Léopold réformait en Toscane, Joseph II en Allemagne, Catherine en Russie. Un pareil exemple devait séduire un jeune roi plein d'intelligence et de bon vouloir; mais soit faiblesse de sa part, soit défaut des circonstances, il eut le triste sort de toujours entrevoir le bien, sans jamais trouver assez d'énergie pour l'exécuter.

Louis XVI succédait à Louis XIV, au Régent, à Louis XV, qui avaient ébranlé le trône jusque dans ses fondemens, en épuisant la nation au profit du petit nombre. Il eut à supporter tout le poids des fautes amassées par ses prédécesseurs. L'esprit de révolution fermentait, non parce que le peuple vivait sous une monarchie absolue, mais parce qu'il était malheureux ; parce que des impôts excessifs engraissaient de sa substance le clergé et les nobles. La révolution de 1789 allait devenir, comme toutes les révolutions de tous les temps et de tous les peuples, le fruit empoisonné de la faveur enrichissant le plus petit nombre aux dépens des masses.

Le remède au mal près d'éclater était simple. Il ne fallait que rétablir l'équilibre ; rendre au clergé la vénérable pauvreté des apôtres, et décharger le peuple des prodigalités ruineuses de la noblesse. C'était là le secret de la conservation du trône. L'alternative n'était pas douteuse : mécontenter les nobles, c'était braver une révolte ; mais laisser gémir le peuple, c'était courir en aveugle au-devant d'une révolution inévitable, avec son cortège de misères sanglantes. Louis XVI ne manquait pas de courage, mais il n'avait point la conscience de la situation périlleuse que lui faisaient des évènemens dont les causes échappaient à son intelligence. Marchant avec hésitation sur un sol inconnu, il chancela jusqu'à sa chute. Lorsque les États-Unis d'Amérique, secouant le joug des Anglais, s'érigèrent en république indépendante, il favorisa ces idées de liberté : ce fut la première étincelle jetée sur le bûcher qui devait dévorer l'absolutisme. L'état de souffrance allait croissant. Des murmures grondèrent sourdement jusqu'aux portes du palais. Louis XVI effrayé crut se mettre à l'abri de l'avenir en convoquant les États-généraux : c'était mettre les adversaires en présence. Le peuple réuni dans ses représentans comprit sa force : il avança. La noblesse se compta, mais le nombre devait prévaloir ; aussi les États-généraux profitant de la faiblesse de leurs ennemis, se déclarèrent Assemblée Constituante ; la royauté absolue s'effaça, pour faire place à un état modifié que l'on nomma monarchie constitutionnelle ; le pouvoir exécutif resta sur le trône, et le pouvoir législatif se concentra au sein de la représentation nationale, espèce d'aristocratie sortie du peuple, symbole de ses libertés reconquises. Ce mélange de tous les ordres de l'état, appelés à reconstituer le gouvernement, devait assurer sa durée, puisque personne n'avait plus intérêt à le détruire. Mais la condition nécessaire à son existence, la capacité des gouvernans, avait été oubliée. L'édifice était bâti sur un sable mouvant par des ouvriers inhabiles, qui n'avaient pu prévoir ni les dangers du présent ni les orages de l'avenir; les États-généraux avaient dû réussir, parce que leur mission n'était que de détruire, et qu'on détruit rapidement avec de la passion et de l'éloquence; mais l'Assemblée Constituante manquait de la science politique qui maintient l'équilibre entre les pouvoirs constitutionnels.

Louis XVI ne comprenant pas que la révolution pouvait s'arrêter là, et que le trône monarchique avait gagné en solidité ce qu'il perdait en étendue, se prit à regretter la portion de pouvoir que l'Assemblée Constituante avait placée sous la sauve-garde du peuple, comme garantie contre une nouvelle oppression. Louis XVI, excité par des conseils imprudens, voulut s'environner de soldats; mais le peuple n'avait qu'à se lever pour courber d'un souffle des forêts de baïonnettes. C'était la force matérielle qui allait frayer la route aux intelligences futures.

Une faute gratuite vint aggraver la situation. L'Assemblée Constituante se sépara tout-à-coup, en décidant qu'aucun de ses membres ne ferait partie de l'assemblée suivante.

La seconde session, qui prit le nom d'Assemblée Législative, possédait dans son sein de grands talens oratoires ; mais ce n'est pas l'éloquence qui sauve un pays ; l'éloquence, aux époques de crises sociales, n'est souvent qu'un pilote aventureux, qui brise le vaisseau de l'état contre des écueils qu'une calme expérience pouvait seule faire éviter.

L'Assemblée Législative ôta au roi les titres de Sire et de Majesté ; elle nivela le trône à la mesure du siège de son président. C'était faire la guerre aux mots, c'était briser le piédestal d'une puissance déchue par la force des choses. La dignité des législateurs populaires fut compromise par ces actes qui révélaient l'enfance de l'anarchie. Les nobles s'étaient retirés à l'étranger, une partie du clergé et des courtisans les avaient suivis. Effrayée d'une émigration qui allait publier au dehors les symptômes du malaise intérieur, l'Assemblée Législative décréta la confiscation et la peine de mort contre les émigrés qui ne rentreraient pas sur le sol français dans un délai fixé. Cette mesure brutale qui rendait impossible tout rapprochement entre le peuple et l'aristocratie, fut suivie d'un trait d'impéritie plus funeste par ses résultats. Des clubs s'organisèrent sans obstacles; et l'Assemblée Législative les protégea, et ses membres les plus éloquens, les Girondins, en briguèrent les présidences, et proclamèrent ainsi la légitimité de l'insurrection. Bientôt la force populaire déchaînée vint briser les portes de l'Assemblée Législative, et reflua comme un ouragan jusqu'au palais du monarque. Le règne de la force fut celui des excès de tous genres; la propriété, ce principe fondamental de toute société, fut violée de toute part; il y eut dissolution dans tous les membres du corps social; puis, l'insurrection vint le ronger comme la gangrène, et la dictature Conventionnelle, appuyée sur l'échafaud, fut obligée de creuser dans le vif, au-delà des sources d'un mal contagieux.

Le tribunal révolutionnaire au-dedans, et des armées formidables jetées au-dehors à la face de l'Europe, comme les sentinelles avancées d'une puissance irrésistible; telle fut l'œuvre rigoureuse que vint accomplir la Convention nationale.

Les massacres du 2 septembre 1792 avaient signalé les derniers jours de l'Assemblée Législative. Marat fut le chef des égorgeurs, dont Billaud-Varennes fit salarier le travail à raison de 24 livres par tête. Quelques jours après, la Convention vint s'asseoir, les pieds dans le sang, sur les sièges de l'Assemblée Législative. Son premier acte fut l'abolition de la royauté. « Les cours, s'écriait l'évêque Grégoire, sont l'atelier du crime : l'histoire des rois est le martyrologe des nations ! » Le 21 septembre, Billaud-Varennes fit décider qu'on ne daterait plus de l'an IV de la liberté, comme c'était l'usage depuis 1789, mais de l'an 1er de la République.

Au côté droit de la Convention siégeaient les Girondins, décidés à obtenir justice des excès de la révolution. Le côté gauche s'appelait la Montagne: c'étaient les Jacobins, irrités des obstacles qu'opposaient les Girondins à leur fureur dévastatrice. Au centre, sous le nom de la Plaine, se réunissaient les députés qui n'avaient voulu prendre parti sous aucune bannière.

Les Girondins commencèrent l'attaque. Ils demandaient la punition des massacres de septembre, la répression des abus de pouvoir qui avaient fait piller par la Commune le trésor de la liste civile, l'argenterie des églises, et les propriétés mobilières des émigrés.

Ces plaintes n'eurent pour résultat que d'augmenter l'irritation des esprits, et de mettre en évidence ce petit avocat d'Arras, dont le nom s'associe au règne de la Terreur, et qui s'écria, lorsque la Convention délibérait sur la mise en jugement du roi : — « Louis XVI ne peut être jugé, il est déjà jugé; il est condamné, ou la république n'est pas absolue : je demande que, pour tout procès, la Convention déclare Louis XVI traître envers les Français, criminel envers l'humanité, et l'envoie sur l'heure à l'échafaud. »

L'infortuné roi ne sortit de la prison du Temple que pour aller à la mort. La découverte faite dans les Tuileries d'un grand nombre de papiers renfermés dans une armoire de fer, avait rendu sa défense impossible devant un tribunal qui ne pouvait fonder sa légalité que par le succès d'un coup d'état. Il était prouvé que Louis XVI avait réclamé le secours de l'étranger : cette conviction le perdit; et les Girondins, malgré leurs dispositions modérées, n'osèrent, en face d'une imposante majorité, lutter contre l'odieux d'un régicide.

La sentence de mort prononcée contre Louis XVI frappa de consternation et d'effroi les royalistes secrets comme les républicains. Paris s'enveloppa d'une stupeur profonde. L'audace du nouveau gouvernement avait produit l'effet ordinaire que la force irrésistible exerce sur les masses, elle avait paralysé, réduit au silence le plus grand nombre, et excité seulement l'indignation de quelques âmes fortes. Quelques anciens serviteurs de Louis XVI, plusieurs jeunes seigneurs, et des gardes-du-corps se proposaient, dit-on, de voler au secours du monarque et de l'arracher des mains de ses bourreaux. Mais se voir, s'entendre, se concerter au milieu de la terreur profonde des uns, et de la surveillance active et soupçonneuse des autres, était impraticable; tout ce qui restait possible, c'était la tentative inutile, isolée, de quelques actes de désespoir. Cet assassinat juridique d'un roi, au sein d'un pays qui, trois années auparavant, était, par les mœurs, les usages et les lois, une monarchie absolue, ne pouvait devenir croyable qu'après l'évènement.

Louis XVI reçut avec une héroïque résignation l'arrêt qui l'immolait. La Convention elle-même s'étonna devant la grandeur de cette royauté qui descendait dans la tombe, entre la prière et le pardon : —holocauste expiatoire pour les siècles qui l'avaient précédé, et s'offrant à Dieu sur un nouveau Calvaire, afin que son sang fût une rosée bénie sur cette terre de France, qui allait être si profondément labourée par le soc de l'échafaud!

L'exécution eut lieu le 21 janvier 1793, en face des Tuileries, sur cette place qui sépare le jardin royal et les Champs-Elysées. C'était alors la place de la Révolution : c'est aujourd'hui la place de la Concorde. La Restauration n'eut pas le temps d'élever sur l'emplacement des supplices un monument de deuil religieux. Aujourd'hui la place de la Concorde est ornée de chaussées de bitume, de statues, de candélabres et de fontaines jaillissantes. Au centre, l'obélisque de Louqsor se dresse sur un socle de granit qu'entourent des grilles dorées. Mais de loin cette aiguille de pierre a quelque chose de triste au milieu du luxe qui l'entoure : c'est une ruine antique érigée sur une ruine d'hier; c'est un sarcophage muet que le temps un jour pourra pousser du pied, sans déranger le souvenir immobile qui dort sous cette terre dans un linceul de sang.

Après le meurtre de Louis XVI, les deux partis de la Convention se ruèrent l'un sur l'autre; Robespierre, Marat, Danton, les principaux chefs Jacobins, organisèrent une insurrection pour obtenir par la force l'expulsion des Girondins. Le 31 août, le canon d'alarme est tiré sur le Pont-Neuf, le peuple est en armes, le tocsin sonne sur tous les points, la Convention est bloquée dans les Tuileries; alors Marat, vrai dictateur, fait dresser la liste de proscription.

Vainement la Convention se plaint de n'être pas libre et refuse de voter. Henriot, commandant de la force armée, menace les Tuileries avec cent soixante-trois bouches à feu. Les députés de la Plaine intimidés ne luttent contre Marat que par le silence. La Montagne décrète seule, le 2 juin 1793, l'arrestation des Girondins, et vingt-quatre têtes sont proscrites. Il ne leur restait de ressource que de soulever les départemens contre Paris. Caen fut la première ville qui s'insurgea. Marseille, Toulon, Bordeaux et Lyon devinrent d'autres foyers de guerre civile. La Vendée était en armes, plus de soixante départemens préparaient des forces contre Paris. Dans cette extrémité, la Convention créa rapidement une constitution qu'elle vint offrir aux insurgés avec un décret qui ne leur laissait que trois jours pour faire leur soumission. Un grand nombre effrayés de leur propre audace obéirent, ou cédèrent aux premiers coups de canon. Le département du Calvados fut le seul qui put s'enorgueillir d'un héroïque dévoûment. Une jeune fille de Caen vient à Paris, et poignarde Marat. L'échafaud réclama sa tête, mais l'histoire a gardé le nom de Charlotte Corday; le cadavre de Marat eut les honneurs du Panthéon; il en sortit plus tard, pour être jeté dans un égout. La postérité lègue son souvenir aux gémonies.

Les départemens s'apaisèrent l'un après l'autre; l'intérêt commun les réunissait contre l'étranger. Lyon et Marseille résistaient seules encore, et la Vendée agitait son drapeau royaliste. Mais seize camps retranchés l'entourèrent bientôt, et douze corps d'armée, sous le nom de colonnes infernales, mirent cette malheureuse province à feu et à sang ; tandis que les royalistes livraient Toulon aux Anglais assistés de huit mille Espagnols et d'une flotte redoutable. Lyon, après un siège vaillamment soutenu, fut pris par les républicains que commandait Kellermann. Marseille était contenue par le général Carteaux. Toulon capitula quelques mois après. Ce fut le premier fait d'armes d'un jeune officier d'artillerie qui ne présageait rien encore de ses futures destinées.

La Convention victorieuse assurait son règne par la terreur. Par la loi des suspects, elle disposait de toutes les libertés ; par le tribunal révolutionnaire en permanence, elle menaçait toutes les têtes ; par les réquisitions, elle s'emparait des fortunes. La dictature, assise au sein du comité de salut public, dirigé par Robespierre, Saint-Just, Couthon, Billaud-Varennes, Collot d'Herbois, Carnot, Cambon et Barrère, usait au gré de ses passions exaltées, de tous les ressorts du pouvoir le plus absolu. Cette politique de vengeance et de terreur, trouvant la guillotine trop lente, imagina les exécutions en masse, à coups de mitraille. Toulon,

Caën, Marseille et Bordeaux furent décimés ; Lyon fut changé en boucherie humaine.

Paris cependant restait le centre des fureurs révolutionnaires. Les terroristes, lassés de meurtres, tournèrent leur rage contre eux-mêmes. L'ascendant que prenait Robespierre excita la crainte de ses collègues ; et la crainte fut l'arrêt de sa perte.

Le 9 thermidor, Collot d'Herbois présidait le comité de salut public. La conjuration était prête. Saint-Just, l'ami et le conseil de Robespierre avait la parole. Tallien l'interrompt. Billaud-Varennes, de sa place, accuse Robespierre et dénonce ces projets de dictature. Robespierre s'élance à la tribune. — Des cris : « A bas le tyran ! » ébranlent la salle. Robespierre, pâle de colère, cherche vainement à se faire entendre. Déjà Tallien est à ses côtés : « Citoyens, s'écrie ce fougueux jeune homme, qui sauva tant de têtes en jouant la sienne, — « citoyens, les conspirateurs sont démasqués ! J'assistais hier à l'assemblée des Jacobins; j'ai vu se former l'armée du nouveau Cromwell ; j'ai frémi pour la patrie, et je me suis armé d'un poignard pour tuer le traître, si la Convention n'avait pas le courage de le juger !..... »

Et Tallien brandissait son poignard, et l'assemblée le couvrit d'applaudissemens. La Convention se déclare en permanence, et ordonne l'arrestation d'Henriot, ce commandant de la force armée qui l'avait assiégée le 2 juin, dans les Tuileries.

Robespierre fait un nouvel effort pour prendre la parole. Les cris redoublent et lui ferment la bouche. L'arrestation est décrétée à l'unanimité, au milieu d'un tumulte effroyable. On joint à lui Saint-Just, qui, pendant toute cette scène, était demeuré calme et méprisant, Robespierre jeune, Couthon et Lebas, qui sollicitent cet honneur, et on les livre à la gendarmerie, qui les emmène. Robespierre sortit en disant : « La république est perdue; les brigands triomphent. » Il était cinq heures et demie. La séance fut suspendue jusqu'à sept heures.

Cette suspension faillit être fatale à la Convention; car, rendre le décret, n'était que la moitié de la besogne; il fallait ensuite le faire exécuter. Lorsqu'elle rentra en séance, il se trouva que les cinq députés accusés, envoyés par précaution dans cinq prisons différentes, avaient été refusés par tous les concierges, en vertu d'ordres de la Commune. Ils étaient en ce moment libres à l'Hôtel-de-ville, et à la tête d'une insurrection. Henriot, un instant détenu aux Tuileries, dans la salle du comité de sûreté générale, où il avait eu l'audace de venir, malgré le décret qui pesait sur lui-même, afin de délivrer les cinq accusés, qu'il y croyait déposés encore, avait été délivré par une troupe de quelques cents hommes, commandés par Coffinhal, vice-président des jacobins. Henriot, à cheval, entouré de canonniers et d'une foule assez nombreuse, donnait de nouveau des ordres sur la place du Carrousel, et préparait le siège de la Convention.

L'assemblée répond rapidement par un décret qui met Henriot hors la loi, et des députés s'élancent sur la place pour publier le décret au peuple. Des canons étaient braqués contre la salle. Henriot ordonne le feu; mais les canonniers hésitent. — «Canonniers, s'écrient les députés, ce brigand est hors la loi.» Henriot tourne bride et s'enfuit au galop vers la Commune.

Ce premier danger éloigné, la Convention envoie des commissaires auprès de toutes les sections, pour réclamer le secours de leurs bataillons, met la force armée sous le commandement du général Barras, et déclare tous les insurgés hors la loi. Les sections étaient pressées également par les commissaires des insurgés. Mais dès que les envoyés de la Convention arrivant au milieu d'elles leur eurent fait part des décrets, dès qu'ils eurent indiqué un chef et un point de ralliement, elles n'hésitèrent plus; ce fut aux Tuileries et non à l'Hôtel-de ville qu'elles envoyèrent leurs bataillons. On disposa de l'artillerie autour de l'assemblée, pour la mettre à l'abri d'un coup de main. Le reste des troupes marcha contre la Commune. Il était minuit.

Les conspirateurs n'attendaient pour agir que l'appui des sections. Les chefs rédigeaient des proclamations et dressaient des listes dans l'intérieur de l'Hôtel-de-ville. Leurs hommes dévoués bivouaquaient paisiblement sur la place de Grève, qui était couverte de baïonnettes, de piques et de canons. Peu-à-peu le bruit se répand que les sections se sont déclarées pour la Convention, que la Commune est mise hors la loi, et que les troupes conventionnelles approchent. Un agent du comité de salut public arrive, et donne lecture du décret. Ce fut le signal d'une dispersion complète. Les colonnes des sectionnaires entourent en silence la place demeurée déserte, cernent l'Hôtel-de-ville : puis, tout-à-coup, poussent le cri de *vive la Convention*.

Les conspirateurs se sentent perdus. Robespierre se tire dans la bouche un coup de pistolet, qui ne fait que lui fracasser la mâchoire. Lebas l'imite, mais plus heureux, se tue. Robespierre jeune se précipite d'un troisième étage, il survit à sa chute; Couthon se donne plusieurs coups de couteau d'une main mal assurée ; Saint-Just attend son sort; Coffinhal accuse Henriot de lâcheté, le précipite d'une fenêtre dans un égout, et cherche en vain à fuir. A trois heures du matin les sectionnaires rentraient en triomphe à la Convention. Robespierre est transporté avec les siens dans la salle du comité de salut public, dans cette salle d'où il avait commandé en maître à la France; on l'étend sur une table, et on lui met quelques cartons sous sa tête. Il avait un habit bleu, le même qu'il portait à la fête de l'Etre suprême, des culottes de nankin et des bas blancs. Le sang coulait de sa blessure ; il l'essuyait avec le fourreau du pistolet qui lui avait si mal servi. On lui présentait de temps en temps des morceaux de papier, avec lesquels il s'essuyait le visage ; il demeura ainsi plusieurs heures, exposé à la curiosité et aux outrages d'une foule de gens. Il conservait sa présence d'esprit et paraissait impassible. On le transporta ensuite avec ses complices à la Conciergerie.

Le lendemain, au nombre de vingt-et-un, ils comparurent devant le tribunal révolutionnaire. La mise hors la loi dispensait d'un jugement ; il suffisait de constater l'identité. Le supplice eut lieu à quatre heures sur la place de la Révolution. Un peuple immense y assista, et fit retentir de longs applaudissemens. Robespierre, dont l'œil était presque éteint par la souffrance, le visage livide et enveloppé de linges sanglans, semblait prendre la foule en pitié; Saint-Just promenait sur elle un œil tranquille. Avec eux finit le règne de la terreur.

Comme celle du 2 juin, la journée du 9 thermidor (27 juillet 1794), eut des conséquences tout autres que celles prévues par ses auteurs. Le 9 thermidor fut la première journée de la révolution où ceux qui attaquaient succombèrent. A ce signe seul on reconnaît que le mouvement ascendant révolutionnaire était arrivé à son terme. Le mouvement contraire devait commencer ce jour-là. Billaud-Varennes, Collot d'Herbois et Barrère, s'ils n'égalaient pas Robespierre et Saint-Just en talent, ne leur cédaient pas en cruauté. Barrère y joignait la lâcheté la plus méprisable. Tallien portait sur lui une des plus larges parts de la souillure de septembre, et même des vols ignobles commis à la commune. La partie modérée de l'assemblée ne pouvait marcher long-temps de concert avec de tels hommes. Après son introduction en force dans le pouvoir, la réaction se prononça rapidement contre eux.

Le premier soin, dès le 11 thermidor, fut d'arrêter

l'action du tribunal révolutionnaire, et de mettre en accusation Fouquier-Tinville, Lebon et les autres agens de la dictature renversée, qui s'étaient acquis la célébrité la plus odieuse par d'extravagantes atrocités. Fouquier-Tinville, pour vider plus promptement les prisons de Paris, faisait, ce qu'il appelait des *commandes* à des *mouchards*. Ces misérables, vivant dans l'intérieur des prisons, dénonçaient de prétendus complots d'évasion; ce qui permettait de comprendre dans une même procédure jusqu'à soixante accusés à-la-fois. C'était Collot d'Herbois lui-même qui, par une pudeur digne de Marat, s'était cru obligé de défendre de dépasser ce nombre. « Tu veux donc, avait-il dit à Fouquier-Tinville, qui trouvait cela minime, *démoraliser* le supplice? »—« Ça va bien, répondait Fouquier-Tinville, les têtes tombent comme des ardoises! » Lebon était un de ces proconsuls pris parmi les représentans, et envoyés dans les départemens pour établir l'obéissance par la terreur. A Arras, il s'était livré à des excès inouïs. Il mêla la débauche à l'extermination; il avait fait dresser l'instrument de mort en face de son balcon; il faisait sa compagnie du bourreau, et l'admettait à sa table.

De Lebon, que la Convention attaqua le premier, parce qu'il était plus particulièrement l'agent de Robespierre, dont Arras était la patrie, on se prépara à passer à Carrier, dont Robespierre, lui-même, avait désapprouvé la conduite. Envoyé à Nantes, sur la lisière d'un pays insurgé, et où la guerre se faisait avec des représailles horribles des deux parts, il condamnait à mort toute la population ennemie: prêtres, femmes, enfans, vieillards. Les échafauds ne suffisant pas, il avait imaginé des bateaux à soupapes, au moyen desquels on noyait ses victimes dans la Loire.

Quatre-vingt-six Nantais se trouvaient dans les prisons de Paris, envoyés par Carrier sous l'accusation de fédéralisme. On instruisit leur procès avec solennité. La procédure se déroulait en mettant au jour tous les crimes de Carrier, et l'indignation publique se prononçait avec une énergie nouvelle. Carrier ne manquait pas une séance des Jacobins et implorait leur assistance. Billaud-Varennes et Collot d'Herbois y gardaient un silence circonspect. Enfin, sur le reproche qu'on leur en fit un jour: « Le lion dort, répondit Billaud-Varennes; mais son réveil sera terrible. »

Dans Paris, le procès des Nantais donnait lieu à une agitation extrême et à des rassemblemens tumultueux de la part des démocrates révolutionnaires. Dans un nouveau journal, l'*Orateur du peuple*, le représentant Fréron fit un appel à la jeunesse des classes distinguées. Celle-ci avait imaginé de se former en troupe, qu'on appela la *troupe dorée*, et de se distinguer par un costume qu'on appela costume *à la victime :* c'était un habit court, taillé carrément et très décolleté; des souliers très découverts, et pour coiffure, les cheveux pendans sur les côtés, et par derrière retroussés en tresse, nommée cadenette; ils étaient armés de bâtons courts et plombés, en forme d'assommoir; ils se mirent de leur chef à faire la police des lieux publics, et à dissiper tout rassemblement Jacobin. Le mot *réveil du lion* eut du retentissement. La troupe dorée voulait le jour même donner l'assaut au club des Jacobins.

La mise en accusation de Carrier, résultat prévu de l'affaire Nantaise, lui en fournit l'occasion. Les Jacobins essayèrent de soulever la multitude, et la troupe dorée vint assaillir l'ennemi dans ses foyers. La Convention profita de la circonstance, et, sous prétexte de prévenir de nouveaux désordres, ordonna la suspension provisoire des Jacobins. Ceux-ci, en opposition au décret, se rendirent le lendemain en armes dans leur salle; mais après un nouveau combat il leur fallut quitter la place. La Convention fit mettre les papiers de la société sous le scellé, se fit apporter les clefs de la salle, et dès ce moment la société des Jacobins n'exista plus.

Lors du jugement des Girondins, soixante-et-treize députés de la droite avaient eu le courage de protester, et depuis ce moment ils étaient en arrestation. Le parti réactionnaire de l'assemblée parvint à obtenir un décret qui les rappela sur leurs bancs. Quelque peu après, ceux des Girondins qui avaient pu trouver une retraite sûre, et dérober leur tête au décret qui la frappait, rentrèrent pareillement. La réaction en fut d'autant plus accélérée.

Des mesures encore plus hardies devaient atteindre le parti vaincu. Les membres qui avaient opéré la chute de Robespierre, furent à leur tour attaqués. Billaud-Varennes, Collot d'Herbois, Barrère et Vadier, furent décrétés d'arrestation.

Après une émeute de peu de violence, le 1er germinal (20 mars 1795), et dont Sieyès avait profité pour faire rétablir l'ancienne loi martiale de la Constituante, sous le nom de loi de grande police, les faubourgs furent mis de nouveau en mouvement le 12, pour suspendre le jugement qui s'instruisait au sein de la Convention. Les agitateurs portaient sur le chapeau ces mots écrits avec de la craie : *Du pain, la constitution de 1793, et la liberté des patriotes.* La fatalité voulait en effet, que, cette fois encore la famine se joignît au fléau des discordes civiles. La salle de l'assemblée fut envahie, mais, faute de direction et de but précis, les insurgés perdirent le temps dans un tumulte épouvantable, sans qu'il fût possible aux députés de leur opinion d'organiser une apparence de vote, et d'enlever par surprise un décret. Les sections, accourant en force dégagèrent la Convention. Elle condamna à la déportation les prévenus qui servaient de prétexte au soulèvement, et décréta d'arrestation dix-sept de ses membres, qui s'étaient prononcés pour les insurgés, et qu'elle décida de regarder comme leurs complices.

Le 1er prairial (20 mai), les conjurés revinrent à la charge, et avec un plan mieux arrêté.

Après un combat contre les vétérans, chargés de la garder, et plusieurs coups de fusil tirés dans la salle même, au milieu d'une confusion horrible où la vie du président, Boissy-d'Anglas, était menacée, le député Féraud, qui, pour le défendre, s'élançait à la tribune, est renversé d'un coup de pistolet. On l'avait pris pour Fréron, le chef de la troupe dorée. La plupart des députés avaient pris la fuite. Il ne restait à-peu-près que ceux qui auraient vu sans déplaisir réussir l'insurrection. On présente au président, assiégé sur son fauteuil, les décrets apportés par l'insurrection, et en entourant sa poitrine d'un cercle de piques et de baïonnettes, on lui enjoint de les mettre aux voix. Il ne répond que par le silence. Comme dernière menace, on élève jusqu'à lui, au bout d'une pique, la tête de Féraud, et il s'incline avec respect devant elle. Enfin le député Romme et quelques autres s'emparent des bureaux et décrètent, au milieu des applaudissemens de la multitude, tous les articles contenus dans le manifeste de l'insurrection. Ils achevaient de nommer une commission exécutive, lorsque les sections, par leur arrivée en force sur le champ de bataille, donnent encore une fois la victoire à la Convention.

Il n'en pouvait être autrement; car cette fois encore l'insurrection avait manqué d'habileté et de point d'appui. Tout ce qu'avait su faire le comité insurrecteur, avait été de lancer le peuple sur la Convention ; mais des chefs obscurs, tels qu'il en reste aux derniers jours d'un parti, n'avaient pu diriger l'insurrection avec la mesure et la vigueur qui pouvaient la faire réussir; ils avaient lancé des furieux qui n'avaient rien fait de ce qu'il fallait faire. Aucun détachement ne fut envoyé pour suspendre et paralyser les comités de la Convention, pour ouvrir les prisons, et délivrer les hommes dont le secours eût été précieux.

La Convention profita de sa victoire pour se débarrasser de ces débris du parti montagnard. Vingt-huit députés furent arrêtés comme coupables d'avoir organisé l'insurrection, ou de l'avoir approuvée par leur discours. Une commission militaire fut nommée pour juger les prisonniers pris dans l'action, et six députés montagnards, Romme, Goujon, Bourbotte, Duroy, Duquesnoy, Soubrany, y parurent avec une contenance ferme, en hommes fanatiques de leur cause et purs d'excès. Ils moururent comme des hommes de Plutarque. Romme avait caché un couteau dans ses vêtemens. Lorsque la sentence fut prononcée il se frappa le premier. De ses mains l'arme passa dans celles des cinq autres. Romme, Goujon et Duquesnoy, furent seuls assez heureux pour se frapper à mort.

Un évènement d'une moindre importance occasiona la ruine définitive de la puissance si redoutable des faubourgs. Le 4 prairial (23 mai), on allait exécuter l'assassin du député Féraud. Un attroupement parvint à le délivrer. Mais la Convention avait sous sa main trois ou quatre mille hommes de troupes de ligne, et pouvait compter sur la bonne volonté de vingt mille hommes des sections; elle se décida à ordonner le désarmement des faubourgs. Après une démonstration de résistance, ceux-ci, privés de leurs chefs accoutumés, se laissèrent persuader par les manufacturiers, qui redoutaient un bombardement; ils cédèrent leurs armes et leur artillerie. Les canonniers, cette force qui avait joué un si grand rôle, furent licenciés, et le règne de la multitude finit là.

Le jeune fils de Louis XVI était mort en prison, et avait, sans le savoir, reçu de l'émigration le vain titre de Louis XVII. Monsieur lui succéda sous le nom de Louis XVIII. Ce prince habitait Vérone. Le prince de Condé plus brave qu'habile, commandait au bord du Rhin les débris de la noblesse émigrée.

A l'intérieur, le royalisme était battu en ruines. La Convention, délivrée des hommes de sang, rentra dans les voies calmes de la légalité, et vota une nouvelle constitution qui créa un conseil des Cinq Cents pour la proposition des lois, et un conseil des Anciens pour leur sanction. Un Directoire, composé de cinq membres qui devaient se renouveler chaque année par cinquième, reçut le pouvoir exécutif. Les administrations départementales et municipales furent nommées par l'élection. Toute société populaire était interdite. Les émigrés se virent expulsés à perpétuité du sol national. Leurs biens furent vendus ; et la liberté de tous les cultes, quoique non reconnus officiellement, ni salariés par l'état, couronna l'œuvre de la Convention.

Ce nouveau gouvernement était un mélange d'aristocratie et de démocratie, et le seul vice de construction qu'on puisse y observer, c'est la pluralité des membres auxquels le pouvoir exécutif était confié. Mettre cinq directeurs à la tête de l'état, c'était livrer un navire à la merci de cinq pilotes. Le gouvernement soumis à plusieurs autorités égales, devait céder alternativement à chaque volonté, pencher tantôt d'un côté, tantôt de l'autre, jusqu'à ce qu'au moment d'un péril imminent, les directeurs, délibérant au lieu d'agir, le laissassent échouer sur l'écueil.

La Convention en préparant l'avenir n'avait pu forcer le présent. Elle avait fait jaillir la source des lumières, mais cette source qui devait féconder les générations futures n'avait pu pénétrer la race actuelle, élevée dans un siècle d'ignorance, et surtout d'ignorance législative et parlementaire. Toutefois elle eut le bon esprit, en quittant sa dictature, de conserver à ses membres le droit de réélection. C'était assurer pour le moment des trésors d'expérience au gouvernement nouveau.

A l'intérieur, quelques clubs s'élevèrent : le Directoire les fit fermer. A l'extérieur, les armées battirent l'ennemi, le Directoire érigea des trophées. Mais les meneurs des sections de Paris ne pouvaient se résoudre aisément à laisser la Convention perpétuer son pouvoir, en entrant dans les conseils du nouveau gouvernement. Le 13 vendémiaire an III (4 août 1794), ils voulurent donner l'assaut à la Convention : c'est alors que Napoléon Bonaparte, chef de brigade, sous les ordres de Barras, fit entrer dans Paris l'artillerie du camp des Sablons, et mitrailla au cœur de la ville, les sections armées; le futur dictateur avait un moment hésité devant une victoire républicaine; mais son étoile le conduisait; son indécision se perdit dans l'éclair de la première décharge qui foudroya la rue Saint-Honoré; l'écho du canon de Saint-Roch lui prédit sa fortune dont la campagne d'Italie fixa bientôt les chances.

A son retour, il vécut retiré dans sa maison de la rue Chantereine, à l'écart, entouré de quelques amis intimes; mais malgré cette obscurité, le Directoire et lui s'étaient devinés ; une guerre à mort s'engageait tacitement entre ces deux puissances. Le Directoire, heureux d'avoir arraché Bonaparte au dévoûment de son armée d'Italie, avait hâte maintenant d'éloigner de Paris cette redoutable popularité. La mésintelligence allait croissant. Cette fausse position ne pouvait durer. Talleyrand, avec son infaillible prescience des pouvoirs qui s'en vont et des pouvoirs qui arrivent, l'avait senti; sous le sceau du secret, il conseille au jeune général de ne plus différer l'expédition d'Egypte; auprès du Directoire il fait valoir la raison d'Etat; n'est-il pas urgent d'affranchir et le gouvernement et les républicains rigides, des dangers dont les menace cette ambition qui vient de naître dans le berceau de la victoire?

Bonaparte partit, mais avec la résolution de reparaître dès que les circonstances rendraient sa personne nécessaire. Pour que son ambition secrète se réalisât, pour qu'il devînt maître de la France, il fallait qu'en son absence, le Directoire éprouvât des revers, et que son retour rappelât la victoire sous les drapeaux.

C'était une colossale pensée que de faire de la Méditerranée un lac français, et de l'Egypte une province républicaine.

La conquête de la vieille terre des Pharaons avait occupé un moment les rêves du grand siècle. Leibnitz l'avait fait entrevoir à Louis XIV, comme la clef de la domination que la France pourrait exercer un jour dans le Levant; mais la France n'était pas encore mûre pour cet immense résultat.

Un fait qui paraîtra étrange, mais qui trouve ici sa

place, est raconté dans un manuscrit attribué au siècle de Louis XIV, et conservé à la bibliothèque royale. Dans ce manuscrit, intitulé *le Théâtre des plus belles Villes du Monde*, on lit à l'article **Paris**, que, dans les fondemens du Palais de Justice un crocodile avait été pris tout vif, et qu'on gardait sa dépouille dans la grande salle de cet édifice.

L'auteur anonyme de ce manuscrit ajoute au récit d'un fait si extraordinaire cette réflexion : — «Cela me fait
« croire l'oracle que les Dieux ont souvent rendu à nos
« Roys, qu'ils iroient, quelque jour, dans le grand Kaire,
« prendre le Nil prisonnier, et asservir cette orgueilleuse
« monarchie qui tient depuis tant d'années les rênes
« d'un si vaste empire (tom. 1, p. 12). »

Nous devons cette communication aux savantes recherches historiques de M. Ferdinand Denis, qui a recueilli ce passage dans la nouvelle édition qu'il prépare d'un travail (1) fort curieux sur la cosmographie fantastique du moyen âge.

La découverte d'un crocodile dans les fondemens du Palais trouvera sans doute peu de croyance ; quoi qu'il en

---

(1) LE MONDE ENCHANTÉ, ou Cosmographie fantastique du Moyen Age. — Paris, 1833.

soit, la conception seule d'un pareil fait, imaginé par un écrivain du xvıı{e} siècle, ne pourrait-elle pas sembler une espèce de bizarre augure, surtout depuis qu'une armée française est allée écrire le nom de son chef sur le front des sphinx et au pied des Pyramides :—colonie à-la-fois guerrière et civilisatrice, dont la venue étonna le vieil Orient qui s'éveilla en sursaut, au bord de ses déserts, pour la regarder passer.

Mais pendant ces victoires, dont les fruits devaient nous échapper, les puissances européennes coalisées, cernaient la France et menaçaient le Directoire, incapable de leur tenir tête. Bonaparte l'apprend, laisse l'armée d'Égypte à Kléber, et traverse avec deux frégates la Méditerranée couverte de flottes anglaises. Il arrive à Fréjus le 9 octobre 1799. Trois consuls sont substitués au Directoire, avec une puissance dictatoriale. C'étaient Bonaparte, Sieyes, Roger Ducos. Le 10 novembre, le conseil des Cinq-Cents et celui des Anciens se réunissent à Saint-Cloud. Bonaparte risque le coup d'état du 18 brumaire; maître de la force armée, il brise le Directoire, chasse devant les baïonnettes le corps législatif, et dans la nuit du 19 au 20, il asseoit son gouvernement. La majorité des opinions, qui se prononce toujours pour le succès, applaudit au coup d'état du 18 brumaire. Chacun, à son point de vue, y trouvait une espérance de liberté, d'ordre et de restauration : bien des gens souriaient à un avenir de fortune.

Six semaines après la mort violente de la constitution de l'an III, apparut celle de l'an VIII (24 décembre 1799). Ainsi la révolution, après avoir pris tous les caractères, monarchique, républicain, démocratique, allait prendre le caractère militaire, parce qu'au milieu de cette lutte immense qui s'engageait avec l'Europe, il fallait qu'elle se posât d'une manière inébranlable au-dedans, et formidable au-dehors. Cette révolution, dont le rôle était de préparer les voies à la liberté, se levait comme un géant, pour abattre avec le sabre ses derniers adversaires. Exalté par ses premiers triomphes, dont l'éclat l'entourait d'un prestige de popularité qu'il sut exploiter au profit de sa fortune, le héros de l'Italie, des Pyramides, du Mont-Thabor et d'Aboukir venait continuer une tâche mystérieuse, qu'il tenait, sans s'en douter, de la destinée, et qu'il accomplissait sans le vouloir. Ce n'était pas la liberté qu'il venait continuer ; car elle n'avait pu exister et ne pouvait pas exister encore ; il venait, sous les formes monarchiques, continuer la révolution dans le monde ;

il venait la continuer en se plaçant, lui plébéien, sur un trône; en conduisant le pontife à Paris, pour verser l'huile sacrée sur un front plébéien; en créant une aristocratie avec des plébéiens; en obligeant les vieilles aristocraties à s'associer à son aristocratie plébéienne; en faisant des rois avec des plébéiens; enfin, en recevant dans son lit la fille des Césars, pour unir un sang plébéien à l'un des sangs les plus vieux de l'Europe; en mêlant, enfin, tous les peuples; en répandant les lois françaises en Allemagne, en Italie, en Espagne; en donnant des démentis à tant de prestiges; en ébranlant, en confondant tant de choses. Voilà quelle tâche profonde il allait remplir; et pendant ce temps, la nouvelle société allait se consolider à l'abri de son épée, derrière laquelle la liberté devait venir un jour.

Au 18 brumaire, la révolution est terminée. Les classes privilégiées et la monarchie ancienne sont renversées pour toujours. La masse pacifique de la nation était depuis 1789, tellement accoutumée aux coups d'état, qu'elle ne les jugeait plus sur leur légitimité, mais d'après leurs suites. Le parti politique espérait le rétablissement de l'ordre par une main toute puissante; les classes proscrites et les ambitieux en attendaient leur amnistie et leur élévation.

Des débris de la constitution fabriquée par Sieyes, dont il prenait plaisir à ridiculiser les formes métaphysiques, Bonaparte sut tirer habilement une constitution de servitude. Le gouvernement réunit en sa personne, sous le titre de Premier Consul, l'omnipotence de la législature et de la force exécutive. Il plaça dans l'ombre du second plan deux autres consuls, à voix consultative seulement. Un sénat *conservateur* reçut la mission d'annuler le peuple, en choisissant lui-même un tribunat sans puissance et un corps législatif muet. Cambacérès et Lebrun furent adjoints au Premier Consul. L'ex-grand seigneur Talleyrand fut nommé aux affaires étrangères, l'ex-montagnard Fouché reçut les attributions de la police. Sieyes alla s'endormir oublié sur les bancs du sénat.

Des traités de paix assurèrent à la France une tranquillité provisoire dont les jours furent mis à profit. Les routes, les ports, les arsenaux furent réparés. L'École Polytechnique se réorganisa. Un traité de commerce avec les Etats-Unis donna à notre marine une importance nouvelle. L'industrie se releva, et le Concordat en rendant au culte catholique son influence et ses honneurs, contribua surtout à pacifier l'intérieur. Le Code civil, où furent écrites et consacrées les plus importantes conquêtes de la révolution, l'égalité de tous devant la loi, le partage égal des successions entre tous les enfans, l'aptitude reconnue de tous les citoyens aux fonctions et aux charges de l'État, devint pour l'Europe un modèle de législation nouvelle.

Mais en même temps Bonaparte se faisait déclarer, le 2 août 1802, consul à vie. Il limitait la liberté de la presse et chargeait le sénat de modifier la constitution, d'enlever au peuple toute participation au pouvoir, en nommant des électeurs à vie; il donnait à cette assemblée le droit de suspendre les fonctions du jury, de casser les sentences judiciaires, de dissoudre le corps législatif et le tribunat, où des membres courageux protestaient contre les actes du nouveau gouvernement, au nom de la liberté violée, et des principes de la révolution méconnus. Les royalistes protestèrent aussi, par des conspirations et des tentatives d'assassinat; mais la machine infernale de la rue Saint-Nicaise avait échoué le 24 décembre 1800; et plus tard la conspiration de Pichegru fut découverte. Pour effrayer les royalistes par un terrible exemple, Bonaparte fit enlever d'un château voisin de la frontière, et fusiller à Vincennes le jeune duc d'Enghien, qu'il croyait l'instigateur de ces complots : meurtre politique dont il crut plus tard, et même dans son testament de mort, ne pas devoir répudier la responsabilité.

Le titre de consul à vie ne suffisait pas à Bonaparte, car il aspirait à fonder une dynastie nouvelle. Le sénat, interprète des ses secrets sentimens, lui décerna le titre d'empereur héréditaire, et le pape vint lui-même à Paris, comme autrefois Étienne, pour sacrer le nouveau Charlemagne (2 décembre 1804). Dès ce moment, tous les anciens titres reparurent. Napoléon, qui aimait l'éclat et la magnificence, voulut entourer son trône de toutes les splendeurs de l'ancienne monarchie. Ses frères furent déclarés princes français, et il nomma lui-même dix-huit maréchaux. Ce furent Berthier, Murat, Moncey, Jourdan, Masséna, Augereau, Bernadotte, Soult, Brune, Lannes, Mortier, Ney, Davoust, Bessières, Kellerman, Lefebvre, Pérignon, Serrurier. Il eut des pages et des chambellans; une maison militaire, sous le nom de garde impériale; enfin une noblesse héréditaire qu'il créa, en conférant des titres de ducs, comtes et barons à ses généraux, à ses ministres, et aux fonctionnaires élevés de l'administration. Ainsi le maréchal Soult devint duc de Dalmatie; Junot, duc d'Abrantès; Victor, duc de Bellune; Marmont, duc de Raguse; Caulaincourt, duc de Vicence; Talleyrand, prince de Bénévent; Fouché, ministre de la police, duc d'Otrante. Berthier fut investi de la principauté de Neufchâtel; Bernadotte, de celle de Ponte-Corvo, etc. Quelque temps après il forma, pour ses frères, de nouveaux royaumes : Louis devint roi de Hollande; Jérôme, roi de Wesphalie, et Joseph, roi de Naples; Murat, son beau-frère, fut fait grand-duc de Clèves et de Berg; Beauharnais, son beau-fils, vice-roi d'Italie, dont il porta lui-même la couronne.

De nouvelles victoires firent oublier que, par toutes ces innovations, celui que le peuple avait chargé d'allier l'ordre à la liberté faisait dévier la révolution de sa route, en faussait tous les principes et toutes les conséquences. « Fils de la liberté, il détrôna sa mère; » mais il porta si haut la gloire de la France, il dégrada tant de vieilles royautés, et rendit une couronne chose si vulgaire, que ce peuple, amoureux du renom militaire autant que de ses droits, lui pardonna son despotisme, pour toutes les ruines féodales dont il couvrit l'Europe.

Nous ne suivrons pas Napoléon à travers les trophées de l'empire, jalons d'une route nouvelle où la puissance du sabre, victorieuse de l'anarchie, allait au-devant des libertés intelligentes assises au seuil de l'avenir. L'histoire de Napoléon est encore à faire; elle sera l'œuvre d'une restauration littéraire dont la nécessité grandit chaque jour, appuyée sur quelques livres immortels, parmi tant d'œuvres de néant qui encombrent la publicité.

Notre tâche s'était bornée à recueillir l'esprit des faits historiques auxquels il faudrait un autre Tacite, pour revivre par l'éloquence des souvenirs. Si quelque succès pouvait couronner nos efforts, ce serait un encouragement pour des travaux à venir, dont ces Etudes ne sont encore que le germe. Leur cadre resserré n'admettait point le développement chronologique des actes de l'empire. Une appréciation générale résumera ces dates de gloire.

Maître de la France, Napoléon songea à se consolider en Europe. Le Directoire s'était entouré d'une ceinture de républiques,—l'Empereur voulut pour vassaux des rois soumis ou créés par lui.

L'armée devint le corps privilégié de l'État, parce que, l'ambition du chef poursuivant à outrance la guerre d'invasion, plus l'armée gagnait de victoires, plus elle absorbait de faveurs, de richesses et de dignités. Plus tard, quand les généraux parvenus se virent enrichis, ils commencèrent à ne plus approuver ces combats sans fin, où ils avaient tout à perdre et rien à acquérir.

Les mécontens se multiplièrent à mesure que l'avancement militaire les élevait. Plus les expéditions devenaient lointaines, plus elles étaient immenses, plus vite elles usaient la force et la substance de la France. L'empire rétrécissait sa base à mesure qu'il s'élevait aux dépens de l'Europe, et sa chute devenait imminente. Toutes les nations étrangères, craignant d'être envahies, devaient se coaliser pour arrêter le torrent.

Le projet de descente en Angleterre qui devait être exécutée par une flotte française au commencement de 1805, fut paralysé par une diversion terrible dont les subsides anglais firent les frais. Napoléon quitta le camp de Boulogne pour aller tenir tête à l'Autriche et à la Russie. La guerre d'Allemagne se fit au pas de course. Deux mois suffirent pour écraser cette coalition. Napoléon, de retour à Paris, fit ériger la colonne de la place Vendôme, revêtue du bronze des canons conquis. Le 1er janvier 1806, les dernières traditions révolutionnaires disparurent par la substitution du calendrier grégorien à celui de la république. Le Panthéon fut rendu au culte.

L'œuvre de la domination au dehors se poursuivait activement. La Prusse et l'Espagne étaient envahies. Le traité de Tilsitt réduisit la Prusse de moitié. L'Espagne, après une lutte sanglante, força d'abord les armes françaises à évacuer son territoire. Napoléon y rentra victorieux, après l'entrevue d'Erfurt avec l'empereur Alexandre. Les deux souverains s'étaient garanti la paix et une indulgence mutuelle pour leur ambition. Cependant l'Autriche s'était relevée menaçante. La bataille de Wagram l'écrasa de nouveau. Napoléon était partout: son génie portait la foudre. Enivré de succès, il renia son rôle de monarque parvenu et révolutionnaire, pour rechercher l'alliance de la noblesse antique. Brisant par un divorce son mariage avec Joséphine qui ne lui donnait pas d'héritier, il épousa une archiduchesse d'Autriche. Austerlitz avait consacré l'Empire roturier, Wagram vit s'établir l'Empire noble. La naissance d'un fils, le 20 mars 1811, semblait devoir perpétuer la dynastie du conquérant.

Mais son étoile avait pâli. La campagne de Russie fut l'agonie de l'aigle impérial. La trahison vint en aide aux désastres d'un climat meurtrier. Napoléon quitta les débris de son armée vaincue par les élémens plus forts que toute puissance humaine, et revint en toute hâte à Paris pour étouffer la conspiration de Mallet. C'était le complot le plus singulier des temps modernes. On n'a jamais su quel pouvoir se cachait derrière Mallet. Il est mort avec son secret.

La coalition grossissait; la France, en novembre 1813, se voyait menacée dans ses propres limites, comme en 1793. Le 1ᵉʳ janvier 1814, l'ennemi passa le Rhin. Le 30 mars, les buttes Saint-Chaumont et Montmartre étaient jonchées de cadavres, dernier rempart de Paris désarmé. La trahison rampait au sein de la vieille capitale. Sous l'influence de l'ennemi, le sénat dirigé par Talleyrand, déclare Napoléon déchu du trône, le droit d'hérédité aboli dans sa famille, le peuple français et l'armée déliés envers lui du serment de fidélité.

L'Empereur arrivait à Fontainebleau le même jour, avec cinquante mille hommes, lorsqu'il apprit ces fatales nouvelles. Le 11 avril, il signa son abdication en échange de l'île d'Elbe. Le 24 éclaira la première restauration des Bourbons, dont le premier acte coûta deux cent soixante millions à la France, par l'abandon qu'elle fit aux puissances alliées du matériel de nos places fortes et de nos dépôts militaires.

La déclaration de Saint-Ouen annonça la Charte. La chambre des Pairs se composa d'abord de cent cinquante-deux pairs, nommés seulement à vie. Quatre-vingt-six étaient des sénateurs, ou maréchaux, ou généraux de l'Empire; puis venaient les ducs et pairs, reconnus sous Louis XVI, et quelques membres de la vieille noblesse à qui Louis XVIII accorda cette faveur, à titre non de joyeux avènement, mais de retour, car il data de la dix-neuvième année de son règne : fiction d'une vanité puérile, qui semblait rayer tout ce que la France avait fait durant la république et l'empire. La chambre des députés fut simplement le dernier corps législatif que Napoléon avait dissous quelques mois plus tôt, pour briser une résistance intempestive. Le corps législatif sous l'empire, se formait par le choix que faisait le sénat sur une liste de notabilités présentée par chaque département. Le gouvernement impérial s'était réservé tous les moyens de fixer la composition de ces listes. Les chambres créées par la Charte étaient des instrumens assez faibles pour faire faire à la France l'essai de ses libertés recouvrées. Les Bourbons y tenaient peu, mais c'étaient des entraves dont ils ne pouvaient encore se délivrer. Pour établir un trône absolu et continuer le despotisme, moins le nom, il eût fallu le bras de fer de Napoléon, et le prestige de sa renommée ; — force fut aux Bourbons de temporiser.

Le gouvernement de Louis XVIII procéda tout d'abord par une suite d'actes qui étaient autant de démentis donnés aux promesses de la Charte. Il avait dit : *plus de droits réunis,* et il demanda plus d'impôts que l'empire. Il lui fallut une liste civile et des domaines immenses, et il fit reconnaître *dettes nationales* les dettes contractées par tous les membres de la famille royale en pays étrangers. Il avait promis la liberté de la presse, et il soumit à une censure préalable toute la presse quotidienne, et tous les écrits au-dessous de vingt feuilles. Il avait promis la liberté individuelle, et il vexa par mille mesures arbitraires toutes les personnes dont l'opinion lui semblait hostile; il astreignit les officiers de l'ancienne armée, à une surveillance de police et à un exil dans leurs communes respectives. Il avait promis la liberté des cultes, et une ordonnance contraignit les marchands, de quelque religion qu'ils fussent, à cesser tout commerce le dimanche, et tous les citoyens à mettre des tentures sur le passage des processions catholiques. Le pape venait de reconstruire l'ordre des Jésuites; Louis XVIII leur rouvrit la France, qui les repoussait comme tendant à former un État dans l'Etat. Il avait déclaré la vente des biens nationaux irrévocable, et au sujet d'un projet de loi d'indemnité en faveur des émigrés, projet qui n'eut pour le moment aucune suite, les conseillers de la couronne à la tribune se livrèrent à des invectives contre les détenteurs des anciens biens d'émigrés, et dans les provinces, la noblesse et le clergé ameutaient journellement les prêtres contre cette classe de propriétaires. Il avait promis l'inamovibilité dans le pouvoir judiciaire, et par un misérable subterfuge, une ordonnance déclara que cette inamovibilité ne devait commencer, qu'après que les tribunaux actuels auraient été soumis à une épuration qui les mettrait en harmonie avec le nouveau pouvoir. Il avait promis l'admission de tout Français aux emplois, et d'innombrables destitutions dans l'armée et dans l'administration créèrent des places, qui ne furent réservées qu'à l'émigration et à ses créatures, selon le bon plaisir de commissaires envoyés dans les départemens.

A tant de fautes, Louis XVIII en ajouta une non moins grave, en se créant une maison militaire composée de nobles et de douze mille étrangers, tandis que les braves officiers de notre armée étaient renvoyés du service, et mis à la demi-solde.

Le mécontentement fermentait dans toutes les parties de l'Etat ; et l'armée préparait une réaction, lorsque le 1er mars 1815, tandis que la France et la restauration étaient en présence, et que le congrès de Vienne au milieu de fêtes splendides préparait les nouvelles destinées de l'Europe, un brick et six felouques jettent

Napoléon sur la plage du golfe Juan, avec quatre cents grenadiers de sa vieille garde.

La multitude étonnée salue l'homme du destin; l'armée sur toute sa route grossit son cortège. Grenoble lui apporte à défaut de clefs les débris de ses portes; il date de Lyon ses premiers décrets qui cassent les deux chambres, convoquent de nouvelles élections, et rejettent l'émigration hors de France.

Louis XVIII s'enfuit dans la nuit du 19 au 20 mars. Douze heures après, Napoléon rentré dans les Tuileries, mesurait d'un coup-d'œil sa position. Forcé de reconnaître des limites au pouvoir impérial, et de laisser la presse apprécier ses actes, en vertu des droits que la Charte donnait à la nation, il donna à la transaction nouvelle, qui devenait nécessaire entre la France et lui, le nom d'acte additionnel aux constitutions de l'empire. Puis, il lui fallut faire face à la septième coalition qui sortit tout armée du congrès de Vienne. La ligne des frontières fut mise en état de défense. Paris reçut une ceinture de fortifications; les fabriques d'armes travaillèrent jour et nuit; une armée de trois cent mille hommes se leva comme par enchantement, tandis que derrière elle, quatre cent mille gardes nationaux devaient garder la patrie. L'espoir d'un premier succès rendait l'avenir à Napoléon. Le 12 juin, il part de Paris, écrase les Prussiens à Fleurus et à Ligny; le 18, il attaque l'armée anglaise à Waterloo, mais une fausse manœuvre de Grouchy laisse échapper les débris de Blücher qui reviennent nous arracher la victoire.

Napoléon chercha la mort sur son dernier champ de bataille; mais son heure n'était pas venue : il avait sa gloire à expier. La trahison brisa l'épée dans ses mains, et livra Paris à Wellington et à Blücher.

Son rôle était fini. Cédant à une inspiration funeste, il vint demander un asile au foyer britannique, comme un autre Thémistocle. La lâcheté de quatre puissances le déporta, par décision du 2 août, sur le rocher de Sainte-Hélène, où l'Angleterre lui servit de geôlier. La mort y termina son exil le 5 mai 1821.

Son souvenir est devenu populaire; nos arts ont reproduit ses traits sous mille formes. Mais depuis que la France s'est faite libre, pourquoi n'a-t-elle pas un lieu de repos pour celui qui l'a faite, lui, la plus grande parmi les nations modernes? Est-ce qu'aujourd'hui toute religion s'en va, même celle de nos gloires qui nous ont coûté si cher?

Toutes sortes d'histoires ont fait le procès à Napoléon; des plumes habiles ont écrit le drame gigantesque de sa vie, mais beaucoup de jugemens ont subi l'influence des passions personnelles. Nous partageons celui d'un savant député, dont quelques pages empreintes d'une haute intelligence politique, acheveront ce tableau.

« Devant Toulon, en 1793, dit M. Camille Paganel (1), si la balle d'un soldat anglais eût frappé à mort un jeune officier d'artillerie, Corse ignoré, au teint pâle, au front méditatif, au regard d'aigle, que serait-il advenu des destinées humaines? Comment eût marché le génie de la révolution française? l'Europe lui eût-elle dit : « Recule? » Eût-il dit à l'Europe : « A genoux? » Nulle limite aux conjectures. . . . . .

« A certaines époques de l'histoire, toute une nation, tout un siècle se résument en quelques grandes individualités : ainsi Moïse, Alexandre, César, Mahomet, Charlemagne, représentent chacun l'humanité contemporaine : c'est le mouvement social personnifié.

« La Providence avait confié à Napoléon la plus belle de toutes les missions. Placé entre deux mondes, l'un en ruine, l'autre tout radieux de jeunesse et de vie, armé d'une sorte d'omnipotence intellectuelle, il était

---

(1) Essai sur l'établissement monarchique de Napoléon, 1 vol. in-8. — Paris, Armand Aubrée, 1836.

appelé à tracer, aux principes de la révolution française, un cours large, régulier, majestueux; à convertir leurs conquêtes en faits sociaux, définitifs; à graver, au cœur de la nation, l'amour des lois et le respect de la justice; à réaliser l'indissoluble alliance de l'ordre et de la liberté.

« Un moment on put le croire pénétré de ce rôle sublime, alors que, du haut des Alpes, il conviait l'Italie aux grandes fêtes de la liberté : mais un tout autre souci que l'affranchissement définitif des peuples ne tarda pas à préoccuper Bonaparte. Monarchie universelle, telle devint son idée fixe.

« Entre ses mains, quand tous les ressorts du pouvoir eurent été tendus outre mesure, que devint l'Empire avec ses trophées? Une fastueuse anomalie.

« Au dedans, la grande faute de Napoléon, c'est, répudiant les principes de 89, d'avoir proscrit, de sa monarchie, l'élément représentatif; c'est d'avoir, lui fils et soldat de la révolution, refait l'absolutisme; subordonné, dans ses actes, le droit à la force, et réduit tout à ces deux mots : maître et sujets.

« Au dehors, ce monarque finit par intéresser à sa chute, rois et peuples : l'exagération de son système politique l'avait constitué l'ennemi personnel de l'Europe entière. Il n'eût pu subsister qu'à deux conditions, l'asservissement de la France et la conquête du monde. Mais le même homme, quelque colossal qu'il fût, pouvait-il avoir un pied sur Cadix, l'autre sur Moscou ?

« Vainement, à Sainte-Hélène, posant pour la postérité, Napoléon se proclame-t-il l'apôtre, sinon le martyr, des idées libérales : *l'étoile des peuples,* voilà le titre qu'il s'adjuge. Certes il est curieux d'entendre cette amende honorable du conquérant, et de le voir, s'efforçant de donner le change à ses contemporains, comme aux générations à venir, n'accepter l'immortalité que sous bénéfice d'inventaire. Mais, au tribunal de l'histoire, cette prétention ne prévaudra pas.

« Qu'aujourd'hui l'on vienne dire : « Les circonstances « faisaient, à Napoléon, une nécessité du despotisme « au dedans, et de la guerre au dehors ; il tenait en « réserve la liberté pour des temps meilleurs. » En vérité, de telles assertions prouvent jusqu'où peuvent aller le fanatisme de l'admiration, ou les hardiesses du paradoxe : mais c'est leur seule utilité.

« Du jour où Napoléon déserta l'alliance des idées sagement progressives, pour se mettre à la tête des idées rétrogrades, date sa décadence ; car, de ce jour, l'appui des valeurs intellectuelles et morales lui manqua; le don de vie s'était retiré de lui.

« Embarrassé des récens souvenirs de la république, des exigences de la liberté, de ses propres engagemens, il les jeta, pêle-mêle avec la nation, dans cette fournaise ardente qu'on nomme la guerre: la liberté y resta, mais la gloire en sortit; c'est de gloire surtout que l'Empire a vécu.

« En relevant un trône absolu, Bonaparte, ouvrier imprudent, travaillait pour une restauration : les Tuileries n'eurent qu'à changer de maître. Peu de jours avant la fondation de l'Empire, l'auteur d'Agamemnon avait dit au Premier Consul : — *Si vous refaites le lit des Bourbons, général, vous n'y coucherez pas dans dix ans.*

« Bonaparte, dit-on, eût dû s'emparer du beau rôle de Washington. De pareilles idées sont des non-sens : les grands hommes se rencontrent et ne se copient pas : à chacun son temps, sa forme, ses instincts, son génie.

« Mais, à défaut de contre-poids dans les institutions, Napoléon eût dû s'en créer un dans la modération de ses conseillers. Malheureusement, les caractères de cette trempe ne souffrent pas plus de résistance dans les hommes que dans les choses.

« Toutes les institutions de la liberté étaient renversées; l'Empire en altéra les mœurs naissantes : à l'instar du souverain, chacun développa son *moi* avec une désolante activité: titres, honneurs, emplois, tout contribuait à entretenir cette fièvre d'ambitieux égoïsme.

« L'or étranger alimentait le trésor de la France, et la victoire battait, pour elle, monnaie dans les capitales de l'Europe : de là ces monumens splendides qui étonneront la postérité; de là ce luxe intérieur si profitable aux fabriques; mais, rentré dans les voies austères de l'économie constitutionnelle, on a peine à s'y faire; sans apprécier les causes, la multitude accuse les effets. Les abus d'un gouvernement deviennent un grief contre les mérites d'un autre.

« Il faut reconnaître que le régime prohibitif de Napoléon, malgré ses nécessités capricieuses et vexatoires, imprima aux manufactures nationales, une puissante activité; l'industrie française lui a d'immenses obligations. Mais le commerce, dans sa plus large acception, c'est-à-dire cette nature d'échanges, qui repose sur les paisibles et libres relations des nations entre elles, était ruiné par l'interruption des communications, par l'interdiction des correspondances, les séquestres, les confiscations, les blocus, conséquences inévitables d'une guerre permanente.

« C'est dans ces institutions que se révèle l'esprit d'un gouvernement. L'Empire, dictature guerrière, s'efforça constamment de rétablir la société civile; là est l'impérissable bienfait de Napoléon. Législation générale, coordination des Codes, organisation du pouvoir judiciaire, système financier, hiérarchies administratives, tout tendit à ce but; et telle fut la vitalité de cette immense machine gouvernementale, que la France actuelle, à un point de vue politique si différent, conserve, comme gage de salut, la plupart des grands procédés pratiques de cette époque.

« Il y a deux leviers pour remuer les hommes, disait Napoléon, la crainte et l'intérêt : voyant en eux plutôt des valeurs numériques que des êtres moraux, il ne prit jamais une assez haute idée de l'humanité : ce fut là l'infirmité de son génie.

« Une forte aristocratie était l'indispensable auxiliaire du gouvernement qu'il se proposait. Une constitution appuyée sur une aristocratie vigoureuse, disait-il souvent, ressemble à un vaisseau; une constitution, sans aristocratie, n'est qu'un ballon perdu dans les airs. On dirige un vaisseau, parce qu'il y a deux forces qui se balancent; le gouvernail trouve un point d'appui : mais un ballon est le jouet d'une seule force; le point d'appui lui manque, le vent l'emporte, et la direction est impossible.

« Durant son premier règne, il avait donc travaillé sans relâche, à la création d'une aristocratie. Nombre de ses institutions l'attestent.

« Malgré la forte unité de vues de son système général, Napoléon fut souvent en contradiction avec lui-même : ainsi il protégeait la religion catholique, et enferma le Pape; il rétablissait la noblesse, et supprimait partout les droits féodaux; souvent la passion, en lui, était plus forte que le calcul.

« Dans les cent jours, Napoléon, croyant se sauver par le régime constitutionnel, se réfugia dans la liberté; mais cet asile lui manqua comme, plus tard, le foyer britannique. C'est que, trop long-temps habituées à jouer à l'aise et sans entraves, ses vastes facultés avaient besoin, pour s'exercer, du pouvoir absolu ; c'est que Napoléon s'était rendu impossible avec la liberté; c'est que la liberté ne pouvait plus avoir foi en lui.

« Aussi l'établissement politique qu'il fonda, n'était-il, ne pouvait-il être que transitoire : c'était une monarchie viagère.

« Et cet accablant exemple du néant de l'homme ne devait pas être, pour nous, le dernier des avertissemens que la Providence envoie sur la terre, aux jours des grandes agitations.

« Bien peu d'années se sont écoulées depuis qu'un vaisseau anglais emportait Napoléon aux confins du monde, depuis que ce météore, sorti des flots de la Méditerranée, allait s'éteindre dans l'Atlantique.

« Et déjà pourtant, des deux héritiers d'une race royale long-temps proscrite, auxquels la patrie et le trône furent rendus quelques instans, — l'un repose, seul de tant de rois, dans les caveaux déserts de Saint-Denis; — et l'autre, à la face de cette même Europe, où l'épée de ses aïeux pesa d'un si grand poids, a recommencé l'exil, en cheveux blancs!...... »

P. Christian.

TABLE.

CHAPITRE PREMIER.

Pages.

Coup-d'œil sur les anciens écrits qui traitent de Paris. — Développement de son histoire en six périodes...................... 1

CHAPITRE DEUXIÈME.

Aspect de la Gaule antique. — *Lutetia Parisiorum*, berceau de Paris. — Conquête de César et domination romaine. — Développement, mœurs et coutumes de Paris, sous les rois Francs des deux premières races. . 27
II... 57
III.. 76
IV.. 111

CHAPITRE TROISIÈME.

Commerce de Paris avant Hugues Capet. — Féodalité, berceau du Moyen Age. — Aspect de Paris jusqu'à la fin du règne de Philippe-Auguste. 145
II... 152
III.. 169

CHAPITRE QUATRIÈME.

Pages

Paris au XIIIe siècle. — Commerce, industrie, monumens. — La Féodalité meurt avec Charles VII. — Période de transition: Louis XI. — Renaissance... 179
II... 187
III.. 211
IV... 258

CHAPITRE CINQUIÈME.

Paris depuis François Ier jusqu'à Louis XIV. — Secousses de la Réformation. — Passage des temps de terreur aristocratique et religieuse au règne de la monarchie absolue............................. 279

CHAPITRE SIXIÈME.

Paris aux XVIIe et XVIIIe siècles. — La Régence. — Louis XV. — Mouvement littéraire et philosophique. — Présages de la révolution française... 307
II... 344

CHAPITRE SEPTIÈME.

Esprit de la révolution française de 1789. — La République, l'Empire et la Restauration.. 359

TABLE

DES DESCRIPTIONS CONTENUES DANS LES TOMES 1 ET 2

DE PARIS HISTORIQUE.

Pour rester fidèles à l'esprit de notre titre, et laisser aux lecteurs la facilité de faire disposer, à leur gré, et dans l'ordre qu'ils pourront préférer, les planches et le texte de ces *Promenades dans les rues de Paris,* nous avons cru devoir supprimer toute pagination.

Chacun de ces deux volumes, contenant cent planches avec leurs descriptions, et un frontispice, admet leur classement par quartiers, ou l'ordre alphabétique que nous avons suivi pour cette table.

Le tome III complète l'ouvrage, par une série d'Études historiques sur les Révolutions de Paris.

TOME PREMIER.

Frontispice.

Abbaye aux Bois (l'), rue de Sèvres, n. 16.

Abeilard et d'Héloïse (maison d'), rue des Chantres, n. 1, en la Cité.

Ancre (hôtel du maréchal d'), rue de Tournon.

Arbre-Sec (fontaine de la rue de l'), et Croix du Trahoir.

Archevêché (l'), dans la Cité.

Augustins (couvent des Petits), rue des Petits-Augustins.
Beaumarchais (maison de), place Saint-Antoine.
Blancs-Manteaux (église des), quartier Sainte-Avoye.
Bourbon (hôtel du Petit).
Broussel (maison de P.), rue St-Landry, n. 7, en la Cité.
Carmélites (les) de la rue St-Jacques.
Carmes (cloître des), à la place Maubert.
Chaillot (château de).
Chartreux (les), rue d'Enfer, n. 49.
Chatelet (le petit).
Chevalier-du-Guet (rue et place du).
Clamart (cimetière de), rue des Hauts-Fossés St-Marcel.
Conférence (porte de la).
Coquilles (hôtel des), rue de la Tixeranderie, n. 21.
Corneille (maison de P.), rue d'Argenteuil, n. 18.
Couronne d'Or (maison de la), rue des Bourdonnais.
Fieschi (maison), boulevard du Temple, n. 50.
Filles-Dieu (les), rue Saint-Denis, n. 331.
Flamel (maison de Nicolas), rue des Ecrivains, au coin de la rue Marivaux.
Fouarre (rue du).
Foulon (lanterne de), place de l'Hôtel-de-Ville, n. 27.
Grange-Batelière (la), rue du même nom.
Gastine (place), rue Saint-Denis, près la rue Sainte-Opportune.

Grève (la croix de la place de).
Halles (le pilori des).
Hanovre (pavillon d'). Voyez hôtel de Richelieu.
Hotel-Dieu (l'), en la Cité.
Innocens (cimetière des saints).
Jacobins (les) de la rue Saint-Honoré.
Juvénal des Ursins (hôtel de maître Jehan), en la Cité.
Lecouvreur (maison d'Adrienne), rue des Marais-Saint-Germain. — Et sa fosse, au bord de la Seine, quai d'Orsay.
Licorne (rue de la), n. 4, en la Cité.
Longueville (hôtel de), rue St-Thomas du Louvre.
Louviers (île).
Louvre (le vieux), sous Philippe-Auguste.
Luxembourg (palais du).
Marat (maison de), rue de l'École de Médecine, n. 18.
Marmousets (rue des), en la Cité, maison n°. 13.
Mathurins (église des), rue St-Jacques, 62, et rue des Mathurins, n. 2, 4 et 6.
Mayenne (hôtel de), rue St-Antoine, n. 212.
Miracles (la cour des).
Molière (maison de), Piliers des Halles, n. 3.
Montbazon (hôtel de), rue Béthisy, n. 20.
Montfaucon (le gibet de).
Morgue (la), quai du Marché-Neuf.
Nantes (hôtel de), place du Carousel.
Nesle (la Tour de).
Nevers (hôtel de), quai Conti.

Notre-Dame (église métropolitaine de).
Notre-Dame (ile), à présent île Saint-Louis.
Notre-Dame (pont).
Observatoire (allée de l').
Opéra (l')de la rue Richelieu.
Oursine (barrière de l'), actuellement *Gentilly*.
Palais de Justice (le).
Palais-Royal (jardin du).
Pavée Saint-Sauveur (tour de la rue).
Pet au Diable (hôtel du), rue du Martelet Saint-Jean.
Police (hôtel de la Préfecture de).
Pont-Neuf (le).
Popincourt.
Porcherons (les), ou le Chateau du Coq, rue Saint-Lazare, n. 75.
Pré aux Clercs (le).
Puits d'Amour (le), à l'angle des rues de la Grande et de la Petite Truanderie.
Renard (les jardins), aux Tuileries.
Reuilly (château de).
Richelieu (hôtel de), rue Neuve-St-Augustin, 30 ; et le *Pavillon d'Hanovre*.
Robespierre (maison de), rue Saint-Honoré, en face de l'Assomption.
Rousseau (maison de J. J.), rue Plâtrière, n. 21.
Saint-Antoine des Champs (abbaye), rue du Faubourg Saint-Antoine, 194.
Sainte-Barbe (collège), rue de Reims, n. 1 et 3.
Sainte-Chapelle (la) du Palais.
Sainte-Geneviève (église de).
Saint-Honoré (rue), maison n. 3, près de laquelle fut assassiné Henri IV au coin de la rue de la Féronnerie.
Saint-Julien le Pauvre (le Prieuré de), rue Saint-Julien le Pauvre, n. 13.
Saint-Landry (port), quai Napoléon.
Saint-Michel (pont).
Saint-Michel (fontaine), rue de la Harpe.
Saint-Merry (cloître et église), rue Saint-Martin.
Saint-Médard (cimetière).
Saint-Roch (butte), ou des *Moulins*.
Saint-Séverin (rue), maison au coin de la rue Zacharie, n. 22.
Saint-Victor (abbaye de), rue Saint-Victor, au coin de la rue des Fossés Saint-Bernard.
Saint-Yves (église), rue Saint-Jacques, au coin de la rue des Noyers.
Schomberg (hôtel de), rue Bailleul, au coin de la rue Jean-Tison.
Séguier (hôtel), depuis hôtel des Fermes, rue de Grenelle Saint-Honoré, n. 55.
Soubise (hôtel), rue de Chaume, n. 12.
Temple (habitation et jardin du grand prieur du), rue du Temple, n. 80.
Thermes (palais des), rue de la Harpe.
Transnonain (rue), maison n. 12.
Trinité (cour de la), rue Saint-Denis, n. 286.
Trône (barrière du).
Val-de-Grace (le), rue Saint-Jacques, n. 278.
Vauvert (château de).
Villette (hôtel du marquis de), rue de Beaune, n. 1, et quai Voltaire.

TOME DEUXIÈME.

Frontispice.

Abbaye (Prison de l') de Saint-Germain des Prés.

Alexandre (Tour) et fontaine Saint-Victor, rue Saint-Victor, au coin de la rue Olivier.

Antin (rue de la Chaussée d').

Arcis (rue de la Poterie-des-).

Augustins (Eglise des Grands), Quai de la Vallée.

Arsenal (l'), Quai Morland.

Bastille (la), Porte Saint-Antoine.

Bernardins (rue des), quartier du Jardin des Plantes.

Bonaparte (maison de), rue Chantereine, n. 52.

Bourbon (rue du Petit-), près Saint-Sulpice.

Bourgogne (hôtel de), rue Monconseil.

Bucherie (rue de la), quartier Saint-Jacques.

Bucy (Porte de).

Cagliostro (maison de), rue de Cléry, n. 96.

Carnavalet (hôtel de), rue Culture Sainte-Catherine, n. 27.

Chateaubriand (maison de), rue d'Enfer, n. 84.

Chatelet (le grand).

Célestins (Eglise des), quartier de l'Arsenal.

Champ-de-Mars (le).

Clichy (barrière de).

Cluny (cloître du collège de), place de Sorbonne.

Colbert (hôtel), rue des Rats, n. 20, place Maubert.

Cluny (hôtel de), rue des Mathurins Saint-Jacques, n. 14.

Concorde (place de la), autrefois place Louis-Quinze.

Cordeliers (cloître des), quartier de l'Ecole de Médecine.

Coytier (maison de Jacques), rue Saint-André des Arcs.

Croix-des-Petits-Champs (rue).

Cuvier (maison de), au Jardin des Plantes.

Dormans-Beauvais (collège de), rue Saint-Jean de Beauvais, quartier Saint-Jacques.

Elysée-Bourbon (Palais de l'), rue du Faubourg Saint-Honoré, n. 59.

Epée (maison de l'Abbé de l'), rue des Moulins, n. 14.

Estrapade (place de l').

Feuillans (couvent et église des), quartier des Tuileries.

Foin-Saint-Jacques (hôtel de la rue du), n. 18.

For l'Evêque (le).

Fortel (collège), rue des Sept-Voies, n. 27.

Guillory (Carrefour).

Hoffman (maison du poète), rue de Provence, n. 1.

Homme-Armé (rue de l'), quartier de Sainte-Croix de la Bretonnerie.

Horloge (Tour de l'), Palais de Justice.

Hotel de Ville.

Innocens (Eglise et fontaine des SS.), rue Saint-Denis.

Lamoignon (hôtel de), rue Pavée, n. 24, au Marais.

Légat (place du), aux halles, entre les rues de la Grande et de la Petite Friperie.
Lekain (maison de), rue de Vaugirard, n. 11.
Lenclos (maison de Ninon de), rue des Tournelles.
Lesdiguières (hôtel), quartier Saint-Paul.
Mesmes (hôtel de), rue Sainte-Avoye, n. 42.
Molière (maison mortuaire de), rue de Richelieu, n. 34.
Murs d'enceinte de Paris, sous Philippe-Auguste.—Rue du Jour.
Neuve (Porte).
Oratoire (Eglise de l'), rue Saint-Honoré.
Ours (rue aux).
Palais-Royal.
Parloir aux Bourgeois (le), place Saint-Michel.
Peintres (Impasse de·), rue Saint-Denis, n. 18.
Perrinet Leclerc (maison de), rue de la Clef.
Popin (arche et abreuvoir).
Prescheurs (rue des), quartier des Halles.
Prouvaires (rue des), quartier Saint-Eustache.
Puits qui parle (rue du), quartier de l'Observatoire.
Quincampoix (rue).
Ronsard (maison de), rue des Fossés Saint-Victor, près de l'ancien mur de clôture de Paris.
Royale (place).
Royaumont (hôtel), rue du Jour.

Saint-Antoine (entrée du Faubourg), vers la place de la Bastille.
Sainte-Catherine (cloître), au quartier Saint-Antoine.
Saint-Denis (Porte), sous Charles VI.
Saint-Denis de la Chartre (Eglise de), en la cité.
Sainte-Geneviève (Bibliothèque).
Saint-Germain (Enclos de la foire).
Saint-Germain l'Auxerrois (Eglise de).
Saint-Germain-des-Prés (Eglise et Abbaye de).
Saint-Germain-des-Prés (rue des Fossés).
Saint-Germain le Vieux (Eglise de), rue du Marché-Neuf, n. 6 et 8.
Saint-Gervais (Eglise et Orme).
Saint-Jacques (Porte), rue Saint-Jacques.
Saint-Jacques de la Boucherie (Tour).
Saint-Jean de Latran (commanderie de), Place Cambrai, n. 2.
Saint-Joseph (cimetière), quartier Montmartre.
Saint-Laurent (Enclos de la foire) Faubourg Saint-Denis.
Saint-Lazare, rue du Faubourg Saint-Denis.
Saint-Louis (maison de), près les Gobelins.
Saint-Marcel (Eglise collégiale de), au Faubourg Saint-Marcel.
Sainte-Marine (Chapelle de).
Saint-Martin-des-Champs (Tour de l'Abbaye), rue Saint-Martin, au coin de la rue du Vert-Bois.
Saint-Paul (Eglise), rue Saint-Paul.
Saint-Paul (rue des Jardins), quartier de l'Arsenal.

Saint-Roch (Eglise de).
Saint-Severin (Eglise et cimetière).
Sens (hôtel de), rue du Figuier, n. 1, Quai Saint-Paul.
Soissons (hôtel de).
Stuarts (hôtel des), rue Saint-Hyacinthe-Saint-Michel.
Tallien (maison de), Allée des Veuves, aux Champs-Elysées.

Temple (rue Vieille du), n. 47.
Tournelle (la), Quai Saint-Bernard.
Treille (passage de la), cloître Saint-Germain l'Auxerrois.
Trousse-Vache (rue), maintenant rue de la Reynie.
Tuileries (palais des).
Verrerie (rue de la), quartier Sainte-Avoye.

ERRATA.

PONT-NEUF.

Au lieu de : *pasteur aux roches*, lisez : île du *passeur aux vaches*.

MAISON FIESCHI.

C'est à la petite fenêtre du troisième étage, et non à celle du deuxième que la machine infernale de Fieschi était placée.

RUE VIEILLE DU TEMPLE, N° 47.

Au verso de la page, *lisez :* d'Auquetouville, et non d'Anquetouville.

MAISON DE CAGLIOSTRO.

Au lieu : de rue de Cléry, n. 278, *lisez :* rue de Cléry, n. 96.

www.ingramcontent.com/pod-product-compliance
Lightning Source LLC
Chambersburg PA
CBHW070547230426
43665CB00014B/1846